위기청소년을 위한

집단상담 프로그램

천성문 · 함경애 · 최희숙 · 정봉희 · 강은아 · 박은아 공저

학지사

머리말

"어휴, 말도 마. 웬수도 웬수도 그런 웬수가 없어. 완전 이해가 안돼!"

청소년을 둔 가정이라면 이런 말 한두 번쯤은 해 봤을 것이다. 비단 한 가정의 인식만이 아니라 사회에서도 청소년을 둔 부모에게, 교사에게 심심한 위로와 걱정을 건넬 정도다.

청소년 시기를 보내는 아이들에 대한 이러한 인식은 어떻게 생겨났을까를 곰곰이 생각해 보면, 청소년기의 특징이 종종 내적 동요와 외적 무모함으로 표출되고 때로는 무책임하게 행동하는 것으로 보여지기 때문일 것이다. 게다가 심심찮게 터져 나오는 학교폭력, 자살, 비행 등 청소년 관련 문제는 어른들에게 "청소년이 제일 무섭다."라거나 흡연, 인터넷 · 게임중독 등의 관련 문제에 대해서는 "교육이 잘못된 것 아니야? 잘못 키운 것 아니야?"라는 반성을 하게 하고, 물질을 채워 줬는데도 부모가 원하는 방향으로 가지 않는 청소년들을 이해할 수 없다며 관계의 간극을 보여 주고 있다. 이러한 간극은 또래친구나 가족, 교사와 불협화음을 일으키는 위기청소년들이 겪는 심리적 어려움을 이해하기보다는 드러나는 행동만으로 그들을 평가하는 사회적 편견과 낙인을 찍는 현실을 낳았다. 그러나 다른 한편으로 가정과 학교현장 그리고 지역사회가 연대해서 자살, 무기력, 학교폭력 가해, 왕따 등의 현실적 어려움을 보이는 이런 위기청소년들을 보호할 필요성도 절감하게 만들었다. 이러한 현실적 요구에 발맞추어 누구보다 청소년들의 어려움과 함께하며 안타까워하는 상담자들이 모여 청소년 위기문제에 초점을 맞추고 상처에 훈기를 불어넣는 작업을 하고자 뜻을 모았다. 바로 그런 점이 『위기청소년을 위한 집단상담 프로그램』의 출발점이다.

이 책의 주요 특징은 다음과 같다. 첫째, 위기청소년에 대한 이해를 토대로 현장에서 효과적으로 접근할 수 있는 위기청소년 집단상담 프로그램을 문제행동 유형별로 구분하여 구성하였다. 일반 청소년을 대상으로 하는 프로그램은 많으나 위기청소년에 대한 연구 자체도 부족할뿐더러 문제행동 유형별로 청소년의 특징을 반영하여 구성한 집단상담 프로그램이 드문 것이 현실이다. 그러므로 이 책을 통해 위기청소년을 보다 자세하게 이해할 수 있을 것이라 생각한다.

둘째, 자아존중감이 낮고 부정적인 자아개념을 가진 위기청소년의 문제를 예방하고 개입하여 지지체계의 역할을 수행하는 집단상담 프로그램으로 고안되었다. 기존의 집단상담 프로그램들은 문제행동을 부정적인 시각에서 바라보며 없애야 할 행동으로 규정하고 제거하는 데에 목적이 있다. 그러나 본 프로그램은 그렇게 될 수밖에 없었던 부분을 이해하고 공감하며 위기청소년들의 긍정적인 강화에 초점을 두어 진행한다. 따라서 위기청소년들에게 실제적으로 도움이 되는 체계적인 프로그램으로 활용 가치가 있을 것이다.

셋째, 학교 및 청소년상담센터 등의 현장에서 위기청소년들을 만나는 상담자가 집단상담 프로그램을 운영하고자 하는 경우에 누구나 운영이 가능하도록 자세하게 방법을 서술하였다. 그러므로 이 책을 통해 효율적인 도움을 받을 수 있을 것이다.

넷째, 각각의 문제유형별 프로그램들은 총 10차시로 구성되었으나 현실에서 프로그램 운영 및 시간적 제한이 있을 때를 대비하여 필요 부분만 선택해서 실시할 수 있도록 함으로써 실현가능성을 높였다.

이 책은 크게 5개 장으로 이루어져 있다. 제1장은 위기청소년의 이해와 그들을 위한 집단상담의 특징을 다루고 있다. 제2장은 외톨이 청소년을 대상으로 한 집단상담, 제3장은 자해나 자살행동을 보이는 청소년을 대상으로 한 집단상담, 제4장은 학교폭력 가해의 문제행동을 보이는 청소년을 대상으로 한 집단상담, 마지막 제5장은 스마트폰 중독성향을 보이는 청소년을 대상으로 한 집단상담으로 구성하였다. 제2장부터 제5장까지는 위기유형 청소년의 특징과 이해를 바탕으로 그들에게 적합한 프로그램 모형을 설정하여 프로그램 내용 및 활동지 그리고 집단상담자가 프로그램을 쉽게 적용할 수 있도록 회기별 지도안을 제시하였다.

이 책에서 제시하고 있는 문제행동 유형별 집단상담 프로그램은 문제예방 차원이 아니라 위기행동을 보이는 청소년들의 이해를 바탕으로, 현장에서 상담자가 위기유형별로 바로 활용할 수 있도록 구성되어 있다. 이를 통해 위기청소년의 심층적 이해를 확장하고 그들의 문제만을 다루는 것이 아니라 긍정적인 부분, 지지체계를 확보하여 문제행동 패턴에서 벗어나 보다 건강하고 행복하게 성장할 수 있도록 실질적인 도움을 줄 수 있을 것이라 기대한다.

위기청소년은 '진행형'이다. 상처의 내력과 파장을 따라가다 보면 상처가 드러나고 치유되는 과정에서 위기청소년들을 오롯이 만날 수 있을 것이다. 사회의 낙인에 짓눌리고 치대져 어찌할 줄 몰라 하는 위기청소년들을 이 책을 통해 너무 늦지 않게 새롭게 보듬어 줄 수 있지 않을까 희망을 품는다.

이런 마음으로 책을 집필하다 보니 구상에서 출판까지 1년이 넘게 걸렸다. 공저자들이 바쁜 와중에도 청소년을 이해하는 마음을 놓지 않고 열정을 담아 원고를 작성하였다. 작성된 원고를 여러 번의 회의와 토론을 통해 조직화하고 책으로 나오기까지 많은 이들의 도움이 있었다. 박사과정인 천보경 선생님, 설정희 선생님, 그리고 꼼꼼하게 글을 다듬어 준 석사과정의 함용미 선생님에게 감사함을 전한다. 또한 멋지게 책의 형태로 만들어 주신 학지사 관계자분들의 노고에 감사드리며, 끝으로 언제나 든든한 버팀목이 되어 준 저자들의 가족에게도 고마운 마음을 전한다.

2016년 8월

저자 일동

차 례

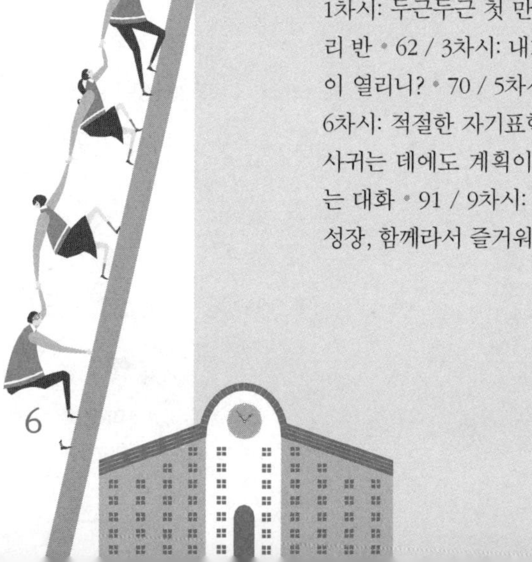

제5장 스마트폰에 과몰입된 청소년의 자기조절력 향상 집단상담 프로그램 손! 자유를 찾다

제1장

위기청소년과 집단상담의 이해

1 위기청소년의 이해

청소년기는 아동기와 성인기 사이의 과도기로서 신체발달과 더불어 인지, 사회 · 정서적으로 급격한 발달을 이루는 시기다. 특히 자기 존재와 가치에 대한 고민이 시작되면서 자아정체감을 확립하는 시기이므로 이에 따른 혼란으로 인해 질풍노도의 시기라고도 불린다. 그만큼 이 시기의 발달과업은 건강한 성인기와 직결되므로 성장통을 겪는 시기로서 매우 중요하다고 할 수 있다.

청소년기에는 아동기에 이어서 부모에게 의존하고 싶은 욕구와 함께 정체성을 찾기 위하여 부모로부터 독립하고자 하는 의지가 생기게 되므로 이러한 양가감정 사이에서 혼란을 느끼게 된다. 이 과정에서 청소년기의 특성을 이해하지 못하는 부모와의 마찰로 가정 내에서 갈등이 고조되고 학교에서도 부적응 행동이 나타날 수 있다. 또한 서로 비슷한 고민을 가진 또래집단과의 활발한 교류를 통해 그들만의 스트레스 해소방법을 찾게 되면서 점차 가정보다 또래관계를 더 중시하는 경향을 띠게 된다.

청소년들은 자아정체감 확립, 학업 및 진로의사결정 등을 통하여 건강한 성인기를 위한 준비과정을 거치는데 이러한 발달과업을 성취하는 과정에서 오는 압박감과 불안감, 혼란한 정서를 조절하지 못하여 충동적인 행동을 하기 쉽다. 이 시기에 가정, 친구, 학교 등의 지지체계가 무너지면 충동적 행위, 폭력행위, 따돌림, 약물남용 등의 예기치 못한 해결방법을 사용하게 되는데 이와 같은 청소년 문제가 방치될 경우 사회문제로 확대될 소지가 크다. 이러한 문제를 해결하기 위하여 사회의 각계 각처에서 지역사회 안전망 구축을 위해 노력하고 있지만 여전히 위기상황에 처한 청소년들에 대한 예방적 접근과 초기대응을 위한 개입 프로그램 및 서비스 체계 그리고 자원이 부족한 실정이다.

1) 위기청소년의 정의

청소년문제는 병든 사회의 지표라고 해도 과언이 아니다. 오늘날 우리 사회는 정보통신의 발달, 과도한 경쟁으로 무장된 입시와 취업난, 경제 성장 둔화로 인한 빈곤 · 소외계층의 증가, 인구의 고령화, 해체 가정 및 다문화가정 비율의 증가 등으로 인하여 해결해야 할 국가적 과제들이 산재해 있다. 뿐만 아니라 새로운 문화와 지식 · 정보가 봇물 터지듯 밀려들고 있고, 이로 인한 다양성 존중과 수용의 자세가 개인에게도 요구되고 있지만 사람들의 가치관과 인식의 변화가 사회적 변화 속도에 맞추어 가기 버거운 실정이다. 이러한 격차는 개인의 사회적응력을 약화시켜 다양한 위기상황에서 적절한 대응을 하지 못하게 되어 과도한 스트레스를 경험하게 된다. 이 과정에서 전반적인 심리적 · 사회적 부적응 현상이 나타나는 것이다. 사회의 위기는 곧 가정의 위기를 뜻한다. 가정은 청소년 성장의 밑거름이 되는 기본적인 보호요인이자 지지체계이므로 위기가정이 늘어난다는 것은 청소년문제가 심화될 소지가 충분함을 반영한다.

위기청소년이란 발달적 측면에서 '현재 신체 · 사회 · 정서적으로 매우 불안정하여 부적응 상태를 보이며, 이에 대한 대처가 미숙하여 문제행동을 함으로써 정상적인 발달과업을 성취하기 어려운 청소년'이라고 정의할 수 있다. 불안정한 정서는 불안, 두려움, 공포, 우울, 무력감, 적개심, 죄책감, 억울함, 혐오, 분노, 슬픔, 외로움 등을 말한다. 이러한 정서로 인하여 충동성, 폭력성, 퇴행, 무반응, 주의력 결핍, 과수면 또는 불면, 함묵 등의 부적응 상태를 보인다. 이러한 부적응 상태는 청소년의 문제해결능력을 저하시켜 문제행동으로 표출되며 이 시기의 발달과업인 자아정체감 확립, 진로의사결정 등을 통한 건강한 성인기를 준비하는 데 큰 지장을 초래하고, 나아가 비행, 범죄행위 등의 심각한 청소년문제를 일으킨다. 대표적인 청소년문제로 학교폭력, 자살, 자해, 가출, 성문제, 게임 · 인터넷 중독, 술 · 흡연 등의 약물오남용, 은둔형 외톨이, 학업중단 등이 있다. 위기청소년의 문제행동이 방치될 경우 성인기에도 범죄행위와 정신건강상의 문제로 이어질 소지가 높다.

2) 위기청소년의 특징

청소년기는 다양한 변화가 급격하게 일어나는 시기인 만큼 여러 상황에서 위기에 봉착할 수 있다. 하지만 위기상황에 처한다고 하여 모두 위기청소년이 되는 것은 아니다. 어떤 청소년은 위기를 건강하게 극복하여 발달과업을 이루어 나가지만 어떤 청소년은 위기나 스트레스 상황에서 벗어나기 위하여 잘못된 방식을 선택함으로써 더 큰 좌절을 경험하고 부적응 상태에서 헤어나오지 못하면서 문제행동을 더욱 강하게 표출하게 된다.

위기청소년은 어떠한 특징을 가지고 있을까? 위기청소년들이 다른 또래에 비해 정서적으로 취약하여 감정의 기복이 심하고 매우 자기중심적이어서 매사에 남 탓으로 돌리거나 자기과시 또는 자기비하 성향이 강하다며 그들의 특징을 기질적 · 성격적 요인으로 단정 짓는 태도는 위험하다. 성장과정에서 나타난 문제행동들은 환경의 영향을 무시할 수 없다. 가정, 친구, 지역사회 등의 환경은 청소년에게 중요한 보호요인이자 지지체계이며, 청소년들이 위기 대처 방식을 결정하는 데 중요한 역할을 하게 된다.

실제 위기청소년 상담의 접수면접 과정에서 그들의 지지체계와 심리적 환경을 파악하다 보면 지지체계가 제대로 기능하지 않고, 오히려 위험요인이 되어 이들의 충동성, 공격성을 자극하는 경우가 많다. 위기청소년은 일반청소년에 비해 가정, 친구, 학교의 지지체계가 무너진 경우가 많으며, 이로 인하여 심각한 정서적 불안정과 부적응 상태를 보인다. 따라서 위기청소년의 문제를 그들만의 몫으로 돌려서는 안 되며, 이들에게 위해한 환경요소와 지지 자원의 정도를 파악하여야 할 것이다. 위기청소년의 특징은 다음의 세 부분으로 나누어 설명할 수 있다.

(1) 환경적 특징

① 가족관계

위기청소년의 가정은 1차적인 보호요인으로서의 기능을 하지 못하고 대체로 불안정하다. 겉으로 보기에는 평범한 가정이지만 부모 또는 보호자와의 정서적 친밀감이 부족하거나 지나치게 밀착되어 있고, 가족 간의 소통이 소원하거나 갈등관계가 최고조에 달한 경우가 많다. 부모의 과도한 성취압력 또는 처벌적 태도, 방임 등의 역기능적인 양육태도와 의사소통방식은 청소년들에게 좌절감과 반항심을 키우고, 이러한 환경은 이들의 불안정한 정서상태에 매우 큰 영향력을 행사한다. 부모의 정신장애, 이혼 등으로 인하여 가정이 해체될 위기에 봉착한 경우, 가정폭력에 무방비로 노출된 경험, 학대, 근친상간 등의 외상적 사건도 위기상황에서 청소년의 문제해결능력을 저하시켜 문제행동으로 표출될 가능성이 높다.

② 또래관계

청소년은 부모로부터 벗어나 자신에게 지지적이고 비슷한 상황에 처해 있는 또래들과 어울리면서 서로 영향을 받으며 성장해 나간다. 서로 긍정적인 영향을 주는 또래관계는 청소년에게 또 하나의 보호요인이자 지지체계가 된다. 이때 일탈 · 비행행동의 특성을 보이는 또래집단에 합류하게 될 경우 또래의 일탈 · 비행행동을 모방하거나 반사회적인 상황에 동조하고 충동적으로 행동하면서 스트레스를 해소하는 부정적인 방법을 서로 공유하고 학습하게 된다. 또한 집단 따돌림으로 인해 또래의 지지 기반이 무너진 청소년의 경우에는 자기비하, 외로움, 분노 등으로 인해 가출, 자살시도 등의 문제행동을 일으킨다.

③ 지역사회

입시 · 취업난 등의 경쟁 사회에서 스트레스가 증가하면서 우울, 불안을 호소하고 이를 견디지 못하여 자살하는 청소년의 수가 증가하고 있다. 학교에서는 입시위주의 교육풍토로 학생들을 지나친 경쟁으로 내몰고 있고, 일부 청소년은 이러한 환경으로부터 벗어나고 싶은 충동과 욕구를 부적절한 방법으로 해소하게 된다. 지역사회 내에서 청소년을 유혹하는 유흥산업들이 법의 규제망을 교묘히 뚫은 채 성행하고 있어 청소년의 범죄 · 비행 심리를 자극한다. 현재 우리나라에서는 학교와 그 외의 지역사회에서 위기청소년을 보호하고 자활 · 자립할 수 있도록 다양한 법과 제도를 마련하고 있지만 정책적 실효성과 접근성이 모호하며, 청소년문제를 예방하고 대응하기 위한 프로그램 및 서비스 체계가 미흡한 실정이다. 따라서 전문 인력의 확충과 더불어 지속적이고 효과적인 개입을 위한 시스템의 정비가 필요하다.

(2) 정서 · 행동적 특징

청소년기는 심리적 이유기이므로 정서적인 혼란을 경험하기 쉽지만 특히 위기청소년은 이러한 정서적 혼란의 정도가 심각한 수준이다. 내면의 갈등이 심화되어 이것이 대인관계 전반에 악영향을 미친다. 주요 정서로는 불안, 두려움, 공포, 우울, 무력감, 적개심, 죄책감, 억울함, 슬픔, 외로움 등이며, 이러한 부정적 정서로 인하여 일상생활에 곤란함을 느끼게 된다. 이들은 부정적 정서로 인한 고통에서 벗어나기 위하여 보다 더 충동적이고 공격적이며, 반항적이고 폭력적인 행동양상을 보이기 쉽다. 주의집중 곤란과 산만한 특성을 보이며, 경미한 자극에도 민감한 정서 반응을 보인다. 또한 심리적인 불안을 해소하기 위한 방법으로 게임에 과도하게 몰입하거나, 폭력서클에 가입하거나, 가출하거나, 비정상적으로 성 · 약물 등에 관심을 가지게 되어 일탈 · 비행 · 범죄행위를 저지르기도 하며, 때로는 심각한 상태의 자기비하, 자기학대로 이어져 자해 · 자살시도를 하기도 한다.

(3) 인지적 특징

청소년기는 지적발달과 인지발달의 현저한 성장을 통해 추상적인 사고나 연역적인 사고가 발달하여 추론이 가능해지고 문제해결능력과 환경적응능력이 점차 발달되어 간다. 하지만 이상과 현실 사이의 괴리에 대한 좌절과 분노로 가치관 갈등을 경험하고, 자기중심적 사고로 인하여 타인의 시선과 반응에 민감해지는 시기이기도 하다. 자기과시 또는 자기비하, 권위에 대한 반항적 태도는 청소년기 특유의 자기중심성과 자아편향성, 도덕성 발달 수준과 연관이 있다. 위기청소년은 특히 부정적인 자아개념과 낮은 자아존중감을 특징으로 한다. 이로 인한 인지적 왜곡으로 일탈 · 비행행위의 유혹에 빠지기 쉽고, 위험하거나 고립된 방식으로 자신의 욕구와 감정을 표출하며, 문제행동의 결과를 합리화 또는 정당화하기도 한다.

2 위기청소년을 위한 집단상담

청소년을 위한 집단상담은 학습, 진로, 성, 사회성, 인성 등의 다양한 주제를 다루고 있으며, 청소년기의 발달과업인 자아정체감 확립, 진로결정 등을 통하여 건강한 성인기를 위한 준비과정이 원활하게 이루어지도록 돕는 것을 주목적으로 하고 있다.

학력 위주의 교육만 중시하던 학교의 인식도 조금씩 변화하고 있으며, 매년 교육부를 중심으로 학생들의 정서 · 행동 문제를 파악하고, 전문가의 개입이 요구되는 학생들을 선별하여 상담을 받을 수 있는 제도를 운영하고 있다. 또한 Wee 센터를 중심으로 각 학교마다 상담 전문 인력이 배치되어 있어 학생들의 정서와 인성을 살피고 학업이나 또래관계, 진로결정 등에서 생기는 스트레스를 상담을 통하여 해소할 수 있는 장을 마련함으로써 학교생활에 잘 적응할 수 있도록 돕고 있다. 하지만 학교현장에서 실제 이루어지는 집단상담은 시간과 장소 등의 한계로 인하여 대부분 단기간 운영에 그치고 추수작업도 생략되는 경우가 많다. 교과과정을 정해진 시간 안에 마무리하느라 정규수업시간을 조정하기 어려운 학교의 특성과 방과 후에도 학업성취를 위한 학습활동으로 일정이 빠듯한 학생들의 사정으로 인하여 집단상담 시간을 따로 마련하는 것이 현실적으로 어려운 실정이다. 게다가 학교에 배치된 상담 전문 인력의 업무가 상담뿐만 아니라 행정 업무의 상당 부분을 포함하고 있어 이러한 환경들은 학교상담의 활성화를 저해하는 요인으로 작용한다. 다행히도 학교는 이러한 현실적 한계에 대응하기 위하여 교육과정을 개편하여 교과과정 내에서 인성, 진로 등의 문제를 다룰 수 있도록 하고 있다. 이러한 이유로 개인상담보다 집단상담 프로그램의 활용도가 더욱 커지고 있는 실정이다.

이처럼 학교현장에서의 노력에도 해마다 늘어나는 청소년 범죄와 자살률은 학교가 위기청소년들에게 보다 현실적이고 적극적인 개입을 하지 못하고 있음을 반증한다. 그렇다면 학교현장에서 위기청소년에 대한 예방 및 치료적 접근은 어떻게 이루어지고 있을까? 학교 이외의 지역사회의 유해환경은 점점 더 교묘한 방법으로 학생들이 거리로 나오도록 유혹하고 있다. 사회적 범죄의 청소년 비율이 증가하고 있다는 것은 이들에 대한 지역사회의 보호가 적절히 이루어지고 있지 않음을 시사한다. 위기청소년의 가정은 대체로 보호 · 지지의 기능을 적절히 수행하지 못하므로 학교를 비롯한 상담기관에서 보다 적극적으로 위기청소년에 개입하여 보호하고 지지체계로서의 역할을 수행함으로써 이들이 유해환경에 쉽게 접근하지 못하도록 도울 필요가 있다. 하지만 학교 및 상담기관의 상담 전문 인력이 업무 가중에 시달리다 보니 위기청소년에 대한 특화된 프로그램을 개발 · 연구하기에는 역부족인 실정이다. 따라서 상담전문가나 상담센터의 상담 인력들이 위기청소년들에게 효율적으로 대응, 보호, 개입할 수 있는 집단상담 프로그램 개발과 보급이 시급하다. 위기청소년을 대상으로 집단을 운영하는 곳이 주로 학교 및 상담기관이지만 여기서는 집단상담에 대한 내용을 학교라는 공간에 초점을 맞춰서 서술하고자 한다.

1) 집단상담의 정의

집단상담은 소수의 청소년들이 전문적으로 훈련받은 상담자를 통하여 안전하고 수용적인 분위기에서 자신이 일상생활에서 겪는 어려운 문제를 탐색하고 해결하여 보다 바람직한 성장과 발달을 도모하기 위한 역동적인 상호관계의 과정이다. 학교와 학생이라는 집단의 환경적 특징상 교육적인 목표와 그 목표달성을 위한 과정을 주축으로 내담자와 상담자 간의 구조화된 관계 속에서 학생이 자신을 탐색함으로써 스스로 성장을 위한 발판을 마련하도록 돕는 과정이라고 할 수 있다.

청소년들은 집단상담 과정을 통하여 문제에 대한 공통된 경험을 공유함으로써 서로 공감과 수용을 경험하고, 고립감 등의 불안정한 정서에서 빠져나와 보다 안정적인 정서상태로 변화하게 된다. 또한 청소년들은 집단이라는 안정된 공간 속에서 받은 지지와 격려를 통해 자신에게 당면한 과제와 위기를 슬기롭게 극복할 수 있는 용기를 가지게 된다.

뿐만 아니라 집단상담은 학생들에게 사회성 발달의 기회를 제공한다. 집단과정에서 나타나는 역동을 통해 학생 자신의 대인관계 특성을 객관적으로 탐색하고 통찰할 수 있다. 집단 속에서 타인의 감정과 시각의 차이를 수용하는 경험은 폭넓은 대인관계 기술을 습득하는 데 도움이 된다.

이러한 집단상담의 정의와 장점을 살펴볼 때, '학교'라는 환경에서 집단상담은 전인적인 성장을 도모하기 위한 가장 효율적인 접근방식임을 알 수 있다.

2) 위기청소년을 위한 집단상담의 특징

전체 학생을 대상으로 하는 학교집단상담과 문제행동을 보이는 위기청소년을 위한 집단상담의 기본 운영방식은 비슷하나 목표, 접근방식 등에서 차이가 있다. 일반적인 학교집단상담에 비해 위기청소년을 위한 집단상담은 관계형성에서부터 고려할 사항이 많다. 문제를 보다 직접적으로 다루고, 상담자가 목표달성을 위하여 내담자의 학교 내 조력체계를 적극적으로 활용하여야 한다. 위기에 대한 개입은 청소년 문제행동과 직결되므로 상담자가 위기청소년의 특징을 이해하지 못한 채 선입견을 가지고 운영할 경우 오히려 부정적인 결과를 낳을 수도 있으므로 주의하여야 한다.

○ 위기청소년 집단상담의 목표는 교육목표를 반영하되 위기문제에 초점을 맞춘다

집단상담자는 집단의 목표를 설정할 때 참가하는 학생들의 특성을 고려하여야 한다. 전체 학생들의 전인적인 성장을 위한 경우에는 자기성장, 또래관계 증진, 진로탐색, 학습능력 향상 등을 목표로 설정하고 집단 활동을 구조화한다. 그러나 위기청소년을 위한 집단상담인 경우에는 목표 설정에 특히 주의하여야 하며, 집단원의 특수성을 충분히 고려하여야 한다. 상담의 목표로 자아존중감 향상은 물론이고, 위기상황에 대처하는 능력과 역량 증진, 인생에 대한 긍정적인 태도와 감정조절능력 기르기, 책임감과 올바른 가치관의 확립 등이 있다. 위기청소년의 집단상담은 다른 집단상담에 비하여 훨씬 초점이 명확하고, 구체적이며 치료적인 개입이라고 할 수 있다.

집단상담은 반드시 보호자의 동의와 학교 책임자의 승인이 선행되어야 한다

학교에서 이루어지는 모든 행사 및 별도의 교육과정은 학교 책임자의 승인을 필요로 한다. 학교집단상담도 예외가 아니다. 집단상담자는 필요에 의한 집단상담을 계획할 경우 학교의 책임자와 관련자의 협의와 승인을 통하여 추진하여야 하며, 동시에 보호자의 동의가 필수적이다. 이때 보호자에게 집단상담의 목적과 내용을 설명하고 이해하는 과정도 필요하다. 보호자의 동의와 학교 책임자의 승인은 집단상담에 참가하기 위하여 학생이 교과과정 및 기타 교내 활동에 불참하면서 생길 수 있는 논란을 예방할 수 있다. 위기청소년은 집단상담 과정에서 위험요인에 간접적으로 노출될 수 있으므로 이에 대한 사후 논란을 예방하기 위해서라도 집단상담을 계획할 때에는 반드시 이러한 절차를 거쳐야 함을 명심해야 한다.

학교나 상담기관이라는 공간의 특성상 비밀보장의 제한성이 있다

집단상담자는 상담자 윤리에 따라 집단원에게 집단원 신변의 위험 및 범죄와 관련하여 법적으로 공개해야 하는 상황 등에 처한 경우 내담자 비밀보장의 제한성이 있음을 집단원에게 사전에 알려야 한다. 특히 청소년 대상 집단상담은 보호자에게 동의를 구하는 과정에서부터 비밀보장의 한계가 있다. 또한 학교 책임자 및 관련자의 필요에 따라 집단 차시의 내용이 논의되어야 하는 경우가 발생한다. 집단상담자는 이러한 상황에 대하여 집단원들에게 알릴 의무가 있다. 비밀보장의 제한성에 대해 알리고 나면 상담 초기에 집단원들은 자기개방에 대해 두려워하고 방어하게 된다. 특히 부모와 담임교사에게 자신의 문제와 심리가 전달될 것에 대해 염려하면서 집단상담자에게 비밀보장을 확인받으려 한다. 이때 집단상담자가 집단원의 자기개방을 촉진하기 위하여 거짓으로 비밀보장을 약속해서는 안 된다. 위기청소년은 권위에 대한 반항이나 위축 등의 불안정한 심리가 강하므로 비밀보장의 한계상황에 대해 집단상담자가 이들의 입장에서 충분히 고려해야 한다. 집단상담자는 비밀보장이 제한되는 상황일 경우, 미리 집단원의 동의를 구할 것임을 안내함으로써 저항감을 줄이고 안전한 분위기를 조성하도록 노력해야 한다.

○ 집단상담의 운영기간이 짧으며, 낙인효과의 우려가 있다

학교현장에서는 정규 교과과정 이외에 진로탐색이나 인성교육 등을 위한 재량시간을 확보하고 있으나, 아직 많은 시간을 할당하기에는 무리가 있는 실정이라 집단상담을 운영하기가 쉽지 않다. 게다가 특정 문제행동을 보이는 학생들을 대상으로 실시하는 경우 학급에서 일부만 선별되므로 이 과정에서 낙인효과를 불러일으킬 수 있다. 또한 정규 수업시간에 상담을 진행할 경우 담임교사와 교과교사, 보호자 등의 관련자 승인을 거치면서 비밀보장의 제한성으로 논란이 될 소지가 있어 단회기에 그치는 경우가 많다. 방과 후에 진행되는 경우일지라도 학교 내 행사와 개인사정 등으로 장기적인 집단상담은 한계가 있다. 현행 학교제도 하에서 이러한 단점을 개선하기 위해서는 교사와 상담 인력이 관련 시간을 확보하기 위하여 특별활동 시간을 사전에 충분히 조율하고 논의를 거쳐야 하므로 관련자들의 협조가 필수적이다.

○ 집단상담자와 내담자 간의 이중관계 상황이 발생할 수 있다

집단상담자가 학급 담임교사 또는 교내의 상담교사인 경우 학생들은 집단원으로 참여하면서 혼란스러울 수 있다. 성적과 학급 학생 관리 등의 업무를 담당하고 있는 담임교사가 집단상담자가 된 경우 학생은 집단원으로서의 자기개방에 어려움을 느끼고, 교사를 계속 의식할 수 있다. 진로진학교사나 상담교사가 집단상담자일 경우에도 담임교사 못지않게 자기개방에 부담감을 가지거나 집단에 대한 경계선이 모호하여 혼란을 초래할 수 있다. 이중관계의 부정적인 영향에도 불구하고 집단상담자로서 집단을 운영해야 하는 경우 상담자로서의 역할과 담임이나 진로 · 상담교사로서의 역할을 분리하여 집단원의 불편감을 최소화하도록 노력해야 할 것이다.

○ 집단상담에 대한 저항이 클 수 있다

집단상담은 교육적 목적을 기반으로 두고 있고, 이는 위기청소년 집단상담에도 적용되기 때문에 집단상담에 참여를 희망하는 자발적인 청소년이 많지 않다. 위기청소년들은 특히 낙인효과의 두려움을 안고 있으므로 상담에 대한 저항감이 클 수 있다. 이에 집단상담자는 집단을 구조화하는 과정에서 곤란한 상황에 처할 수 있다. 집단상담자는 상담 초기에 집단원들의 공격적 태도, 무반응 등의 저항과 관련한 부정적 심리에 대해 집단원의 입장에서 충분히 이해하고 수용하면서 목표에 대한 이해를 돕고, 집단원 개개인의 욕구를 알아차림으로써 개별 목표 설정에도 도움을 주어 참여 동기를 북돋워 주어야 한다.

3) 위기청소년 집단상담의 단계

위기청소년들은 다양한 위기상황에서 문제해결능력이 저하되어 바람직한 대처 방식을 쓰지 못하고 있어 문제행동으로 표출된다. 이들의 가정이 불안정하여 보호요인으로서 제대로 기능하지 못할 경우 학교의 역할이 중요하다. 학교는 이러한 위기상황에서 벗어나도록 도와주어야 한다. 학교가 초기대응을 잘하면 위기청소년들의 문제해결능력이 향상되어 건강한 성인으로 성장할 수 있는 발달과업의 성취가 가능해진다. 그런 의미에서 학교는 청소년기의 발달과정에서 중요한 보호요인이자 지지체계로서의 역할을 수행해야 한다. 위기청소년에게 필요한 집단상담의 구체적인 발달과정을 단계로 나누어 각 단계별 특성과 효과적인 개입전략을 살펴보면 다음과 같다.

(1) 위기청소년 집단상담의 준비 단계

위기청소년을 위한 집단상담에서는 일반적으로 학교폭력, 자살행동, 외톨이, 흡연, 인터넷·게임중독 등의 주제를 다룬다. 먼저 해당하는 위험군과 잠재군 학생들을 위한 집단상담 프로그램의 주제를 선정하고, 이에 대한 기안문을 작성하여 학교 책임자 및 관련자와 협의한다. 이때 강사료, 집단의 준비물, 간식 등의 예산, 실시 기간과 장소, 출석 등의 전반적인 집단 운영사항과 더불어 학교의 교육과정과 연중계획을 참고하여 담당부장과 협의해야 한다. 최종 기안문은 학교 책임자의 결재과정을 거친다. 이어서 대상학생들에게 집단의 목적에 대해 안내하고 학생의 참석 여부를 확인한 후 홍보지 또는 가정통신문을 통하여 학생 및 학부모의 서면동의를 구한다. 학부모 동의서에는 집단상담의 목적과 내용, 특징, 집단모임시간과 소요기간, 구성원, 비용과 장소, 집단상담자에 대한 안내, 보호자와 학생 서명 등의 내용이 포함되어야 한다. 이러한 절차를 거친 후 집단상담이 실시된다.

미디어(핸드폰 · 인터넷) 과몰입 학생을 위한 집단상담 프로그램

1. 목 적

미디어(핸드폰 · 인터넷) 과몰입 학생들에게 미디어 사용에 대한 자기점검 및 동기강화 프로그램을 제공하여 효과적인 미디어 활용과 건강한 생활을 가능하게 한다.

2. 목 표

가. 현재 자신의 미디어 습관과 원인을 안다.
나. 효과적인 스트레스 관리방법을 안다.
다. 자신에 대한 긍정적인 마음을 가진다.
라. 효율적인 미디어 활용의 정도를 안다.
마. 일상생활 속에서 건강한 미디어 습관을 재형성한다.

3. 구 성

가. 차시: 총 6차시
나. 시간: 차시당 45분
다. 운영기간: 5월 26일(화) 09:00~16:00
라. 규모: 전체 인원 ×명이 한 그룹으로 운영
마. 운영방법
  1) 활동 및 놀이 위주
  2) 다양한 방법으로 사례 제시(시청각 자료 / 활동지 / 역할연기 등)
  3) 같이 나누기 및 실생활 적용(단, 차시에 따라서 과제 제시)
바. 강사: 전문상담교사

4. 준비물

가. 간식(과자, 사탕, 음료수)
나. 활동지, 포스트잇, 스티커, 색연필 및 사인펜
다. 이름표(스티커 형식)

5. 집단상담 대상자

2015년 중학교 전교생(1~3학년)을 대상으로 실시한 정서 · 행동특성 검사에서 미디어(핸드폰 · 인터넷) 과몰입 항목에 체크하였고, 예방교육을 필요로 선별된 학생 8명

6. 미디어 과몰입 학생을 위한 집단상담 프로그램 개요

차시	단계	구성요소	주제	목표	활동 내용
1	도입 단계	사전	반갑다 친구야!	집단상담 프로그램의 목적을 인식하고 서로 친밀감을 형성할 수 있다.	• 집단상담자 소개 및 인사 • 프로그램 목적 소개 • 참여규칙 정하기 • 서약서 작성 • 나는 누구일까요?(별칭 짓기)
2	작업 단계	변화동기 강화	나를 __하게 하는 것	집단 구성원 속에서 부정적인 메시지가 아닌 긍정적인 자아인식을 바탕으로 미디어 과몰입 변화에 대한 긍정적 동기를 부여할 수 있다.	• 퐁당퐁당 – 멈춤(구성원 장점) • 미디어 과다사용 점검(표) • 관련 동영상(인터넷을 계속하게 되는 이유) • 집단 활동에 대한 나눔
3		자기 이해 및 수용	스트레스야 안녕!	미디어 과몰입 원인(스트레스, 무기력감 등)과 효과적 대안을 생각해 볼 수 있다.	• 나의 스트레스는? 관리는?(역할극, 만화 말풍선 달기) • 다르게 시도할 수 있다면?(두 팀: 동영상 만들기) • 집단 활동에 대한 나눔
4			보물 찾기	미디어를 효과적으로 활용할 수 있는 대안을 탐색하고 인지하고 선택할 수 있으며 자신의 선택에 책임감을 가질 수 있게 된다.	• 인터넷 나무 열매 만들기(인터넷 과다사용 장단점 평가) • 경매(최고의 대안 선정) (오늘부터 할 수 있는 것 best 3)
5		지지강화	너는 할 수 있어!	지지그룹을 형성해서 서로 협력하고 도와주는 관계를 가질 수 있게 된다.	• 꼬꼬 잡어! 게임 • 너는 할 수 있어(응원 롤링 페이퍼, 긍정비행기) • 집단 활동과 오늘부터 해 볼 수 있는 것 나눔
6	종결 단계	종결	평가 및 비전	변화된 자신의 모습과 계획을 실생활에서 실천할 수 있다.	• 2년 후 나에게 쓰는 편지 • 시간 관리표 작성 • '건강한 인터넷' 포스터 만들기 • 활동 소감문 작성하기 • 변화에 대한 확신 점검

가정통신문을 이용한 집단상담 동의서

○○ 중학교	○○○ 소식	가정통신문 ○○호

교훈: 정직하고 창의적이며 봉사하는 사람

☎ 교무실: ×××-×××× ☎ 행정실: ×××-××××

또래관계 개선 프로그램

1. 프로그램 목적

올해 중학생이 되면서 새로운 학교에서 새로운 반에 적응하는 것은 무척 어려운 일입니다. 이 프로그램을 통해서 자신뿐만 아니라 타인이 지닌 성격적 · 행동적 다양성을 이해하고 긍정적인 시각을 갖는 경험을 하면서 원만한 또래관계를 형성하고 긍정적인 성장을 돕고자 합니다.

2. 프로그램 일정

1) 일 시: 20××년 ×월 ×일(수) ~ ×월 ×일(월), 총 10차시, 차시당 45분

2) 대 상: 1학년 11명

3) 장 소: ○○중 Wee 클래스 (☏ ○○○-○○○○)

4) 진 행: 전문상담교사

3. 세부일정

날짜	차시	주제
4월 2일(수)	1	반갑다 친구야!
	2	나의 장점 찾기
	3	마음의 다림질
4월 3일(목)	4	내 마음을 살펴봐요
	5	친구 마음 살피기
	6	내가 하고 싶은 말을 잘하고 싶어요
4월 4일(금)	7	관계 전략 세우기
	8	무인도에서 살아남기
4월 7일(월)	9	갈등을 해결하다
	10	새로운 시작

※ 학교 사정에 의해 변경될 수 있습니다.

20××. ××. ××.

○○중학교장

.... 절 취 선 ....

20××년 또래관계 개선 프로그램 동의서

학년 반	성명	성별	본인 핸드폰 번호	보호자 연락번호

보호자 : (인)

(2) 위기청소년 집단상담의 초기 단계

위기청소년의 집단상담은 초기 단계에서 상담의 성과와 목표달성 여부를 가늠할 수 있다고 해도 과언이 아니다. 그만큼 초기 단계의 저항과 불안을 다루는 것이 쉽지 않으며, 이러한 어려움을 잘 극복하는 과정은 응집력을 키우는 계기가 되므로 상담자 또한 긴장하게 되는 시기이기도 하다. 이 시기의 집단원들은 집단상담자를 시험하기도 하고, 집단이 자기개방에 대한 안전지대인지를 확인하려고 한다.

○ 집단과 집단상담자에 대한 신뢰감이 낮고 저항을 보인다

집단상담 초기에는 집단원들의 집단과 상담자에 대한 신뢰도가 낮은 상태다. 위기청소년들은 정서적으로 더욱 예민하고 저항이 클 수 있으므로 집단상담자는 초기에 이들의 불안을 해소하고 집단 속에서 안전함을 느낄 수 있도록 편안한 분위기를 조성해야 한다. 특히 위기청소년들은 무기력, 무관심, 무반응을 보이는 경우가 많다. 이때 집단상담자는 이들의 감정을 이해하고, 활동을 거절할 권리가 있음을 인정하는 등 집단원을 보호하면서 친밀감을 조성하는 활동을 통하여 자연스럽게 마음을 열 수 있도록 도와주어야 한다.

○ 집단에 대한 불안감이 높다

집단 초기에 느끼는 불안감은 집단 참여를 주저하거나 꺼리는 것처럼 여겨질 수 있다. 집단 구성원에게 자신이 어떻게 비추어질지에 대한 걱정이 클 수 있다. 청소년기의 특성상 성인에 비해 불안도가 훨씬 높을 수 있다. 비밀보장과 타인의 시선, 내 이야기를 풀어놓음으로써 생길 수 있는 비밀누설과 선입견 등의 부정적인 상황에 대한 불안감이 대표적이다.

○ 집단의 목표에 대한 이해가 부족하거나 혼란스럽다

위기청소년을 위한 집단은 목표가 구체적이고 뚜렷하다. 하지만 비자발적인 집단원들의 저항으로 말미암아 목표를 이해하고 설정하는 과정에서 청소년들이 실제적으로 집단에 적응하지 못하고 내면의 갈등으로 혼란스러워할 수 있다. 이는 비자발적인 참여자에게서 두드러지는 감정이다. 이러한 목표 설정에서의 곤란한 상황은 집단의 운영에 큰 걸림돌로 작용한다.

집단원이 자신에게 초점 맞추는 것을 회피하는 태도를 보인다

집단원들은 초기에 자신의 이야기를 꺼내 놓기를 회피하는 경향이 있다. 일상적인 상황이나 다른 사람과 관련된 이야기를 하면서 초점을 흐리는 경우 집단상담자는 집단원 개인에게 초점이 가도록 도와주어야 한다. 상담자가 벗어난 초점을 맞춤으로써 집단의 주제에 다시 집중하게 되어 차시별 목표 달성이 가능해진다.

〈초기 단계에서의 효과적인 개입 전략〉

● 집단의 구조화

집단상담자는 첫 차시에 집단을 구조화하고, 집단의 목표에 대하여 명확하게 설명하여야 한다. 각 차시의 진행과정에 대한 설명도 덧붙이며, 집단상담자의 역할을 소개한다. 비자발적이고 저항적인 참여자가 많은 경우 집단상담자는 이들에게 집단의 목표를 이해시키는 것에 곤란함을 느낄 수 있다. 따라서 참여자의 지금-여기의 감정을 토로하는 장을 마련해 주어 초기에 집단에 대한 저항감을 줄임으로써 참여 동기를 높이도록 도와야 한다. 예를 들어, 사전모임이나 차시 진행 후에 개별적으로 만나서 강제로 참여하게 된 것에 대한 반응을 표현할 기회를 주고 이들의 저항을 수용한다. 하지만 3차시가 지나서도 탈퇴하기를 원하면 탈퇴 후의 결과에 대해서 안내한 후 허용한다. 상담자는 전체 집단의 목표에 대한 이해를 비롯하여 개개인의 목표 설정에도 도움을 주어야 한다. 또한 구조화 과정에서 집단상담자는 비밀유지의 제한성, 집단 내 규칙, 피드백 방법을 안내한다. 위기청소년의 경우 집단 내에서 해로운 행동에 대하여 분명한 한계선을 그어야 한다. 예를 들어, 집단 내에서 흡연, 폭언, 비난을 금지하는 조항을 만들고, 규칙을 어길 경우의 조치까지 집단원과 의논하여 결정한다.

〈상황〉 비자발적인 참여자가 많은 집단의 구조화 예(일부)

집단상담자: 여러분이 이 집단에서 느끼는 두려움은 어떤 것이든 얘기하는 것이 중요해요. 여기서 서로 도와주면서 개인의 관심사를 드러내고 자신이 처해 있는 상황을 이해하고 해결할 수 있는 장이 되기를 원해요. 앞으로 진행되는 시간들이 얼마나 가치 있는가는 여러분의 참여에 달렸어요. 만약 여러분이 잘 듣지도, 보여 주지도 않으면 나도 실망스러울 것 같아요. 여러분이 불편해질 때 나한테 얘기하면 도울 수 있으니 언제든 얘기하세요. 나는 이 집단 안에서 여러분이 자신에게 그리고 다른 사람들에게 정직하기를 기대하고 있어요.

● 신뢰할 수 있는 분위기 조성하기

위기청소년은 심각하게 불안정한 심리상태에 놓여 있으므로 집단상담에 대한 저항이 높고 때로는 상담자에 대한 의심과 거부감을 가지는 태도를 보일 수 있다. 이때 집단상담자는 진솔한 태도를 보여 신뢰감을 줌으로써 저항을 낮출 수 있다. 청소년들은 집단상담자의 진솔한 정도를 빨리 알아차리므로 집단상담자는 '지금-여기'에 초점을 맞추어 현재의 경험에 대해 적극적으로 표현함으로써 자기개방의 모델링이 되어 줌과 동시에 집단원의 긴장감을 풀어 줄 수 있다. 집단상담자가 교육자적인 입장을 버리고 수용적이고 지지적이며 공감함으로써 신뢰관계를 형성하면, 이후 집단원들이 차시 동안 편안하게 자신을 개방하고 탐색할 수 있게 된다.

〈상황〉 흡연문제를 겪고 있는 학생이 집단상담자를 시험하는 태도를 보이고 있다.

집 단 원: 선생님은 담배 핀 경험이 있나요?

집단상담자: 내 경험이 궁금한가 보구나. 나는 담배를 피워 보지는 못했어.

집 단 원: 칫~ 경험도 없으면서 어떻게 우리 심정을 알아요? 안 좋다는데도 담배를 왜 자꾸 피우게 되는지 알 리가 없잖아요.

집단상담자: 경험하지 않으면 너희를 이해하지 못할 거라고 생각하는구나. 나도 처음에 금연 상담을 맡았을 때 많이 당황했었어. 경험도 없는데 어떻게 너희의 어려움을 알까 하고 말이야.

집 단 원: (키득거리며 웃는다.) 담배를 피우면 안 좋다지만 해 본 사람은 왜 자꾸 피우게 되는지 이해해요.

집단상담자: 그렇구나. 그럼 넌 어떤 느낌이 좋아서 계속 담배를 피우게 되니?

● 불안과 저항 다루기

집단상담자는 초기에 생길 수 있는 불안감과 두려움 등의 부정적 정서를 적극적인 경청을 통해 표면화시켜서 충분히 다루어 주어야 한다. 이를 통해 불안을 해소하고, 방어와 저항을 감소시킬 수 있다. 초기 단계에서 집단원들은 집단의 안전성과 신뢰성을 확인하고자 한다. 때로는 집단이 시작되기 전부터 친한 학생들끼리 하위그룹이 형성되어 타 집단원들에게 무관심하거나 서로를 경계하고 탐색하게 된다. 집단상담자는 짝을 지어 자기 소개를 하거나 신체활동놀이를 함으로써 하위그룹으로 나뉘는 것을 사전에 방지하도록 하고, 소외되는 집단원이 없도록 공평한 기회를 주어야 한다.

〈상황〉 집단 첫 차시에 비자발적으로 참여한 학생이 저항하는 태도를 보인다.

집 단 원: 난 여기 있고 싶지 않아요!

집단상담자: (방어적이지 않은 음성으로) 여기에 참여하기 싫은가 보구나. 무엇이 마음에 안 드는지 말해 보렴.

집 단 원: 담임선생님이 무조건 참석해야 한다고 해서 억지로 온 거란 말이에요! 이런 거 해 봤자 소용없어요.

집단상담자: 해 봤자 소용없다고 생각하는데 억지로 앉아 있어야 하는 네 마음을 나도 알겠다. 나도 사람들이 내가 하기 싫은데 억지로 시키면 참 싫거든.

집 단 원: 맞아요. 그런데 왜 해야 되는지 모르겠어요.

집단상담자: 그래, 그럴 수 있지. 여기 집단에 모인 친구들 중에 너와 비슷한 감정을 가진 친구들이 있을 것 같구나. 지금 무엇이 너희를 제일 힘들게 하는지 말해 줄 수 있겠니?

● 공감과 수용

초기에 집단상담에 대한 불안이 높은 집단원들의 감정에 관심을 기울이고, 집단상담자가 내담자의 입장에서 감정을 느끼려고 노력하면서 집단원의 감정에 충분히 머물러 주고, 이해하는 과정을 통해 집단원이 상담자로부터 공감받고 있음을 느끼도록 한다.

또한 집단원의 부적응 상태를 충분히 수용해 주어야 한다. 이때의 수용은 집단원의 말과 행동을 무조건 지지하는 것과는 차이가 있다. 방어와 불안이 높은 집단원에게 상담자의 무조건적인 지지는 오히려 불편함을 줄 수 있다. 그리고 무조건적으로 지지하는 집단상담자에게 인정받고 싶은 욕구로 인하여 자신의 약점을 드러내지 않는 태도를 보일 수 있으므로 이에 대한 주의가 필요하다. 집단상담자는 최대한 객관적으로 그들의 입장이 되어 보고, 집단원의 방어를 존중한다는 느낌을 받도록 해 주어야 한다. 하지만 집단원이 집단에 위협을 가하는 행동을 하게 되는 경우조차 수용할 수는 없다. 이에 대한 행동의 한계선 설정이 상담 초기 단계에서 이루어져야 한다.

〈상황〉 집단원이 자신의 이야기를 꺼내는 것에 대하여 불안을 호소하고 있다.

집 단 원: (활동지를 내려놓으며) 꼭 돌아가면서 모두 얘기해야 하나요?
집단상담자: 그건 네 결정이란다. 지금 네 마음이 어떤지 궁금하구나.
집 단 원: 여러 사람 앞에서 제 얘기를 하는 게 불편해요.
집단상담자: 내 이야기를 다른 사람 앞에서 하는 것이 불편한가 보구나. 불편하다는 것이 어떤 의미인지 말해 줄 수 있겠니?

● 적극적인 경청

집단상담자는 내담자의 말을 적극적으로 경청하여야 한다. 이를 통해 내담자의 문제를 이해하고 위기상황을 정확히 파악할 수 있다. 내담자의 말투, 얼굴 표정, 자세 등에 세심한 주의를 기울이고, 집단상담자 또한 자세와 얼굴 표정, 말투 등의 비언어적인 행동을 통해서 내담자에게 관심을 기울이고 있음을 보여 준다. 내담자의 비언어적인 반응을 통해 상담자는 내담자의 정서상태를 가늠해 볼 수 있다. 이때 너무 과장된 표현과 태도는 삼간다. 그리고 내담자의 말을 경청한 것을 상담자가 자신의 언어로 들려주어 내담자에 대해 이해한 바를 제대로 전달할 수 있어야 한다. 집단상담자는 내담자의 말을 듣고 미리 판단하지 않도록 주의한다.

〈상황〉 집단원이 자신의 왕따 경험을 이야기하고 있다.

집 단 원: (고개를 아래로 떨구며) 교실에 있는데 한 명도 저에게 말을 걸어오지 않았어요.
집단상담자: (고개를 끄덕이며) 음… 학교에서 아무도 말을 걸어 주지 않아 소외감이 많이 들었겠구나.

● 초점 유지하기

집단상담자는 집단과정에서 논의의 초점을 맞추고 유지하고 변화시켜 나가는데, 이를 통하여 집단원 전체가 특정 주제에 집중하도록 돕는다.

〈상황〉 폭력 가해자 집단프로그램에서 한 집단원이 자신의 불행은 엄마 때문이라며 엄마에 대한 이야기를 하면서 엄마의 감정에 초점을 맞추고 있다.

집 단 원: 엄마는 늘 나만 없으면 집이 조용해진다면서 큰소리로 욕을 퍼붓곤 했어요. 엄마는 늘 화가 나 있었고, 저한테 말할 때마다 짜증나는 말투였어요. 그러면서도 아빠가 늦게 들어오면 자기만 애들 키우냐며 자꾸 화내고, 왜 자꾸 사사건건 화를 내는지 모르겠어요. (계속 엄마의 화와 잔소리 일화를 늘어놓는다.) 게다가…….

집단상담자: 엄마가 늘 화가 나 있어서 ○○이도 많이 힘들었겠구나. 지금 너 자신에 관해서보다 엄마에 관해 더 많이 이야기하는 것 같은데 너에 대해 얘기해 주겠니?

(3) 위기청소년 집단상담의 중기 단계

집단상담 과정에서 중기 단계는 개인과 집단의 목표 달성을 위해 가장 많은 시간을 보내게 된다. 이 시기는 초기 단계에서 형성된 신뢰감과 불안·저항의 감소에 따라 집단의 응집력이 커지면서 집단 구성원의 변화를 위한 활동들이 시작된다.

집단의 응집력을 바탕으로 변화를 위한 생산적인 활동이 이루어진다

신뢰 분위기 속에서 집단원들의 불안요소와 저항감이 줄어들면서 친밀감이 형성되는 단계다. 응집력이 잘 발달하게 되면 집단원들은 보다 깊은 통찰이 가능해진다. 하지만 청소년들에게는 심각한 자기통찰 과정보다 흥미 있는 활동을 중심으로 한 상호작용이 관계 속에서의 자신을 탐색하는 것에 더 효과적일 수 있다.

또한 중기 단계에서는 서로 공감하고 격려하는 신뢰 분위기 안에서 안전하게 자신을 개방하고 변화를 위한 새로운 행동을 실험해 볼 수 있다. 집단상담자는 이때 좋은 모델이 되어 줄 수 있다.

집단의 역동이 활발히 일어난다

집단 구성원들은 현재 느끼고 행동하는 것에 대해 직접적으로 서로에게 피드백을 주고받게 되며, 이로 인한 갈등으로 역기능적인 하위집단이 증가하기도 한다. 집단상담자가 집단의 응집력을 방해하는 이러한 하위집단을 예방하기 위해 집단원들의 자리를 바꾸어 보는 등의 신체활동을 제시할 수 있다. 또한 집단원들에게 도전받는 집단원이 생길 수 있으므로 집단상담자는 이 단계에서 집단원을 적절히 보호하여야 하며, 바람직한 집단원의 역할에 대한 시범을 보여 주어야 한다. 이를 통해 집단원들은 다시 공통의 구심점을 가지고 바람직한 집단행동을 강화하게 된다.

〈중기 단계에서의 효과적인 개입 전략〉

집단원의 강점 살리기

집단상담자는 부정적인 자기개념과 낮은 자아존중감을 가진 위기청소년들과의 집단상담 장면에서 집단원에게 긍정적인 감정을 느끼거나 강점을 발견한 경우 직접적으로 표현하여 집단원이 간과하고 있는 자신의 강점을 살릴 수 있도록 격려하는 것이 좋다. 현재 상황에서 스스로 문제해결하는 방법을 찾기 어려워 헤매고 있는 집단원들에게 이러한 긍정적인 측면의 강화는 상담에의 참여 동기를 높일 뿐만 아니라 자아존중감과 자기개념에도 긍정적인 영향을 준다. 또한 집단원이 자신의 문제에 대한 대안을 찾는 과정에 적극적일 수 있는 기회가 되기도 하므로 집단상담자는 이러한 강점을 적극 활용하여야 한다. 하지만 지나친 과대평가는 오히려 집단원들로 하여금 불신을 조장할 수 있으므로 조심하여야 한다.

〈상황〉 집단원이 친구의 얘기를 듣고 공감한 후 비슷한 자신의 경험을 말한다.

집단상담자: ㅇㅇ이가 친구의 얘기를 주의 깊게 듣고 자신의 경험까지 연계해서 말해 주니 ㅇㅇ이의 경험이 더 잘 이해되는 것 같아. 친구의 말을 귀담아듣는 모습이 무척 진지해 보여 좋았단다.

● 직면

위기청소년들은 자신의 왜곡된 사고나 감정과 행동의 불일치를 알아차리지 못하는 경우가 종종 있다. 이때 집단상담자는 내담자의 언행이 일치하지 않는 경우 그 모순을 지적하여 내담자의 의사소통 방식이나 내면의 감정을 바로 보게 해 주어야 한다. 이러한 직면은 상담 초기에는 위험하며, 집단원의 방어를 부추길 수 있으므로 꼭 필요한 경우에만 적절히 사용하여야 한다.

〈상황〉 집단원이 집안의 어려운 일에 대해 얘기하면서 괜찮다고 말을 하는데 약간 울먹인다.

집단상담자: ○○이는 괜찮다고 하면서 눈물을 흘리는구나.

● 스스로 대안을 찾도록 격려하기

위기청소년들에게 교육적인 접근은 반감을 불러일으킬 수 있다. 집단상담의 목표를 달성하기 위하여 집단상담자가 조급한 마음을 가지고 먼저 대안을 제시하고 끌어가려고 할 경우 이러한 반감은 극대화될 수 있으므로 유의해야 한다. 집단상담자는 집단원과 함께 대안을 고민하는 시간을 가지고, 집단원이 스스로 대안을 찾을 경우 비록 비현실적인 대안일지라도 긍정적인 자세로 함께 검토하는 태도를 보임으로써 집단원이 스스로 찾은 대안에 책임감을 가질 수 있도록 돕는다. 청소년 자신이 위기상황에서 어떠한 역할을 해야 하는지 대안을 찾는 과정에서 생각해 보는 기회가 될 수 있다.

〈상황〉 분노조절 프로그램에 참여한 집단원이 감정을 다스리는 방법을 찾고 있다.

집 단 원: 저는 화가 나면 물불을 안 가리고 손에 잡히는 건 뭐든지 던지게 되는데요. 솔직히 지나고 나면 비싼 물건이 깨진 경우 후회 많이 했어요. 앞으로는 싼 물건만 골라서 던질까 싶어요. (웃음)

집단상담자: ○○이가 화가 가라앉고 나면 후회되니까 값싼 물건만 던지기로 마음먹었구나. 네가 생각하기에 어떤 물건이 저렴한 것 같니?

집 단 원: 페트병? (웃음) 그런데 막상 화가 나면 그런 게 눈에 안 보여요.

집단상담자: 그래, 화가 나면 옆에 있는 물건의 가치를 생각할 겨를이 없을 것 같아. 그럼 어떡하면 좋을까?

(4) 위기청소년 집단상담의 종결 단계

집단상담자는 종결 단계에서 집단원들 각자가 상담의 전체 목표와 개인별 목표를 어느 정도 달성하였는지 평가하고 마무리하여야 한다. 상담과정에서 자신의 변화와 새롭게 배운 것을 서로 나누고, 미해결과제에 대한 논의를 한 후 열심히 참여한 모두에게 격려와 지지의 시간을 갖는다. 종결 후에는 추수상담을 통하여 상담의 성과를 확인하고 지속될 수 있도록 돕는다.

집단원들은 종결에 따른 복잡한 감정을 경험한다

집단상담자는 종결이 다가오면 미리 집단원들에게 종결을 안내하여 마음의 준비를 할 수 있게 도와야 한다. 집단원들은 집단과정 동안 서로에 대한 공감과 지지를 경험하고, 변화를 시도해 왔던 공간이 사라지는 것에 대하여 분리감 또는 상실감 등을 경험하고, 동시에 성취감과 새로운 변화에 대한 기대감을 가질 수 있다. 이러한 복잡한 감정을 종결 차시에서 다루어야 하며, 이를 통하여 집단원들이 집단에서 배운 것을 정리할 수 있는 기회를 가질 수 있다.

종결에 대한 저항이 생긴다

종결이 다가오면 집단원들은 활동에 냉담해지고 참여에 소극적인 자세를 취한다. 변화의 단계에서 필요한 새로운 문제 탐색을 꺼리기도 한다. 그러므로 집단상담자는 집단원들에게 이별이 새로운 출발을 의미하는 것임을 인식하게 함으로써 심리적으로 받아들일 수 있도록 도와야 한다. 집단의 종결 후 집단원들이 각자가 터득한 기술이나 방법을 현실세계에서 지속적으로 실천할 수 있도록 응원해 주어야 한다.

〈종결 단계에서의 효과적인 개입 전략〉

- **종결 이후에도 꾸준히 과제를 실천하기 위한 논의**

집단상담 과정을 통하여 알게 된 사실과 목표의 달성 정도를 평가하면서 변화를 위한 효과적인 기술과 방법 등에 대하여 충분히 정리하고 나눈다. 집단의 종결 이후에도 지속적으로 실천할 수 있는 방법을 논의함으로써 상담의 목표 달성을 극대화한다. 이때 집단상담자는 집단원에 대한 지지와 격려를 하여 실천의지를 고취시킨다.

● **종결을 위한 다양한 피드백 활동**

집단상담 과정에서 경험한 갈등을 어떻게 해결해 가고 삶에 통합해 나가는지, 집단원이 앞으로 더 해결해야 할 부분에는 어떠한 것들이 있는지를 '나에게 편지쓰기' '희망 메시지' 등의 다양한 피드백 활동을 통하여 정리하는 시간을 갖는다. 이러한 활동은 종결 이후에도 집단상담의 효과를 이어 갈 수 있는 동력을 마련해 줄 수 있다.

3 이 책의 활용

위기청소년에 대한 개입은 사후조치로 이루어지는 경우가 대부분이다. 이들에 대한 예방 프로그램은 대상학생을 선별하는 과정에서부터 낙인효과의 우려가 있고, 잠재군 학생의 경우 문제행동으로 다시 불거질 소지가 있어 현재 학교에서는 적극적으로 대처하지 못하고 있고 전체 학생을 대상으로 전반적인 예방 프로그램 형태로 대부분 진행되고 있다.

학교는 학생들에게 중요한 보호요인이자 지지체계로서의 역할에 충실하여야 한다. 교사나 상담전문가는 사회적 편견과 위해요인으로부터 이들을 보호해야 한다. 그러므로 위기청소년의 문제행동이 더 심각한 사회적 이슈가 되기 전에 적극적으로 개입할 필요가 있다. 개인상담보다 집단상담이 위기청소년의 문제행동 개선에 훨씬 효율적이라는 연구 결과들에 비추어 보아도 집단의 모집과 운영이 가능한 학교라는 공간을 잘 활용하여야 한다. 하지만 위기청소년의 담임과 상담 관련 교사들은 교육과정과 행정업무 등으로 인하여 이들에 대한 개입과 보호 활동이 필요함을 인지하고 있음에도 상담과 교정의 역할에 집중할 수 없는 환경에 처해 있다. 이러한 열악한 업무 환경에도 불구하고 학교현장의 역할에 대한 목소리가 점점 커지고 있다. 해마다 증가하는 청소년 범죄와 비행, 자살률 등으로 위기청소년의 예방과 초기 대응, 사후조치의 필요성에 대한 인식이 범사회적으로 확산되고 있기 때문이다.

이 책은 위기청소년에 대한 이해를 토대로 문제행동별로 구분하여 현장에서 효과적으로 접근할 수 있는 집단상담 프로그램들을 소개하고 있다. 현장 실무자와 집단상담자가 위기청소년들에 대한 집단상담을 운영하고자 하는 경우 이 책을 통해 실제적인 도움을 받을 수 있기를 바란다.

1) 본 프로그램의 세부적 특징

◯ 비슷한 문제를 가진 위기청소년을 위한 프로그램으로 구성되었다

본 프로그램은 선별된 위기청소년에 대한 집단상담이므로 일반적인 학급 중심의 학교집단상담과는 구별되는 특징을 가지고 있다.

집단상담의 규모는 10명 이내가 좋으며, 대상자의 규모에 따라 학년별 또는 학년 구별 없이 모집한다. 1차시를 45~50분씩으로 잡고 진행된다. 전체 차시 수는 10차시 전으로 구성된다. 현장 사정이나 구성원의 특성에 맞게 차시 수를 조절해서 활동할 수 있도록 프로그램을 구성하였다. 학교현장이라면 일부 집단상담자들은 서로 잘 아는 사이일 수도 있고, 집단상담이 끝난 후에도 집단 구성원 사이에 상호작용이 계속 이루어진다. 그러므로 집단상담에서의 상호작용이 집단상담 이외에서의 관계와 구분되도록 집단 구성원들에게 충분히 주지시켜야 한다.

◯ 위기청소년에 대한 진솔한 태도를 가진 상담자라면 누구나 운영이 가능하도록 방법을 자세하게 서술하고 있다

위기청소년에 대한 편견이 없고, 진솔하게 상담에 임할 수 있는 상담자라면 담임교사, 전문상담교사, 외부의 상담전문가를 불문하고 누구나 집단상담을 이끌 수 있도록 프로그램을 구성하였다. 학교에서 특별히 요구되는 개선되어야 할 문제행동에 초점을 맞추고, 해당하는 위기청소년이 학교에 잘 적응하고, 문제해결능력을 키우고, 방법을 찾음으로써 변화의 기틀을 마련하는 데 의의를 두고 있다. 전 프로그램의 활동내용은 예방뿐만 아니라 초기의 적절한 대응과 사후조치 등 현재의 문제 상황에 대한 집단의 목표에 부합되는 내용들로 구성되어 있다. 집단상담자로서의 진행에 대한 부담감을 줄이기 위하여 활동 진행방법을 자세히 서술하였다.

◯ 집단원의 저항감을 줄이기 위하여 흥미 위주의 활동 프로그램을 제시하였다

위기청소년들을 대상으로 집단상담을 모집할 경우 선별과정에서 어쩔 수 없는 강제성이 부과되는 경우가 많다. 물론 절차상 학생과 학부모의 동의를 받지만 청소년문제와 직결되어 있으므로 비밀보장의 제한상황이 일반 집단상담에 비하여 잦을 수 있다. 따라서 집단상담 과정에서 집단원들의 저항과 의구심이 늘 따라다니게 된다. 이러한 저항을 줄이고, 참여 동기를 높이려면 사전 개별 만남을 통한 집단상담의 안내도 중요하지만, 프로그램의 내용에서도 저항 수준을 감소시키기 위하여 흥미 있는 활동이 필요하다. 흥미를 유발할 수 있는 적절한 분위기가 조성된다면 점차 집단활동에 적극적으로 임할 수 있게 된다. 따라서 이 책에서 제시한 프로그램들은 흥미를 유발할 수 있는 게임과 활동 위주로 구성하여 위기청소년의 무반응, 반항 등의 저항을 줄이고, 적극적으로 참여할 수 있도록 하였다.

◯ 대상자의 돌발 상황과 진행 속도에 따라 다른 활동을 대체하여 사용할 수 있다

본 프로그램은 각 위기행동별 집단상담의 목표 달성을 위해 체계적으로 구성되어 있다. 학교 수업시간인 45~50분에 맞추어 활동들을 세분화하였으므로 전체 프로그램을 순차적으로 실시하는 것이 좋다. 하지만 위기청소년의 집단상담은 저항의 정도와 친밀감 형성의 정도 등이 문제행동에 따라 변수가 많으므로 집단상담자가 융통성을 발휘하여 적절히 다른 프로그램으로 대체할 수 있어야 한다. 이 책의 프로그램은 각 단계별로 도움되는 활동들을 세분화하여 제시했으므로 상담 진행 중 필요에 따라 다른 활동으로 대체할 수 있다. 예를 들어, 친밀감 형성을 위한 신체활동이 더 요구될 경우 다른 프로그램에서 이와 비슷한 활동을 가져와서 응용할 수 있게끔 소요시간과 활동방법을 목표별로 상세하게 서술하였다.

2) 본 프로그램의 운영방법

위기유형별 집단상담은 총 10차시에 걸쳐 구성되어 있다. 각 차시는 도입, 활동, 마무리의 세 단계로 구성되어 있다. 도입 단계 동안 집단상담자는 집단원들의 흥미, 개인별 집단에 임하는 준비 정도에 대해서 살펴보아야 한다. 활동 단계에서는 집단목표를 달성하기 위한 활동을 중심으로 이루어지고, 마무리 단계에서는 활동 단계에서 배운 것과 새롭게 느낀 점, 현재의 감정 등을 나누면서 마무리한다.

집단상담자는 그날 활동하게 될 집단프로그램의 내용을 숙지하고, 활동지 및 기타 준비물을 미리 챙겨 둔다. 본 프로그램에 제시된 상담자의 멘트는 상황에 맞게 적절히 변경할 수 있다. 단, 주의할 점은 활동의 의미를 정확히 이해하고 유의점을 확인하여 집단원이 그 활동을 통해 달성할 수 있는 목표에 충실해야 한다는 점이다. 이를 위해서는 전체 집단프로그램의 흐름과 각 활동 간의 연계성을 잘 파악하고 있어야 한다.

도입 단계에서는 상담에 효율적인 환경을 조성한다

도입 단계는 비자발적인 집단원의 동기부여를 위해 특히 중요하다. 먼저 장소의 정리정돈부터 시작하는 것이 좋다. 대부분 집단상담 장소는 학교 내 집단상담실이 될 것이다. 첫 시간에 구조화를 잘해야 한다. 집단상담자는 구조화를 위하여 집단 내에서의 규칙을 적을 판을 사전에 준비하여 집단원들이 규칙을 만들어 작성하고 나면 집단상담실 내에서 집단원들이 잘 볼 수 있는 위치의 벽에 부착해 놓아야 한다. 도입 단계에서 집단원들이 무질서하거나 엎드려 있는 등의 태도를 보이면 집단상담자는 교육자적인 자세를 취하지 말고 준비가 될 때까지 침묵하고 느긋한 태도로 기다리는 등의 방법으로 학생들이 집중할 수 있도록 한다. 이전 시간의 활동에 대해 잠깐 언급을 하고, 과제가 있을 경우 과제를 확인한다. 도입 단계는 간단히 진행하고, 이어지는 활동 단계를 소개하면서 흥미를 가지도록 돕는다.

활동 단계에서는 긍정적인 행동에 대한 보상을 통하여 참여 동기를 고취시키고 활동의 성과를 높이도록 한다

활동 단계에서 집단상담자는 활동방법에 대한 안내를 구체적이고 명확하게 전달해야 하며 충분한 시간을 사용할 수 있도록 시간 배분을 잘해야 한다. 집단원들이 흥미를 가지고 활동을 할 수 있도록 격려하고 긍정적인 행동을 할 경우 칭찬, 지지 등의 언어적인 보상과 더불어 적절한 강화물을 활용한다. 특히 자아존중감이 낮고 부정적인 자아개념을 가진 청소년은 칭찬과 지지에 참여 동기가 고취되어 긍정적인 효과를 낳는다. 이때 무조건적인 칭찬은 역효과를 가져오므로 주의해야 한다. 집단상담자는 진솔하고 객관적으로 집단원의 순간적인 강점들을 잘 파악하여야 한다. 소외되는 집단원이 있는지 수시로 살피고 관심을 가지며 활동을 격려하고, 집단원들의 인정 욕구를 잘 다루어 집단이 전체적으로 응집력을 가질 수 있도록 한다. 부정적인 행동에 대해 지적할 경우 집단원의 반항과 저항을 더 크게 불러일으킬 수 있으므로 긍정적인 강화에 초점을 두고 진행한다.

마무리 단계에서는 차시 내 활동의 의미를 나누고 정리한다

마무리 단계에서 집단상담자는 그날 주요 활동의 의미를 요약하여 전달한다. 그리고 집단원들이 각자 활동 속에서 무엇을 배우고 느꼈는지 이야기한다. 이 과정이 생략되면 집단원들은 활동의 의미를 모르고 지나쳐 버릴 수 있다. 자신의 생각과 감정을 표현하는 것이 익숙하지 않은 집단원들은 "그냥 재미있었어요." "모르겠어요." 등의 단순한 표현으로 어색한 상황을 정리하려는 경향이 있다. 이때 집단상담자는 다양한 감정 표현을 알려 주며 격려하고 정리해 주는 것이 필요하다. 이러한 과정은 차시 내의 목표가 어느 정도 달성되고 있는지를 파악할 수 있고 다음 차시 활동 시에 참조할 수 있으므로 반드시 거쳐야 할 과정이다. 나눔이 끝나고 나면 다음 차시의 주제를 간단히 소개한다. 과제가 있을 경우 동기부여를 위해 상품 등의 강화물을 활용할 수 있다.

제2장

친구 없는 아이들의 또래관계 맺기를 위한 집단상담 프로그램

마음의 문을 Knock 하다

1 프로그램의 필요성

진수는 수업시간 외에는 학교 이곳저곳을 기웃거린다. 상담선생님과 안면을 튼 이후로 쉬는 시간이면 제일 먼저 상담실 문을 연다. 그전까지는 자신의 이야기를 들어 주는 보건선생님을 찾아다니거나 이것마저 쉽지 않으면 도서관에서 책을 뒤적거린다. 쉬는 시간과 점심시간이 다가올 때면 마음이 더 괴롭다. 잡담을 나눌 친구 없이 혼자 쉬는 시간을 어떻게 버티나 고민이 되어 수업 내용에 집중할 수가 없고, 점심은 거르는 일도 종종 있다.

아영이는 학교에 가면 얼음이 된다. 무슨 말을 어떻게 꺼내야 할지, 무심코 말을 잘못할까 봐 조심스럽다. 수업 중에 책을 읽거나 발표를 해야 할 때면 모깃소리만 한 작은 목소리 때문에 "어휴 답답해" "뭐라고 말하는 거야?"라는 친구들의 짜증을 들어야 한다. 이런 광경에 익숙한 선생님은 "다음부터는 크게 말하자"라는 말씀을 하시며 넘어가신다. 한번은 짝지가 묻는 말에 동문서답하여 짝지의 기분을 상하게 한 적도 있다.

선주는 학급에서는 투명인간이다. 바로 옆에서 웃고 떠드는 친구들도 선주를 힐끔 쳐다볼 뿐 말을 걸거나 자신들의 그룹에 끼워 주지 않는다. 선주 역시 그런 친구들에게 전혀 관심이 없다. 마치 친구가 귀찮다는 듯이 "친구 없어도 괜찮아요" 라고 하고, "저랑 너무 달라요"라며 스스로 애들을 차단한다. 이처럼 반 친구에게는 관심이 없으면서 2학년 후배와는 곧잘 어울려 다닌다.

위의 세 아이는 모두 외톨이들이다. 어울릴 친구나 또래가 없어서 주로 혼자 지내는 아이를 외톨이라 하는데, 세 아이는 외톨이의 전형적인 모습을 보여 준다.

친구를 사귀는 데 필요한 기술을 알려 주는 동화책『외톨이 사자는 친구가 없대요』[1]의 외로운 사자는 만나는 친구에 따라 자신의 갈기를 변신시켜 친구가 되고자 한다. 고슴도치를 만나면 갈기를 세우고, 양을 만나면 갈기를 둥글게 말고, 심지어 사슴을 만날 때에는 갈기에 나뭇가지를 꽂아 뿔을 만든다. 모두 이상한 동물의 모습에 놀라 달아나 사자는 또 혼자가 된다. 그러다 갑자기 내린 소나기에 사자의 진짜 모습이 드러나자 동물들은 사자의 친구가 된다. 이 이야기에는 자기 자신을 있는 그대로 보여 줄 때 친구

1) 나카노 히로카주(2015). 외톨이 사자는 친구가 없대요. 이영준 역. 서울: 한림출판사.

를 만들 수 있다는 소박한 진리가 숨어 있다. 또 다른 동화책 『나는 갈색이야』[2]는 소외감을 느끼는 갈색 색연필이 친구를 만들어 가는 과정을 소개한다. 갈색 색연필은 빨강, 노랑, 파랑에 비해 쓰임이 적어 늘 필통 구석자리를 차지하고 있는 자신의 신세를 한탄하였다. 하루는 파랑, 연두, 빨강 등의 친구들에게서 친구를 사귀기 위해서는 먼저 자신이 좋은 친구가 되어야 한다는 조언을 듣게 된다. 또 모든 색깔을 합한 게 '갈색'이라는 것을 알게 되자 자신이 특별하다는 점을 깨달아 자기의 문제점을 개선하고 또 그 친구들에게 도움이 되고자 하였다. 두 동화책의 주인공 사자와 갈색처럼 외톨이 아이들은 또래관계에서 독특한 특성을 보인다. 자신을 무능하다고 여기고, 자존감이 낮고, 더 우울하고 외로움을 많이 느낀다. 앞의 사례 진수처럼 누군가가 건넨 말 한마디에 엄청 가까워진 것으로 착각하여 상대에게 다가가지만 관계를 유지할 수 있는 기술이 부족한 경우도 있다. 또 대인공포증이 있는 것처럼 또래관계에서 눈에 띄게 두려움을 보이고, 당황해하기도 한다. 선주처럼 친구 없는 이유를 자신이 독특하기 때문이라고 포장하면서 자신과 비슷한 후배와 다니는 경우도 있다.

물론 이런 아이들은 교칙을 어기고 교사의 요구에 반항하거나 불손한 수업태도와 같은 특별한 문제를 일으키지는 않는다. 몇몇의 성인은 친구 없이 혼자 지내는 것이 그리 큰 문제냐며 오히려 친구들과 어울려 다니는 것보다 공부나 다른 취미 생활을 하는 것이 훨씬 생산적이지 않으냐며 친구의 필요성을 평가절하하기도 한다. 하지만 친구 없는 아이들은 친구의 존재 여부가 중요한 것이 아니라 혼자 지낸다는 자체만으로 자존감이 떨어져 자신의 특별한 점을 인식하지 못하며 결국 학업성취나 학교적응에 부정적 영향을 준다. 또 외톨이 생활의 장기화로 또래관계에 필요한 사회적 기술을 습득하지 못하면 동화책의 사자처럼 특이한 방식으로 친구들에게 다가가 오히려 관계를 망쳐 버리고 결국 혼자가 되는 악순환을 반복하게 된다. 어쨌든 이런 아이들은 생산적이거나 적극적인 사회생활을 할 수 없다는 데 문제의 심각성이 있다.

청소년기에 경험한 인간관계의 실패는 앞으로 그들이 부딪히게 될 사회생활의 다양한 인간관계에 대한 두려움으로 작용하여 관계 맺기를 아예 외면하게 되기도 한다. 그래서 이들에게 지금 가장 필요한 것은 자신의 성격을 돌아보게 하고 그것을 함께 수정할 수 있도록 도움을 주는 것이며 친구들과 원만한 관계를 맺을 수 있는 또래관계 기술을 습득할 수 있게 하는 것이다.

---

2) 줄리아 쿡(2014). 나는 갈색이야. 공경희 역. 서울: 찰리북.

2 이론적 배경

1) 외톨이 청소년의 심리사회적 특성

어떤 유형의 아이들이 외톨이인가? 이들은 일반 청소년과 어떻게 다른가? 이러한 질문에 대한 대답이 외톨이 청소년과 함께하며 이들을 도와줄 구체적인 방법을 이해하는 데 도움이 될 것이다.

친구들과 잘 어울리지 못하는 아이들은 친구관계 양상에 따라 여러 유형으로 분류할 수 있다. 이시형, 김은정, 김미영, 김진영, 이규미, 구자경(2000)[3]은 그저 친구가 없는 '외톨이'와 다른 친구들로부터 공격적 행동을 지속적으로 받고 있는 '왕따 외톨이'로 구별하였다. 즉, 어울리는 또래집단 없이 주로 혼자 지내는 청소년을 '외톨이 청소년', 친구들로부터 명백하게 따돌림을 당하는 청소년을 '왕따 외톨이'라고 한다. 여기서는 친구 없이 혼자 지내는 아이를 외톨이라 한다.

외톨이는 아이들로부터 일방적으로 따돌림을 당하는 그런 아이라기보다는 무언가 아이들로부터 외면당할 수밖에 없는 여러 가지 이유를 가지고 있는 아이이다. 친구 없는 아이는 일반 아이에 비해 심리적 취약점, 즉 원만하지 못한 대인관계에서 비롯되는 개인 관련 요인이 존재한다.

(1) 낮은 자아존중감과 외톨이

자아존중감은 자아에 대한 긍정적 · 부정적인 평가 태도와 관련되는 것으로 개인이 자신의 특성과 능력에 대해 지니고 있는 생각, 판단, 감정, 태도, 행복 및 기대를 의미한다.

한 인간이 심리적으로 건강하고, 성숙한 인격으로 성장하기 위해서는 높은 수준의 자아존중감이 전제(Erikson, 1968)[4]되어야 한다. 자아존중감은 정체성의 핵심 요소로, 자아존중감의 주요한 원천은 집단 안에서의 소속감과 타인의 평가라 할 수 있다. 청소

---

3) 이시형, 김은정, 김미영, 김진영, 이규미, 구자경(2000). 외톨이 청소년의 심리사회적 특성에 관한 연구. 한국심리학회지: 상담 및 심리치료, 13(1), 147-162.

4) Erikson, E. H. (1968). *Identity: Youth and crisis.* New York: Northon.

년 시기는 자아존중감의 형성 및 발달에 중요한 때이며, 이때 형성된 자아존중감은 적응적 또래관계를 예측하는 데 중요한 요인이 된다.

청소년의 자아존중감에 큰 영향을 미치는 타인은 또래집단이나 급우들로서, 이들의 영향은 부모나 가까운 친구보다 훨씬 크다. 또래에게 잘 수용된 청소년은 수용되지 못한 청소년보다 자아존중감이 높고, 더 높은 수준의 학업성취를 유지한다. 반대로 또래에게 수용되지 못한 청소년은 이후의 사회적 및 심리적 기능에서 문제를 보일 가능성이 높다. 여기서 청소년기의 또래관계가 얼마나 중요한지 잘 알 수 있다. 외톨이 청소년은 내성적이고, 부정적인 자기개념과 낮은 자아존중감을 지니고 있으며 열등감으로 인해 대인관계에 어려움을 갖고 있다. 이처럼 자아존중감의 높고 낮음에 따라 대인관계의 적응과 부적응에 차이가 있다면 자아존중감은 외톨이 청소년의 대인관계문제와 관련이 있음을 예측해 볼 수 있다.

(2) 대인불안과 외톨이

일반적 불안과 달리 사람과의 관계 속에서 불안을 느끼는 대인불안은 일상생활에서 매우 흔하게 겪는 사회적 상황에서 느끼는 불안감을 의미한다. 특히 대인불안은 대인간 평가(interpersonal evaluation)가 실재하거나 예상될 때 경험하는 불안으로, 다른 사람에 의해 자신이 관찰 또는 평가를 받는 상황에서 실수를 하거나 창피한 행동을 하게 될까 봐 두려워 회피하게 되는 불안을 말한다. 사회적 상황에서 경험하게 되는 대인불안은 사람에 따라서는 경미하게 영향을 주기도 하지만 심각할 경우 다른 정신병리 현상을 유발하기도 하고, 일생 동안 이러한 장애를 유지할 정도로 만성적인 결과를 갖는 것으로 알려져 있다. 그 대표적인 예가 '은둔형 외톨이'다.

대인불안을 가진 사람들은 다른 사람들이 자신을 나쁘게 평가할까 두려워하고, 자신이 지각하는 자기상과 타인에게 보이는 자기상이 긍정적이지 않기 때문에 부적응적인 사회생활로 이어질 수 있다.

그렇다면 대인불안 증상을 진단받은 청소년이 보이는 증상으로는 어떠한 것들이 있는가? 그 증상에는 등교 거부, 우울증, 신체화 장애, 약물남용 등이 있다. 대인관계에서도 지대한 영향을 받을 수밖에 없다. 대인불안이 있는 학생의 경우, 조별 작업이 이루어져야 하는 수행평가에서 주도적으로 자기 조를 이끌어 갈 수 없고 협동을 해서 작업을 하는 데 어려움을 느껴 소극적인 자세를 취하게 된다. 집단 앞에서 발표하고 시범을 보이는 상황에서 어려움을 느껴 낮은 평가를 받을 수 있다. 학교에서 또래와 어울리기보다 혼자 시간을 보내려 하여 관계에 어려움을 겪기도 한다. 결국 대인불안이 높은 외톨이 청소년은 사회관계 전반에 걸친 두려움으로 또래관계를 잘 맺지 못하고 극심한 외로움과 우울 및 기타 정서장애의 문제까지 보일 수 있다.

(3) 또래관계 기술과 외톨이

청소년기에 또래관계 형성 및 또래집단에 수용되는 경험은 인간의 전 생애에 걸쳐 삶의 질과 행복에 중요한 요인이 된다. 성공적인 또래관계를 위해서는 적절한 사회적 기술이 요구된다. 또래집단 수용도가 높은 청소년이 다른 사람의 감정에 더욱 민감하게 반응하고, 다른 사람의 욕구를 만족시키는 행동과 높은 수준의 대인이해력을 보이며, 스스로 사회적 능력을 더욱 긍정적으로 지각한다. 이렇듯 사회적 기술은 다른 사람과 원만한 대인관계를 맺고 유지하는 데 필요한 능력으로, 또래의 수용이나 배척과 관련이 있으며, 또래로부터 거부당하는 청소년은 대인관계에서 위축된다.

이러한 청소년의 사회적 기술은 청소년이 또래 및 성인과의 상호작용에 초점을 두며 연령 수준에 적합한 대인관계 기술 또는 사회적 행동을 배워 나가는 것을 의미한다. 아동 및 청소년기의 또래관계에서 사용되는 사회적 기술을 또래관계 기술이라 할 수 있다. 즉, 개인이 또래와의 사회적 상황에서 사용하는 책략이며(McFall, 1982)[5], 특정한 사회적 상황에서 또래에게 받아들여지고 가치가 있으며 개인과 서로에게 유익한 상호작용을 하는 능력을 말한다(Gresham & Cavell, 1986)[6].

'친구가 많다'는 것은 또래관계를 형성하고 유지하는 '사회적 기술을 갖추었다'는 것을 뜻한다. 친구가 많은 청소년은 어느 정도의 또래관계 기술을 가지고 있음을 암시하며, 또래와의 상호작용을 시작하고 유지하는 기술, 또래관계에서 발생할 수 있는 문제를 풀기 위한 갈등조절 기술들을 가지고 있을 것이다. 또한 협력, 자기주장, 책임, 공감, 자기통제 등의 적절한 사회적 기술이 있음을 뜻한다. 외톨이 청소년의 경우 타인의 갈

5) McFall, R. (1982). A review and reformulation of the concept of social skills. *Behavioral Assessment, 4*, 1-33.

6) Gresham, F. M., & Cavell, T. A. (1986). Assessing adolescent social skills. In R. G. Harringtion (Ed.), *Testing adolescents; A reference guide for comprehensive psychological assessments* (pp. 93-123). Kansan: Test corporation of America.

등상황을 이해하고 도와주거나 친구의 장점을 칭찬하고 먼저 인사하는 등의 공감능력이 또래들에 비하여 낮고, 친구관계에서 자신이 먼저 친근감을 표현하여 관계를 시작하거나 주도하는 측면이 부족하다.

〈글상자 2-1〉 외톨이 청소년은 어떤 특징이 있는가

- 친구관계에서 자신이 먼저 친근감을 표현하여 관계를 시작하거나 주도하는 측면이 부족하다.
- 타인의 갈등상황을 이해하고 도와주거나 친구의 장점을 칭찬하고 먼저 인사하는 등의 공감능력이 떨어진다.
- 자기의 감정이나 생각을 적극적으로 표현하는 자기주장성이 약하다.
- 친구에게 먼저 친근감을 표현하여 관계를 시작하거나 주도하는 측면이 부족하다.
- 대인관계에서 갈등이 생겼을 때 자신의 감정을 억압하는 것과 같은 경직된 방식으로 갈등상황에 적절히 대응하지 못한다.
- 타인의 주관적 세계를 이해하고 타인의 감정을 공감할 수 있는 능력이 부족하여 자기중심적으로 이해한다.
- 대인관계에서 불안과 긴장, 주관적인 불편감을 많이 느낀다.

3 프로그램의 구성

1) 개입 원리

또래관계는 공감능력이나 문제해결능력과 같은 대인관계 기술뿐 아니라 개인의 위축 및 불안, 자존감, 사회적 욕구, 대인관계의 다양한 경험 등 여러 가지 요인에 영향을 받으며, 또래관계의 긍정적 효과를 증대시키기 위해서는 다각도로 혼합된 프로그램이 효과적이다(Michelson & Wood, 1980)[7]. 따라서 외톨이 청소년의 특성에 맞는 또래관계 증진 프로그램으로는 또래관계의 단일 요소만을 증진시키는 것이 아니라 외톨이 청소년의 심리적 특성을 반영한 통합적인 프로그램이 요구된다.

7) Michelson, L., & Wood, R. (1980). A group assertive training program for elementary school-children. *Child Behavior Therapy, 2*(1), 1–9.

외톨이 청소년의 또래관계와 관련된 변인 중 첫 번째는 자아존중감이다. 자아존중감은 여러 긍정적인 발달 결과를 예측하기 때문에 외톨이 성향을 극복하는 과정의 보호요인이 될 것이다. 친구들과의 교류가 비록 적다 하더라도 외톨이 성향에 대한 심리적인 방어가 되어 외톨이 경험을 적게 느낄 수 있다. 자아존중감이 높은 경우 자신의 긍정적인 성격이나 특성에 집중하는 자기강화 전략이나, 부정적인 결과로부터 주의를 다른 곳으로 돌리는 자기보호 전략을 사용함으로써 사회적 소외나 배제로 인한 부정적 결과를 최소화할 수 있다(Sommer, 2001)[8]. 따라서 외톨이 청소년은 자아존중감이 증진된다면 좋은 또래관계를 형성하고 유지할 수 있으며, 부정적인 또래관계를 경험할 경우에는 이로 인한 부정적인 결과를 최소화함으로써 이후의 대인관계 문제의 가능성을 줄일 수 있을 것이다.

그렇다면 자아존중감을 향상시키는 방법은 무엇인가? 자아존중감은 주위 사람과의 계속적인 상호작용을 거쳐 발달하게 되고, 그중에서도 부모, 교사, 동료와 같은 중요한 타인이 자신을 중요하고 가치 있게 평가한다고 지각할 때 높아진다. 이러한 점에서 개인의 적응과 성장을 조력하는 집단상담은 자아존중감의 향상에 효과적이다. 집단 안에서의 수용과 관심, 친근감 등의 긍정적인 경험은 자아존중감에 긍정적인 영향을 줄 것이다. 이뿐만 아니라 아동에 비해 인지적 성숙이 다른 청소년은 부정적이고 파괴적인 자기진술을 긍정적인 자기진술로 바꿈으로써 자기 자신에 대해 긍정적으로 인지하며 평가함으로써 자아존중감이 증진될 것이다.

또래관계와 관련된 두 번째 변인은 또래관계 기술이다. 외톨이 청소년이 또래관계에서 어려움을 겪는 가장 큰 원인은 집단에 소속되지 못하고 문제가 일어났을 때의 미흡한 대처방식이다. 외톨이 청소년 중에는 대인갈등상황에서 자신의 감정을 억압하는 것과 같은 경직된 방식으로 대응하고, 타인의 관점에서 상황을 이해하기보다 자기중심적으로 상황을 이해하는 점 때문에 따돌림을 받는 청소년이 있다. 이처럼 또래와의 관계에서 생긴 위축경험이 또래관계를 방해한다. 외톨이 청소년의 또래관계의 어려움은 이들의 개인 내적인 특성으로 존재하는 사회적 행동의 결함에 그 원인을 두고, 또래관계 기술 훈련의 목표를 또래집단 내에서의 관계 중요성 인식, 또래관계 기술 획득, 또래관계를 방해하는 문제행동의 감소로 둔다.

---

8) Sommer, K. (2001). Coping with rejection: Ego defensive strategies, self-esteem, and interpersonal relationships. In M. R. Leary (Ed.), *Interpersonal Rejection*. New York: Oxford University Press.

앞선 내용에 근거하여 이들이 가진 뚜렷한 특성, 즉 또래관계 기술의 부족과 낮은 자아존중감을 집중적으로 다룰 것이며, 프로그램을 구현하기 위한 개입 방향은 [그림 2-1]과 같다.

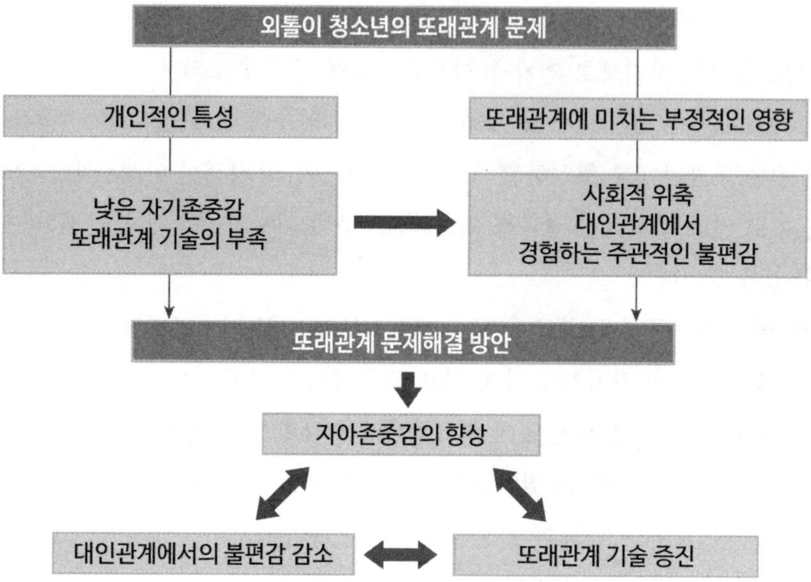

| 그림 2-1 | 외톨이 청소년의 또래관계 문제해결 방향

2) 프로그램의 목적과 목표

(1) 프로그램의 목적

앞에서 언급한 외톨이 아이들에 대한 특성을 볼 때, 이들의 친구관계 형성을 조력하고 친구관계로 파생되는 문제들을 사전에 예방하는 것은 매우 중요한 일이다. 이들을 도울 수 있는 전략으로는 자존감 높여 주기, 사회적 기술을 함양하며 사회적 불안을 감소하기, 친구들과 원만한 관계를 맺을 수 있는 효율적인 사회적 기술 습득하기, 타인의 입장을 생각하고 친구의 감정을 읽을 수 있는 공감 훈련 등이 있다. 본 프로그램에서는 학급 내 인간관계에서 소외되고 사회 · 정서적으로 어려움을 겪는 외톨이 청소년이 원만한 또래관계를 맺는 데 도움을 주고자 한다.

(2) 프로그램의 목표

본 프로그램을 통해 달성하고자 하는 구체적인 목표는 다음과 같다.

첫째, 또래관계에서의 위축감을 감소시키고 자신감을 가지도록 한다.

둘째, 또래관계에 대한 잘못된 신념과 잘못 형성된 행동 패턴을 수정하여 인간관계의 진정성을 인식한다.

셋째, 친밀한 인간관계를 형성하는 데 기본이 되는 또래관계 기술을 훈련하여 또래들과 긍정적인 상호작용의 빈도를 증가시킨다.

3) 개입 전략

프로그램의 목적과 목표에 따라 집단상담 프로그램을 3단계로 나누어서 구성하였는데, 각 단계의 하위 목표와 구체적 전략은 다음과 같다.

제1단계: 자기인식 및 대인관계 문제 탐색(1~3차시)

1단계에서는 집단 내에서 자기 자신을 객관화하고 또래관계에서의 문제를 직시하면서 외톨이로 인한 부정적인 감정을 해소한다. 이를 위해 Palomares(1991)[9]의 'All About Me'를 참고하여 자아탐색, 감정표현, 긍정적 사고, 중요한 타인과 관계 맺기 등의 요소를 포함하여 구성하였다.

제2단계: 관계개선의 동기 형성(4~6차시)

2단계에서는 집단 안에서 긍정적인 상호작용 경험을 통하여 또래관계에서 자신의 행동방식에 부정적인 영향을 미치고 있는 생각이나 감정을 수정하는 기회를 가진다. 이를 위해 인지행동이론을 기반으로 한 자기주장 및 자기표현 훈련의 활동들로 대인관

9) Palomares, S. (1991). All About Me: Reprocudible activity sheets to develop self-esteem in your students. ERIC Document Reproduction Service No. ED 346-360.

계에서 경험하는 불편감과 긴장감을 충분히 인식하도록 하고 비합리적 인지과정을 탐색할 수 있도록 한다. 그럼으로써 안정적인 자기감각과 긍정적인 관계 기대를 하게 된다.

제3단계: 또래관계 기술의 훈련(7~10차시)

3단계에서는 구체적인 또래관계 기술을 가르치는 내용으로 구성한다. 외톨이 청소년은 지나치게 수줍어하거나 부적절한 대처방식 혹은 상황에 맞지 않는 돌출적이거나 공격적인 행동을 보이는 경우가 있다. 이를 위해 기존의 사회기술훈련 프로그램, 또래관계 증진 프로그램, 공감훈련 프로그램 등을 참고하여 또래관계 기술에 의사소통 기술, 사회인지 기술, 문제상황에서의 대처기술 등을 포함하였다. 기술적인 측면을 마지막에 두는 이유는 외톨이 청소년은 타인과의 신뢰감 형성을 우선시하며 이를 바탕으로 학습 의욕도 생기고 학습의 효과도 좋을 것이라고 기대하였기 때문이다.

4 프로그램의 내용

1) 프로그램의 개요

프로그램의 차시별 목표와 구체적인 내용은 다음과 같다.

〈표 2-1〉 프로그램의 개요

구분	차시	주제	목표	활동 내용
자기인식 및 대인관계 문제 탐색	1	두근두근 첫 만남	• 프로그램의 목적과 필요성을 이해한다. • 첫 만남에서의 긴장감을 완화하고, 집단 참여의 흥미를 가지도록 한다.	• 집단상담 이용수칙 작성하기 • 괜찮아, 내 마음도 그래 –현재 자신의 감정을 퍼즐 조각에서 찾기 –별칭 정하기
	2	기대반, 걱정반 내가 있는 우리 반	• 교실에서의 모습을 표현해 봄으로써 미처 자각하지 못했던 자신의 감정, 욕구, 주변에 대한 인식 등을 자각한다.	• 기대반, 걱정반 내가 있는 우리 반 –교실에서의 자신과 주변 인물들을 꾸미기

	3	내게 네 삶을 보여 줘	• 과거 자신에게 중요했던 사건을 탐색하여 자신을 이해하도록 한다. • 힘들었던 일, 좋았던 일 모두 자신이 성숙하는 계기가 되었음을 인식하고 수용하도록 한다.	• 그때 그 일들 –나의 인생그래프 그리기 –가장 추웠던 기억과 따뜻했던 기억 • 보내지 않는 편지
관계개선의 동기 형성	4	네 마음의 문이 열리니?	• 타인과의 관계에서 자신의 진정한 모습이 어떤 것인지 생각한다. • 변화를 위해 필요한 것이 무엇인지 찾아본다.	• 마음의 벽을 넘어 –게임: 과일 사세요 –상자로 자신을 표현하기
	5	수줍음 많은 나, 불안을 넘어설 용기	• 대인관계에서 불안한 상황을 탐색한다. • 자신의 불안반응과 정서를 이해하고, 불안을 마주할 수 있는 용기를 갖는다.	• 불안에 떠는 ○○○ –게임: 암호를 풀어라 –불안한 경험 나누기 –불안과 두려움을 극복하는 모습 상상하기
	6	적절한 자기표현으로 나의 가치 높이기	• 자기표현을 막는 고정관념을 알고, 융통성 있는 사고를 개발한다. • 적절한 자기표현의 중요성을 인식한다.	• 자기표현을 막는 나의 고정관념 찾기 –이럴 때, 너라면 어떻게 할래? –윤하가 심쿵한 이유 –비합리적 생각에 도전하기 • 나를 드러내는 자기표현
또래관계 기술의 훈련	7	친구를 사귀는 데에도 계획이 필요해	• 자신이 좋아하는 친구 스타일을 알고, 친구로서의 자신을 돌아본다. • 친구에게 자연스럽게 다가서는 방법을 익힌다.	• 친하게 지내고 싶은 친구 찾기 –나랑 닮은 친구는 누구? –우리 반에서 나와 친구 할 만한 사람은? –친구에게 다가가기
	8	관점의 차이를 인정하는 대화	• 타인의 다양한 관점을 수용한다. • 상대의 말만 이해하는 것이 아닌 그 사람의 생각, 감정, 상황을 이해하기 위해서 노력하는 대화를 한다.	• 관점의 차이를 이해하면 대화가 된다! –인류 최후의 생존자 게임 –관점에 따라 달라지는 그림 –상대의 관점을 이해하며 대화하기

9	우정이 쌓여 가는 대화	• 친구의 마음을 이해하고 표현함으로써 공감반응을 익힌다. • 친구에게 이해받는 경험을 통해 서로 신뢰를 쌓는다.	• 나와 너의 마음 크게 다르지 않아 -협동화 그리기 -친구의 마음을 공감하기 -공감왕 찾기
10	행복한 성장, 함께라서 즐거워	• 그동안 배운 내용의 전 과정을 통합한다. • 지금까지의 경험이 자신의 친구관계에 얼마나 영향을 미쳤는지 평가한다. • 칭찬과 격려를 통해 헤어짐의 아쉬움과 앞으로의 다짐을 나눈다.	• 이런 모습 칭찬받아 마땅해 -우정을 나누기 위한 오늘의 미션 -장점 나무 만들기 -프로그램을 마치며

2) 프로그램의 내용

프로그램의 구체적 내용은 다음과 같다.

1차시: 두근두근 첫 만남

프로그램의 첫 시간으로 프로그램의 전반적인 목적과 내용을 이해한다. 완성된 퍼즐 조각에서 자신의 현재 감정을 찾아내고 집단 안에서 공유한다. 별칭 소개를 통하여 친밀감과 신뢰감을 형성한다.

2차시: 기대반, 걱정반 내가 있는 우리 반

교실에서의 자신의 모습과 주변 인물을 그리거나, 다양한 재료를 사용하여 이미지를 구체화한다. 자신의 모습이 어떤지, 그 모습이 만족스러운지 그리고 친구들과의 관계를 탐색해 봄으로써 교실 내에서의 자신의 모습을 인식한다.

3차시: 내게 네 삶을 보여 줘

지금까지 살아온 과정을 인생그래프로 나타내 보고 가장 추웠던 기억과 따뜻한 기억을 회상하며 그때의 심정에 머무른다. 가장 추웠던 때를 재경험하고, '보내지 않는 편지'로 해결되지 못한 인간관계의 갈등을 해결한다.

4차시: 네 마음의 문이 열리니?

상자를 이용하여 대인관계에서의 자신의 모습을 표현함으로써 자신의 긍정적인 면과 부정적인 면을 수용한다. 상자의 문을 열쇠로 잠금으로써 타인과의 관계를 위해 자신의 노력이 중요함을 이해한다.

5차시: 수줍음 많은 나, 불안을 넘어설 용기

대인관계에서 불안한 상황과 그때의 반응을 알아본다. 또 불안할 때 느끼는 감정을 색깔로 나타내어 불안의 정도를 파악한다. 프로그램이 끝난 후 자신의 원하는 모습을 적고, 자신이 가장 불안하고 두려워하는 상황을 피하기보다 극복해 나가는 과정을 상상하여 그림으로 나타내 본다.

6차시: 적절한 자기표현으로 나의 가치 높이기

친구관계에서의 나의 행동을 체크리스트로 알아보고 자기표현의 중요성을 인식한다. 자기표현을 막는 비합리적 사고를 찾고, 비합리적 생각에 논박을 가하여 합리적인 사고를 하는 연습을 한다. 자기표현의 세 가지 방식 — 수동적 · 공격적 · 주장적 표현 — 의 차이를 알고 적절하게 자신을 표현하는 방법을 익힌다.

7차시: 친구를 사귀는 데에도 계획이 필요해

'나랑 닮은 친구는 누구?'는 집단원 안에서 자신과 닮은 친구의 순위를 정해 보고 집단 안에서 친한 친구를 만들 기회를 제공한다. 그리고 각자 속해 있는 반 친구를 네 가지 유형으로 구분하고, 그 안에서 자신이 관심이 가는 친구와 별로인 친구를 분류한다. 마음에 드는 친구가 부담스럽지 않도록 자연스럽게 다가서는 방법들을 찾고, 실천 가능한 것을 골라 적용해 보고자 하는 의지를 다진다.

8차시: 관점의 차이를 인정하는 대화

'인류 최후의 생존자 게임'과 관점에 따라 달라지는 그림(루빈의 잔 등)을 통해 상대의 관점을 수용하는 것이 갈등해결의 시작임을 인식한다. 난화를 그리고 짝에게 소개하는 과정에 필요한 대화기술을 소개한다.

9차시: 우정이 쌓여 가는 대화

'협동화 그리기'를 통해 말보다 이해하려는 마음이 우선임을 지각하도록 한다. 친구 관계에 활용될 수 있는 공감반응을 익히고 공감의 중요성을 깨닫도록 한다.

10차시: 행복한 성장, 함께라서 즐거워

'우정을 나누는 과자 먹여 주기' 활동을 통해 집단원들과 긍정적인 교류를 하고, 장점 나무 만들기로 서로 격려하는 시간을 갖는다. 지금까지의 활동에서 만족스러웠던 점, 자신에게 도움이 되었던 활동 및 자신의 변화 정도를 집단원들과 나누며 프로그램을 마무리한다.

3) 프로그램 운영 제안

프로그램 차시 운영과 관련된 제안은 사전 차시와 본 차시로 구분되며 운영방법은 다음과 같다.

(1) 사전 차시 운영 지침

연구나 프로그램의 효과 여부를 측정하고자 할 경우, 프로그램의 사전 · 사후 검사 활동을 포함할 수 있다. 이때 1차시와 10차시는 본 프로그램의 운영시간 외에 별도로 30분 정도의 시간을 확보하여 프로그램의 시작 전후에 검사를 실시하도록 한다. 본 프로그램에서는 외톨이 학생이 친구들과의 관계에서 보이는 모습을 파악할 수 있도록 외톨이 성향 척도와 또래관계 기술 척도의 활용을 권한다(이 장 끝의 부록 참고).

〈글상자 2-2〉 외톨이 청소년의 친구관계 특성 (진단) 도구의 사용 시 주의사항

- 진단보다는 외톨이 청소년의 심리사회적 특성을 파악하는 도구로 사용한다.
- 척도에서 제시된 점수는 절대적인 기준이 아니라 대상 집단의 특성에 따라 다양한 수준으로 활용될 수 있다.

(2) 본 차시 운영 지침

첫째, 전체 차시 구성은 10차시를 기본으로 하여 통상 1주에 1차시씩 진행하고, 집단원의 특성상 일부 차시를 생략할 수 있다. 이때 자기인식이 낮고 대인활동에 참여하기를 주저하는 집단원일 경우 1차시, 2차시, 3차시, 4차시, 10차시만을 실시하여 자아존중감 향상을 목적으로 한다. 그리고 비주장적이거나, 갈등상황에서 적절한 대처를 하지 못하거나, 대인불안으로 상황에 맞지 않는 돌출적인 행동을 하는 집단원일 경우에는 5차시, 6차시, 7차시, 8차시, 9차시를 실시하여 또래관계 기술을 익히도록 한다. 또래관계 기술만을 익힐 경우 7차시, 8차시, 9차시를 실시한다.

둘째, 외톨이 청소년은 외톨이와 공격성을 지니는 왕따 외톨이로 나뉘는데 조금의 차이가 있다. 때문에 집단프로그램을 운영하더라도 개별 집단원의 특성을 파악하여 프로그램을 운영할 경우 집단원의 참여 동기가 높을 것이다.

셋째, 집단원들 간의 어색함을 줄이고 부드러운 분위기를 조성하기 위해서 간단한 자기노출과 게임을 통해서 신뢰감을 형성하도록 한다.

1차시 두근두근 첫 만남

활동지도안	
목 표	• 프로그램의 목적과 필요성을 이해한다. • 첫 만남에서의 긴장감을 완화하고, 집단 참여의 흥미를 가지도록 한다.
준비물	활동지, 이름표, 워크북, 필기구, 전지, 크레파스, 색연필
단 계	진행절차
들어가기 (5분)	① 프로그램의 목적과 내용을 소개한다. "여러분 안녕하세요? 저는 관계 맺기 프로그램의 상담자로 프로그램을 진행할 ○○○입니다. 여러분은 친구관계가 어렵다는 생각을 해 본 적이 있나요? 저는 다양한 사람을 만나면서 인간관계가 정말 어렵다는 것을 느낍니다. 아마 여러분도 저와 비슷한 생각을 해 본 적이 있지요? 오늘부터 하는 프로그램은 친구들과 친밀한 관계를 만드는 데 필요한 방법을 배우고자 하는 겁니다. 이 프로그램을 마치고 나면 여러분은 다른 사람들과의 관계에서 훨씬 행복한 관계를 맺을 수 있을 것입니다."
집단상담 이용수칙 작성하기 (10분)	☻ 프로그램 소개 및 집단 규칙 정하기 ① 집단상담 이용수칙을 작성한다. 활동지 1-① "공공장소에 가면 눈에 잘 보이는 곳에 '이용수칙'이라는 문구가 있지요? 이용수칙이 있는 이유는 무엇일까요? 집단상담 프로그램에서도 몇 가지 지켜야 할 사항들이 있는데, 먼저 프로그램 진행에 관하여 소개하고, 지켜야 할 약속을 알려 드릴까 해요. 여러분이 참여하는 프로그램은 ○월 ○일에 시작하여 ○월 ○일까지, 매주 ○요일에 45분씩 진행돼요. 공식적인 휴일은 없지만 개인적인 사정으로 빠져야 할 경우 미리 저와 친구들에게 알려 주면 좋겠습니다. 되도록 빠지지 않고 꼭 참석하기 바라요. 마지막으로 가장 중요한 것-준수사항. 이 시간이 여러분 모두에게 유익한 시간이 되기 위해 몇 가지 약속하겠습니다. 이 프로그램은 여러분이 얼마나 적극적으로 참여하느냐에 달려 있습니다. 따라서 다른 사람들이 하는 말을 잘 들어 주어야 하며, 여기에서 있었던 이야기는 다른 사람에게 절대로 이야기하지 말아야 합니다. 이 외에도 프로그램을 진행하면서 스스로 지키고자 하는 약속을 정해 보도록 합니다. 준수사항을 지키기 위해서는 여러분의 노력이 필요합니다. 성실하게 적극적으로 참여하겠다는 의미로 옆 친구와 서로 사인해 주세요.

그리고 프로그램을 통해 뭔가 배우고 느끼는 계기가 되기를 바랍니다."

괜찮아, 내 마음도 그래 (25분)

☻ 조각난 퍼즐 맞추기

① 조각난 퍼즐을 색칠하고 맞춘다. **활동지 1-②**

"여러분 앞에는 퍼즐 조각이 있어요. 각자 마음에 드는 색을 골라 예쁘게 색칠해 봅시다. 색칠을 다 한 후 퍼즐 조각을 맞출 거예요. 지금은 어떤 그림인지 알려 드릴 수 없습니다."

Tip

- 다양한 얼굴 표정으로 한 장의 그림을 만든다.
- 이것을 일정한 크기와 상관없이 집단원의 인원수만큼 오린 후 그림의 뒷장에 번호를 적는다.
- 조각들을 집단원에게 나누어 주고 색칠하도록 한다.
- 색칠이 끝이 나면 집단원들은 그림의 뒷장에 적힌 번호대로 퍼즐 조각을 맞춘다.

② 지금 현재의 감정을 나눈다. **활동지 1-②**

"완성된 퍼즐은 무엇을 나타내고 있나요? (학생들의 대답을 확인한 후) 바로 감정을 나타내는 다양한 표정입니다. 자신의 현재 기분이나 감정과 비슷하다고 생각되는 조각에 스티커를 붙여 보세요. 혹시 퍼즐에서 찾지 못하면 글로 적어도 괜찮아요. (스티커를 붙이는 것이 끝나면) 자신의 현재 기분을 집단원들에게 말해 볼까요? (발표가 끝난 후) 모두 처음 만나는 자리라 어색하고 쑥스럽고 또 학교 수업과는 다른 방식이라 궁금하면서도 긴장도 되는 여러 가지 마음이 들죠. 나만 이런 감정을 느끼는 것 같았는데 친구들도 나와 비슷한 마음이라는 것을 알게 되니 한결 마음이 가벼워지나요? 우리가 참여하는 집단상담은 바로 나와 비슷한 사람들과 서로의 속마음을 공유하면서 성장할 기회가 되는 시간이라 할 수 있어요. (집단원들의 얼굴을 살피며) 아직 잘 모르겠다는 표정이네요. 아마 활동하다 보면 자연스럽게 느낄 수 있을 거라 기대하고 다음 활동으로 go, go."

	☻ 별칭 정하기 ① 집단에서 불리고 싶은 별칭을 정한다. **활동지 1-②** "자, 오늘의 마지막 활동입니다. 바로 별칭 짓기! 자신이 불리고 싶은 별명을 지어 보세요. 앞으로 우리 모임에서는 우리가 듣고 싶어 하는 별명으로 서로를 부를 거예요. (별칭 정하는 것이 끝나면) 이제 각자 정한 별칭을 소개해 보도록 할게요. 저의 관심을 끄는 ○○○. 먼저 소개해 줄래요? 소개가 끝나면 ○○○이가 궁금한 친구를 지목해 주세요."
정리하기 (5분)	① 이번 시간의 소감을 나눈다. "이번 시간이 어땠는지 여러분의 솔직한 느낌이 궁금하네요. 이번 시간을 통해 자신에 대해 새롭게 알게 된 점이나 전반적인 느낌을 이야기하면 됩니다. 누가 먼저 얘기해 볼까요?" ② 다음 시간을 소개하며 이번 시간을 마무리한다. "오늘은 또래관계 맺기 프로그램의 첫 시간이었습니다. 아직 우리가 이 프로그램을 통해 무슨 활동을 할 것인지에 대해 잘 이해가 안 되는 사람도 있겠지만, 한 차시씩 하다 보면 친구관계의 중요성과 관계 맺기의 기술들을 조금 더 알고 배울 수 있을 거라고 생각합니다. 다음 시간에는 교실에서의 나와 친구들, 학교생활에 대해서 함께 생각해 보는 시간을 가져 보겠습니다. 잊지 말고 꼭 참석하기 바라며 이 시간을 마칩니다."
유의사항	• 집단상담자가 솔선수범하는 모습을 보여 집단원들이 적극적으로 참여할 수 있도록 한다. • 자연스럽고 자율적인 분위기를 조성하여 집단원들이 편안하게 자기를 개방할 수 있도록 한다.

활동지 1 - ①

집단상담 이용수칙

프로그램 안내와 몇 가지 지켜야 할 약속을 알려 드리겠습니다. 이용수칙을 숙지하여 지킬 수 있도록 노력한다면 보다 더 유익한 시간이 될 수 있을 거예요.

information

프로그램 이용시간

- 언 제: ~
- 요 일:
- 시 간:

정기휴일

- 정기휴일: 없음
- 임시휴일: 특별한 사유로 선생님과 친구들이 필요하다고 인정되는 경우

준수사항

나는 우리 모두가 재미있고 유익한 활동을 하기 위해
다음과 같은 규칙을 준수할 것을 여러분 앞에서
엄숙히 서약합니다.

하나, 나는 매회 모임에 빠짐없이 참석하겠습니다.
둘, 나는 모든 활동에 적극적으로 참가하겠습니다.
셋, 나는 친구들의 말을 비판하거나 판단하지 않고 잘 듣겠습니다.
넷, 나는 프로그램 중에 알게 된 친구들의 개인적인 사실에 대하여 비밀을 지키겠습니다.
다섯, ______________________________

20 년 월 일

참가자: ________(사인), 참가자: ________(사인)

활동지 1 - ②

괜찮아, 내 마음도 그래

조각난 퍼즐 맞추기

1. 어색한 분위기, 지금 나는 어떤 마음인가요? 조각난 퍼즐을 예쁘게 색칠하고 다 함께 맞춰 봅시다. 어떤 그림이 나올까요?

2. 나의 감정과 가장 가까운 표정에 스티커를 붙여 보세요.

별칭 정하기

대화를 할 때 별칭을 이용하다 보면 친근한 분위기에서 이야기할 수 있답니다. 친구들에게 불리고 싶은 별칭과 그 이유를 적어 보세요.

별칭: ______________________

이유: ______________________

____

참고자료 – 다양한 표정 스티커

2차시 기대반, 걱정반 내가 있는 우리 반

활동지도안	
목 표	• 친구들 사이에서 미처 자각하지 못했던 자신의 감정, 욕구, 주변에 대한 인식 등을 자각하고 표현한다.
준비물	활동지, 이름표, 워크북, 필기구, 도화지, 색연필, 잡지책, 가위, 풀
단 계	진행절차
들어가기 (5분)	① 이번 시간의 내용을 소개한다. "한 주 동안 잘 지냈나요? 오늘은 어떤 활동을 할지 궁금하지요? 혹시 여러분이 있는 학급을 둘러 본 적이 있나요? 그 속에서의 나는 어떤 모습을 하고 있을까요? 오늘은 교실 내에서의 내 모습을 표현해 보도록 하겠습니다."
교실에서의 자신과 주변 인물들을 꾸미기 (35분)	① 교실에서의 자신의 모습, 마음, 주변 사람들을 다양한 재료를 이용하여 표현한다. 활동지 2-① "도화지에 여러분 자신을 포함하여 선생님, 친구들이 무엇인가를 하고 있는 모습을 그리거나, 활동 모습이 아니더라도 여러분이 앉은 자리에서 주변 인물들을 나타내 보세요. 그림을 그리거나 앞에 놓여 있는 잡지책을 이용하여 표현하여도 좋습니다. 구체적으로 그리기 어렵다면 그 사람을 나타내는 이미지나 글로 나타내도 좋습니다. 형식은 자유입니다." **Tip** 동적 학교생활화를 응용한 것으로, 교실에서의 자신의 모습을 자각하는 동시에 내적 감정 표출을 돕기 위해 콜라주를 활용하였다. 학교생활에 적응하고 긍정적인 변화를 가져올 수 있는 대처방법을 모색해 보는 계기가 되어야 한다. ② 작품이 완성되면 활동지의 질문들을 작성하고 발표한다. 활동지 2-① "다 한 사람은 완성한 그림 옆에 활동지의 질문지를 작성해 보세요. 현재 자리가 마음에 드는지, 가까워지고 싶은 친구나 불편한 친구는 누구인지, 교실에서의 나의 모습을 비유하면 무엇으로 표현할 수 있을지 등을 적어 보세요."

정리하기 (5분)	① 이번 시간의 소감을 나눈다. "이번 활동은 어땠나요? 여러분의 솔직한 느낌을 나누는 시간을 갖겠습니다. 누가 먼저 얘기해 볼까요?" ② 이번 시간을 정리하고 다음 시간을 소개하며 마무리한다. "오늘은 교실에서의 여러분 자신을 표현하면서 미처 생각하지 못했던 나의 속마음을 표현해 봤습니다. 현재의 모습보다 나아지기 위해서 무엇을 할 수 있을까 생각하는 계기가 되었으면 합니다. 다음 주는 과거 자신에게 중요했던 사건을 돌아보고 좀 더 자신을 이해할 수 있는 활동을 하겠습니다. 그럼, 이것으로 오늘 활동을 마치겠습니다."
유의사항	• 집단원들과 대화를 나누는 과정에서 학교생활의 현재 모습과 자신의 욕구를 자각하도록 한다.

활동지 2 - ①

기대반, 걱정반 내가 있는 우리 반

교실에서의 내 모습을 그리고, 내 주변을 잡지책의 다양한 이미지와 글을 이용하여 표현해 보세요. (예를 들어, 나에게 시비를 거는 준수는 돌진하는 스포츠카 등등)

① 현재 자리가 마음에 드나요? 그렇지 않다면 그 이유는?

② 내가 힘들고 불편한 친구가 있다면 누구? 그 이유는?

③ 교실에서의 나의 모습을 표현한다면? (예: 외로운 사자 등등)

④ 지금 나에게 가장 필요한 것은?

3차시 내게 네 삶을 보여 줘

활동지도안	
목 표	• 과거 자신에게 중요했던 사건을 탐색하여 자신을 이해하도록 한다. • 힘들었던 일, 좋았던 일 모두 자신이 성숙하는 계기가 되었음을 인식하고 수용하도록 한다.
준비물	활동지, 이름표, 워크북, 필기구, 편지지, 편지봉투, 조용한 음악 테이프와 녹음기
단 계	진행절차
들어가기 (2분)	① 이번 시간의 내용을 소개한다. "오늘은 우리가 좀 더 친해지기 위해서 심도 있는 이야기를 나누어 보겠습니다. 오늘 이 시간이 지금까지 누구에게도 털어놓을 수 없었던 일들을 이야기함으로써 우리 서로 만나는 기회가 되었으면 좋겠고, 무엇보다 힘든 일을 견뎌 온 자신을 격려할 수 있는 시간이 되었으면 합니다."
그때 그 일들 (23분)	☻ 나의 인생그래프 그리기 ① 나의 인생그래프를 그린다. 활동지 3-① "잠시 두 눈을 감으세요. 우리는 태어나서 지금까지 기뻤던 일, 슬펐던 일, 힘들고 고통스러웠던 일을 겪으면서 최선을 다하며 지내 왔습니다. 여러 일을 겪을 때마다 함께해 준 사람들이 있어 여기까지 올 수 있었기에 그들을 잊을 수 없습니다. 이제 지나온 일들을 한번 돌아보고자 합니다. 그리고 앞으로 올 날들에 대해 기대도 가져 보고자 합니다. 지금까지 살아온 모습과 삶에서 기억나는 사건들을 떠올려 보세요. 자, 이제 눈을 뜨고 활동지를 보세요. 나이대별로 자신의 삶의 만족도를 점수로 나타내 보고 그래프로 그려 보세요." ☻ 가장 추웠던 기억과 따뜻했던 기억 ① 가장 추웠던 기억과 따뜻했던 기억을 적는다. 활동지 3-① "친구들의 인생그래프를 한번 볼까요? 일직선 모양, 올라갔다 내려갔다 마치 파도 모양을 하고 있는 친구도 있습니다. 그래프 모양과 상관없이 우리는 많은 상황을 거쳐 왔습니다. 그래프의 상향곡선과 하향곡선의 각 대표 한 개 지점의 상황을 상세히 회상하여 가장 추웠던 기억과 따뜻했던 기억으로 나누어 봅니다. 그리고 기억 속의 경험이 어떤 상황이었고, 누가 등장하며, 그때 나의 감정은 어땠는지도 적어 봅니다. 그리고 그 사건이 나에게 어떤 영향을 주는지도 생각해 봅니다."

	② 추웠던 기억 중에서 마음의 상처로 남아 있는 일을 적는다. 활동지 3-① "추웠던 기억 중에서 지금까지 나의 마음에 상처로 남아 있는 일을 떠올려 보고 그 경험을 나누어 보겠습니다."
보내지 않는 편지 (10분)	① 보내지 않는 편지를 작성한다. 활동지 3-② "우리는 많은 일들을 겪었지만 해결하지 못한 문제와 갈등이 많습니다. 내게 상처 준 친구에게 여러 가지 이유로 하지 못했던 이야기를 하기 바랍니다. 그때의 일을 떠올리고, 쌓여 있던 말하지 못했던 감정을 그 친구에게 그대로 적습니다. 편지형식으로 글을 쓰되, '이제야 처음으로 ○○에게 말한다'라는 말로 시작하는 편지를 쓰면 됩니다." "자신이 쓴 편지를 이 자리에서 읽어 보겠습니다. 친구의 이름은 밝히지 않아도 됩니다. (발표가 끝나면) 자, 이제 편지를 봉투에 넣습니다. 봉투 앞면에 자신의 이름을 적고 이 상자 안에 넣습니다."
정리하기 (5분)	① 이번 시간의 소감을 나눈다. "이번 시간이 어땠는지 여러분의 솔직한 느낌이 궁금하네요. 누가 먼저 얘기해 볼까요?" ② 이번 시간을 정리하고 다음 시간을 소개하며 마무리한다. "오늘은 지금까지 나의 삶을 되돌아보았습니다. 그리고 나를 힘들게 했던 친구에게 그때는 용기가 없었고 기회가 닿지 않아 할 수 없었던 말도 편지로 적어 보았습니다. 지금까지 어려웠던 상황을 견디게 한 요인은 아마 여러분 자신에게 있을 것입니다. 모든 일이 나에게는 성숙하는 계기가 될 수도 있음을 인정하고, 지금의 나에게 큰 박수를 보냅시다. 다음 시간에는 타인과의 관계 속에서 감추어져 있는 내 모습을 표현해 보고 나를 이해하는 시간을 가지겠습니다. 이것으로 오늘 활동을 모두 마칩니다."
유의사항	• 자기노출이 필요한 활동이기 때문에 차분한 분위기에서 조용하고 진지하게 참여하도록 한다. • 때에 따라서 읽기를 거부하는 경우가 있는데, 한 사람이 읽지 않기 시작하면 다른 사람도 읽기 싫어하는 경우가 있기 때문에 가능한 한 모두 읽도록 한다.

활동지 3 - ①

그때 그 일들

나의 인생그래프 그리기

지금까지의 삶을 돌이켜 보고 나이대별로 그때의 마음을 점수로 표현합니다. 만약 만족스러웠다면 상향곡선 점으로, 불만족스러웠다면 하향곡선 점으로 그래프를 그립니다.

가장 추웠던 기억과 따뜻했던 기억

1. 여러분이 기억할 수 있는 경험 중에서 가장 추웠던 기억과 따뜻했던 기억을 한 가지씩 떠올려 봅니다.

추웠던 기억

함께 있었던 사람

그때 사건

따뜻했던 기억

함께 있었던 사람

그때 사건

2. 나에게 마음의 상처, 피해를 준 사람(친구)과의 관계에서 그때의 갈등, 상처, 피해를 경험한 후 어떻게 했나요?

• 그때 나의 마음은?

• 그때 어떤 생각이 들었나요?

• 시간을 돌이킬 수 있다면 나는…

활동지 3 - ②

보내지 않는 편지

내게 상처 준 사람에게 쓰는 편지입니다. 그때의 일을 떠올리고, 내가 하고 싶은 행동이나 전해 주고 싶은 말을 글 또는 그림으로 나타내 봅시다.

4차시 네 마음의 문이 열리니?

활동지도안	
목 표	• 타인과의 관계에서 자신의 진정한 모습이 어떤 것인지 생각한다. • 변화를 위해 필요한 것이 무엇인지 찾아본다.
준비물	활동지, 이름표, 워크북, 필기구, 다양한 크기의 빈 상자, 자신을 표현할 수 있는 여러 가지 재활용품, 글루건, 가위
단 계	진행절차
들어가기 (5분)	① 이번 시간의 내용을 소개한다. "가끔 친구들에게 잘못 알려진 나의 모습 때문에 속상한 적이 있었을 거예요. 그게 다는 아니야라고 말하고 싶지만 나도 나를 잘 모르기 때문에 속이 시원하게 말할 수도 없어요. 이번 시간은 우리 자신을 이해하는 데 도움이 되는 활동들로 준비했습니다."
과일 사세요 (15분)	☻ 게임 한마당 1 ① '과일 사세요' 게임을 한다. **활동지 4-①** "간단한 몸풀기 게임을 먼저 하고 프로그램을 진행하겠습니다. 전체가 원을 만들어 둘러앉습니다. 어떤 게임을 할지 벌써 궁금하지요? 게임방법을 알려 드릴 텐데 잘 듣기 바랍니다. (게임 방법을 소개한다.) 이해를 돕기 위해 연습게임부터 시작할게요." **Tip** 전체가 둘러앉습니다. 집단원이 10명일 경우 3개의 과일을 정합니다. 아무나 한 사람부터 왼쪽에서 오른쪽으로 하나, 둘, 셋까지 셉니다. 전체가 수를 세고 나면 '하나는 바나나' '둘은 사과' '셋은 수박' 등등 과일이나 채소 등을 정합니다. 첫 번째 술래는 집단상담자가 합니다. 집단상담자가 아무에게나 "과일 사세요"라고 하면 상대방은 "무슨 과일 있어요?"라고 묻습니다. 그러면 술래는 과일의 종류를 이야기해 줍니다. "수박 주세요"라고 하고 '수박'에 해당하는 사람들은 모두 일어나서 자기 자리가 아닌 다른 자리에 가서 앉습니다. 이때 술래도 뛰어가서 자리에 앉습니다. 자리에 못 앉거나, 자기 자리에 다시 앉으면 술래가 됩니다. 주문할 때 "○○○ 주세요"가 익숙해지면, "○○○하고 ○○○주세요" "○○○ 빼고 다 주세요" 등을 다양하게 말할 수도 있습니다.

<table>
<tr>
<td>상자로
자신을
표현하기
(20분)</td>
<td>☻ 상자로 자신을 표현하기

① 상자로 남이 보는 내 모습과 나만 아는 내 모습을 표현한다. 활동지 4-①
"여기에 빈 상자가 있습니다. 사람도 겉으로 보이는 모습과 보이지 않는 모습이 있습니다. 상자도 사람과 같아서 겉면은 잘 보이나, 속은 애써 들여다보지 않으면 잘 볼 수 없습니다. 그래서 상자를 이용해서 상자의 겉면은 남이 보는 내 모습, 상자의 속은 나만 아는 내 모습을 표현해 보세요. 여기에 있는 다양한 재료를 사용해서 표현할 수 있습니다."
"상자의 겉과 속이 어떤 모습인지 궁금하네요. 집단원들과 나누어 보겠습니다."

② 상자가 열리지 않도록 열쇠로 잠그고, 대인관계에서 잠그고 싶은 것과 열고 싶은 것을 적는다. 활동지 4-①
"여기 앞에 다양한 모양의 열쇠가 있습니다. 열쇠는 어떤 역할을 하나요? (집단원들의 대답을 들은 후) 맞습니다. 열쇠는 소중한 것을 보관하기 위해, 다른 사람에게는 보이고 싶지 않은 비밀을 지키기 위해 잠글 수 있습니다. 만능열쇠로 잠그고 싶은 것과 열고 싶은 것은 무엇인지 생각해 보세요."

③ 열쇠를 열 수 있는 방법을 찾아본다. 활동지 4-①
"꼭꼭 채워진 열쇠를 때로는 열고 싶을 때가 있어요. 그렇지만 많은 고민과 용기가 필요합니다. 이 상자를 여는 방법은 뭐가 있을지 각자 생각해서 적어 보세요."</td>
</tr>
<tr>
<td>정리하기
(5분)</td>
<td>① 이번 시간의 소감을 나눈다.
"이번 시간의 활동이 어땠나요? 대인관계에서 자신의 모습을 새롭게 알게 된 점이 있나요? 그리고 전반적인 느낌은 어떠했는지 소감을 듣겠습니다. 어떤 내용이 든지 좋으니 먼저 얘기할 사람?"

② 이번 시간을 정리하고 다음 시간을 소개하며 마무리한다.
"오늘은 일상생활 속에서 감추어져 있는 내 모습이나, 타인과의 관계에서 자신이 진정으로 원하는 모습이 무엇인지 알아보는 시간을 가졌습니다. 이번 활동을 통해 사람들에게 좀 더 편안하게 다가갈 수 있었으면 합니다. 다음 시간에는 대인관계에서 불안한 상황을 알아보고 그것에 대응할 수 있는 방법을 찾아보겠습니다. 다음 시간도 잊지 말고 꼭 참석하기 바라며 이 시간을 마칩니다."</td>
</tr>
<tr>
<td>유의사항</td>
<td>• 다양한 크기와 모양의 상자와 열쇠를 준비한다.
• 대인관계에서 자신의 모습을 객관화하여 살펴볼 수 있는 계기를 마련한다.</td>
</tr>
</table>

활동지 4 - ①

마음의 벽을 넘어

게임 한마당 1 과일 사세요

우리 함께 신나는 활동으로 몸과 마음을 편안하게 풀어 봅시다.

상자로 자신을 표현하기

1. 상자로 자신을 표현할 수 있어요. 상자의 겉면은 남이 보는 내 모습을, 상자의 속은 내가 아는 내 모습을 표현해 보세요.

2. 상자가 열리지 않도록 열쇠로 꼭! 꼭! 잠가 주세요.

사람과의 관계에서

잠그고 싶은 것:

열고 싶은 것:

3. 이 열쇠를 여는 방법은 무엇인가요?

5차시 수줍음 많은 나, 불안을 넘어설 용기

활동지도안	
목 표	• 대인관계에서 불안한 상황을 탐색한다. • 자신의 불안반응과 정서를 이해하고, 불안을 마주할 수 있는 용기를 갖는다.
준비물	활동지, 이름표, 워크북, 필기구, 크레파스, 색연필, 강화물
단 계	진행절차
들어가기 (2분)	① 이번 시간의 내용을 소개한다. "여러분은 언제 불안한가요? (집단원들의 대답을 들은 후) 시험칠 때, 발표할 때, 그리고 누군가와 이야기를 나눌 때 등 다양한 경우에 우리는 불안해집니다. 오늘은 대인관계에서 느끼는 불안에 대해 이야기하면서 그때 나의 반응들을 알아보겠습니다."
암호를 풀어라 (5분)	☻ 게임 한마당 2 ① '암호를 풀어라' 활동을 한다. 활동지 5-① "자음과 모음을 조합하면 특정한 단어가 됩니다. 무슨 단어가 될까요? 가장 먼저 맞추는 사람에게 선물을 드립니다." 정답: 깜짝 놀란, 놀란, 겁난, 불안한 "○○○가 정답을 맞췄습니다. 정답은 감정 단어를 나타냅니다. 어떤 상황에서 이런 감정들이 자주 나타나는지를 다음 활동을 통해 알아보겠습니다."
불안한 경험 나누기 (33분)	☻ 불안한 경험 나누기 ① 불안한 상황과 그때의 반응을 적는다. 활동지 5-① "사람들과 있을 때 불안한 경험이 있을 것입니다. 어떤 경험들인지 함께 생각해보고 나누어 봅시다." ② 불안한 상황에서 느끼는 감정을 찾고, 불안의 정도를 색깔로 나타낸다. 활동지 5-① "서로 다른 색깔과 자신이 그 속에서 어떻게 느끼는지 가장 잘 묘사할 수 있는 느낌을 연결시켜 보세요."

	③ 자신의 바꾸고 싶은 모습을 작성한다. 활동지 5-① “여러분이 불안해지는 상황과 그때의 감정을 살펴보았습니다. 불안하고 두려운 상황과 마음을 극복하고 싶은 마음은 당연할 것입니다. 프로그램을 마쳤을 때 원하는 자신의 모습을 작성해 보고, 한 사람씩 발표해 보도록 하겠습니다.” ④ 불안하고 두려운 상황을 극복하는 모습을 상상하고 표현한다. 활동지 5-① “그렇다면 현재 내 모습을 어떻게 하면 원하는 모습으로 바꿀 수 있을까요? 지금 당장은 어렵지만, 정말로 내가 원하지만 하기가 어렵고 두려운 것을 피해 가거나 포기하기보다 부딪쳐 보는 것을 상상해 봅시다. 여기 그림을 보면 내가 올라가려는 계단 앞에 나를 힘들게 하는 두려움의 고리가 있습니다. 두려움의 고리를 마주 보고 있는 자신을 그려 보세요. 그리고 두려움의 고리를 통과해 ‘해냈다’라는 팻말을 향해 걸어가는 자신을 그려 보세요. 그 도전에 성공한 자신을 그려 보세요.” “각자가 표현한 것을 집단원들에게 보여 주세요. 두려움을 뚫고 성공의 환성을 지르는 자신을 보면 어떤 감정이 느껴지는지도 말해 보세요.”
정리하기 (5분)	① 이번 시간의 소감을 나눈다. “절대 이길 수 없을 것 같았던 두려운 상황을 극복해 나가는 모습을 상상해 보았습니다. 기분이 좋죠? 그렇다면 오늘 활동에 대한 소감을 나누어 보겠습니다. 새롭게 알게 된 점이나 배운 내용에 대해, 아니면 참여하는 동안 느꼈던 감정 등 모두 다 좋습니다. 자유롭게 발표해 보세요.” ② 이번 시간을 정리하고 다음 시간을 소개하며 마무리한다. “이번 시간에는 불안한 상황에서 느끼는 감정을 알아보았습니다. 오늘 배운 내용으로 불안한 상황을 극복하는 데 도움이 되었으면 합니다. 다음 이 시간에는 친구 관계에서 자신 있게 행동하지 못하는 이유는 무엇인지 또 상대가 기분 상하지 않게 나를 표현하는 방법을 알아보겠습니다. 그럼 이것으로 오늘 활동을 마칩니다.”
유의사항	• 매우 지적인 작업이므로 다소 딱딱할 수 있다. 자신의 생활과 연결시켜 적극적인 참여를 유도하여야 한다.

활동지 5 - ①

불안에 떠는 ○○○

게임 한마당 2 암호를 풀어라

다음 단어들을 다시 정리해서 줄 위에 적으세요. 가장 먼저 맞히는 사람에게는 푸짐한 상품을 드려요.

1. ㄲ ㅏ ㅁ ㄴ ㅗ ㄹ ㄹ ㅏ ㄴ ㅉ ㅏ ㄱ ⇨
2. ㄴ ㅏ ㄹ ㄹ ㅗ ㄴ ⇨
3. ㄱ ㄴ ㅂ ㅓ ㄴ ㅏ ⇨
4. ㅎ ㅏ ㄴ ㅂ ㅜ ㄹ ㅇ ㅏ ㄴ ⇨

불안한 경험 나누기

1. 사람들과 있을 때 불안한 경험이 있나요? 어떤 경험들인지 함께 생각해 봅시다.

언제	상황		반응
여러 명과 있을 때	상황 1	많은 사람이 모인 학교급식실에서 혼자 밥을 먹어야 할 때	왠지 겁이 나서 밥을 먹지 않았다.
	상황 2		
낯선 사람과 만날 때	상황 3	옆에 앉은 짝꿍에게 말을 걸어야 할 때	뭐라고 해야 할지 몰라서 그 친구가 먼저 말을 할 때까지 말을 걸지 못했다. 안절부절못했다.
	상황 4		
말해야 할 때	상황 5	수업시간에 선생님의 질문에 답을 해야 할 때	긴장이 되고 얼굴이 붉게 변하는 것 같아 부끄러웠다. 작은 목소리로 겨우 대답을 했다.
	상황 6		

2. 우리는 여러 상황과 장소에서 다른 느낌들을 가집니다. 서로 다른 색깔과 자신이 그 속에서 어떻게 느끼는지 가장 잘 묘사할 수 있는 느낌을 연결시켜 보세요.

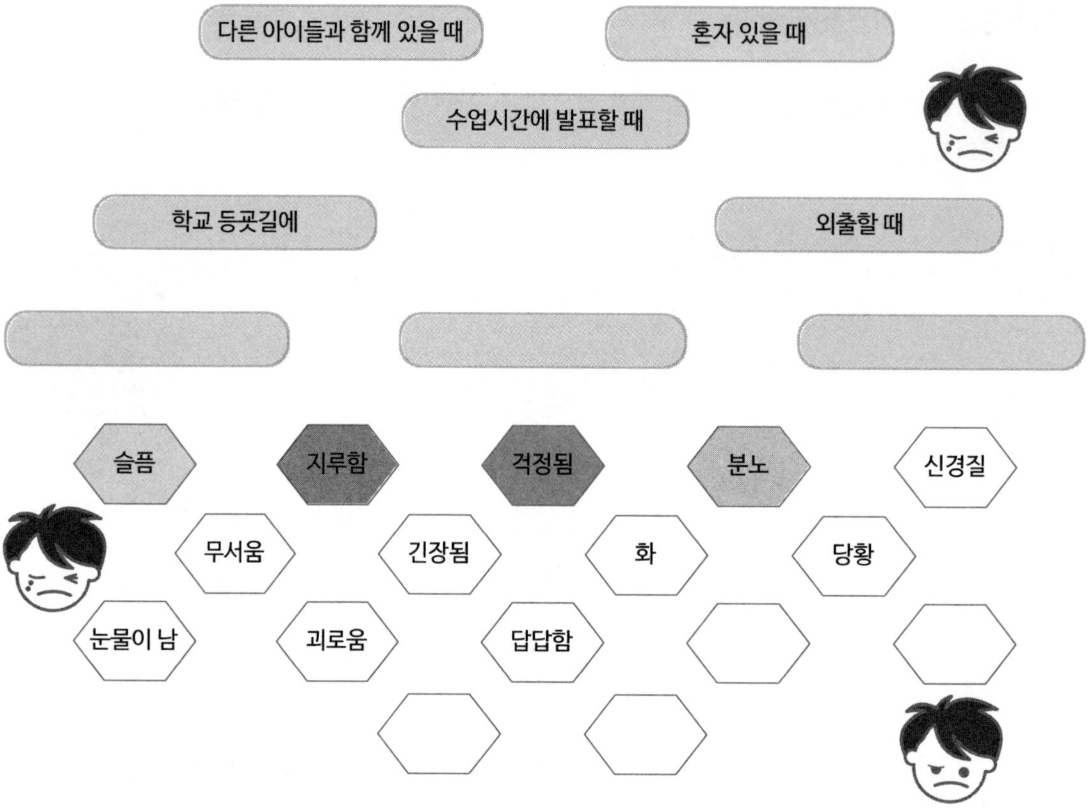

3. 이 프로그램을 마쳤을 때, 원하는 내 모습을 적어 보세요.

예) 나는 수업시간에(상황에서) 편안한 마음으로 손을 들고 싶다.

나는 ______________________________ 상황에서 ______________________________

마음으로 ______________________________ (하고) 싶다.

4. 도전, 불안과 두려움을 느끼고 부딪쳐 봅시다.

여러분의 삶에서 정말로 내가 원하지만 하기가 어렵고 두려운 것을 피해 가거나 포기하기보다 부딪쳐 보는 것을 상상해 봅시다.

내가 올라가려는 계단 앞에 나를 힘들게 하는 두려움의 고리가 있습니다. 두려움의 고리를 마주 보고 있는 자신을 그려 보세요.

이제 두려움의 고리를 통과해 '해냈다'라는 팻말을 향해 걸어가는 자신을 그려 보세요. 그 도전에 성공한 자신을 그려 보세요.

5. 성공한 자신의 모습을 그리면서 어떤 느낌이 드나요?

한 가지 더 · · ·

감정이 지속되거나 아주 강해지면 그것들은 행동에 영향을 주기 시작한다. 우리는 좋은 느낌을 주는 일들은 더 하려고 하는 반면에 우리를 불쾌하게 하는 일들은 안 하려고 한다!

6차시 적절한 자기표현으로 나의 가치 높이기

활동지도안	
목 표	• 자기표현을 막는 고정관념을 알고, 융통성 있는 사고를 개발한다. • 적절한 자기표현의 중요성을 인식한다.
준비물	활동지, 이름표, 워크북, 필기구
단 계	진행절차
들어가기 (2분)	① 이번 시간의 내용을 소개한다. "친구가 나에게 무리한 부탁을 하거나 하지 말라는 행동을 멈추지 않을 때 내 마음은 불편해집니다. 그럴 때마다 여러분은 어떻게 대처하는 게 옳은지 생각해 본 적이 있을 거예요. 오늘은 그런 상황에서 괜찮은 척하지 않고 적절하게 표현하는 방법을 배워 보겠습니다."
자기 표현을 막는 나의 고정관념 찾기 (15분)	☻ 이럴 때, 너라면 어떻게 할래? ① 친구관계에서의 나의 행동을 체크리스트로 알아본다. 활동지 6-① "친구관계를 지키기 위해 주로 우리가 하는 행동들입니다. 각자 체크해 보도록 하겠습니다. (2분 정도 기다린 후) 나는 어떤 유형에 가깝나요? 나는 솔직하게 의견을 말하는 편인지, 그냥 넘어가는 꾹 참는 형인지 아니면 용기형인지… 그렇다면 가장 현명한 방법은 무엇일까요?" ☻ 윤하가 심쿵한 이유 ① 자기표현을 막는 비합리적 생각을 찾아본다. 활동지 6-① "친구들과 어울리다 보면 솔직한 내 마음을 표현해야 할 때가 자주 있습니다. 그런데 우리는 속마음과는 다르게 행동합니다. 여기에 난처한 상황에 처해 있는 윤하가 있습니다. 친구의 부탁을 마지못해 들어주기는 했으나 마음이 찜찜합니다. 윤하의 머릿속에는 어떤 생각들로 가득 차 있을까요? 윤하의 생각을 적어 보세요. 그리고 각자 적은 내용을 발표해 보겠습니다. (발표가 끝난 후) 우리의 생각을 들어 보니 어때요? '친구 사이는 부탁을 들어주는 것이 당연하다, 나는 반드시 좋은 사람이어야 한다, 꼭 그렇지는 않은데…' 하며 나의 생각에 의심이 들지는 않나요? 우리가 어떤 행동을 하기까지는 많은 생각이 스쳐 지나가는데, 이처럼 부정적인 색안경 같은 생각을 비합리적이라 합니다. 이것은 마치 반드시 지켜야 하는 규칙과 같아서 만약 따르지 않는다면 고통을 가져옵니다. 그렇다면

나는 왜 이런 말을 따르게 될까요? 이유는 단순합니다. 자동적으로 일어나고 오랫동안 지속되어 왔고 사실인 것처럼 보이기 때문이죠."

☻ 비합리적 생각에 도전하기

① 비합리적 생각을 합리적 생각으로 바꾼다. **활동지 6-①**

"늘 해 오던 생각이 비합리적이라니 갑자기 우리의 머리가 멍한 상태가 된 것은 아닌가요? 그럼 이해를 돕기 위해 예를 들어 보겠습니다. 수학시험을 망쳐 인생이 끝났다고 생각하는 사람이 있습니다. 여기서 비합리적이라는 것이 합리적이지 않다는 사실은 '논박'을 통해서 알 수 있습니다. 수학시험 점수가 낮다고 해서 인생이 끝났다고 할 수 있을까요? 나의 인생 전부를 걸 만큼 수학점수가 중요한가요? 어떤가요? 비합리적 생각에 도전적인 질문을 하는 순간 문제는 오히려 단순해집니다. 이것이 바로 비합리적 생각을 합리적 생각으로 바꾸는 방법입니다. 그럼 이번에는 윤하의 생각으로 '논박'을 해 보겠습니다. 제가 윤하의 비합리적 생각을 말하면 누가 논박해 보세요." (집단원이 작성한 윤하의 생각을 참고할 것)

Tip

- 논박을 하는 방법은 질문을 통하여 비합리적 생각에 의문을 가지는 것이다.
  - 반드시 ________________ 해야 하는 이유는 무엇인가?
  - 반드시 ________________ 는 것은 현실적으로 가능한가?
  - 반드시 ________________ 는 과연 문제해결에 도움이 되는가?

나를 드러내는 자기표현 (18분)

☻ 자기표현의 세 가지 방식

① 자기표현의 세 가지 방식을 소개한다. **활동지 6-②**

"친구들과 어울리다 보면 솔직한 내 마음을 표현해야 할 때가 자주 있습니다. 이때 상대방에게 피해를 주지 않으면서 내가 표현하고 싶은 것을 나타낼 수 있다면 가장 좋겠지요. 어떤 방법을 써야 나를 잘 표현하면서 상대의 마음이 상하지 않을지 다양한 표현법을 알아봅시다. 활동지를 봅니다. 수동적 표현은 솔직하게 표현하지 못하는데, 어… 그래… 그런데… 저기… 등으로 말의 시작 자체를 머뭇거립니다. 자신의 의견을 제대로 전달하지 못하죠. 공격적 표현은 이와는 반대입니다. 자신의 권리는 분명하게 내세웁니다. 지나칠 정도로 강하게 주장하기 때문에 상대의 마음이 다칩니다. 그런데 정작 자신은 그걸 알지 못합니다. 가장 적절한 표현은 주장적 표현입니다. 이 표현은 자기의 욕구도 솔직하게 드러내면서 상대의 마음이 어떨지 신경을 쓰고 대화를 합니다. 비록 나는 수동적으로 표현할지라도 내 친구는 주장적으로 표현해 주면 내 마음을 이해받는 듯해서 편안한 관계가 유지되겠지요. 하지만 그 친구도 나의 분명하고 솔직한 표현을 훨씬 편안하게 느낄 거예요."

	② 수동적이고 공격적인 표현을 주장적 표현으로 바꾼다. 활동지 6-② "이제, 수동적이고 공격적인 표현을 주장적 표현으로 바꿔 보겠습니다."
정리하기 (5분)	① 이번 시간의 소감을 나눈다. "오늘 활동에 대한 소감을 나누겠습니다. 이번 시간을 통해 새롭게 알게 된 점 또는 활동 내용에 대해 그리고 전반적인 느낌, 모두 좋습니다. 자유롭게 이야기 나누도록 할게요." ② 이번 시간을 정리하고 다음 시간을 소개하며 마무리한다. "오늘은 자기를 표현하는 것이 얼마나 중요한지와 가장 적절하게 자기를 표현하는 방법을 배웠습니다. 잊지 말아야 할 것은 내가 나를 표현한다고 해서 상대도 나를 존중해 주리라는 보장은 없습니다. 다만 나의 행동을 바꿔 보되 여전히 나의 마음을 불편하게 만드는 친구가 있다면 나를 존중해 주는 친구를 찾아 나서야 합니다. 왜냐하면 나는 친구로서 존중받을 가치가 있으니까요! 다음에는 친구를 사귀기 전 마음에 드는 친구를 찾아 다가가는 연습을 해 보겠습니다. 이렇게 해서 오늘 이 시간을 마칩니다."
유의사항	• 6차시 역시 매우 지적인 작업이므로 다소 딱딱할 수 있다. 집단 분위기가 침체되지 않도록 집단원들 간에 상호작용이 이루어지게 한다. • 비합리적 신념의 발견에 중점을 두고 너무 빨리 비합리적인 신념을 논박하거나 합리적인 신념을 가질 것을 강요해서는 안 된다.

활동지 6 - ①

자기표현을 막는 나의 고정관념 찾기

이럴 때, 너라면 어떻게 할래? 나는 어떤 반응을 보일지 체크해 보세요.

1. 친구가 화날 때마다 너에게 푼다면?
① 친구를 더 화나게 하고 싶지 않아서 그냥 참는다.
② 참을 만큼 참았으니 이제 그만두라고 진심으로 말한다.

2. 친구가 너랑 한 약속을 약속 시간 직전에 자꾸 취소한다면?
① 그냥 괜찮은 척한다.
② 친구에게 더 이상 그러지 말라고 말한다.

3. 네가 정말로 싫어하는 어떤 행동을 친구들이 하고 있다면?
① 끼워 달라고 한다.
② "난 빼 줘. 이번엔 너희끼리 해."라고 말한다.

4. 친구들이 만나면 늘 컴퓨터(스마트폰) 게임을 하는데 넌 점점 그 놀이가 지겨워지기 시작한다면?
① 내키지 않지만 똑같은 게임을 계속한다.
② 다른 걸 해 보자고 친구들에게 제안한다.

5. 너와 친한 친구가 말도 안 되는 걸로 싸운다면?
① 양쪽 친구들 의견에 다 동의하며 자신에게 불똥이 튀지 않도록 한다.
② '중립'을 선언하고 싸움에 끼지 않는다.

6. 친구가 자꾸 네 숙제를 베끼는데 그게 점점 짜증이 난다면?
① 그냥 계속 베끼도록 해 준다.
② 이제 베끼는 건 그만하라고 말한다.

7. 친구들이 너를 따돌려 놓고 네가 못 알아들어 그런 거라며 너를 계속 탓한다면?
① (너를 끼워 준다는 전제하에) 계속 그 '절친'들과 어울린다.
② 가능한 한 빨리 더 좋은 친구를 찾기 시작한다.

8. 친구가 늘 돈을 빌려 가서는 갚지 않는다면?
① 내키지 않아도 계속 돈을 빌려준다.
② "난 현금 인출기가 아니야"라고 당당하게 말한다.

9. 이전에 가장 친했던 친구가 너에 관한 나쁜 소문을 퍼뜨리고 다닌다면?
① 그 친구에 관한 더 나쁜 소문을 만들어 퍼뜨린다.
② 소문을 낸 친구를 직접 찾아가 왜 그런 소문을 냈는지 이유를 파악한다.

10. 친구와 매주 목요일에 운동을 하자고 약속했어. 그런데 딱 한 번 하고서 친구가 자기는 못 하겠다며 너에게도 관두라고 한다면?
① 같이 그만둔다.
② 자신과의 약속을 지키기 위해 계속 운동을 한다.

출처: 애니 폭스(2015). 나는 왜 진짜 친구가 없을까? 최설희 역, 서울: 뜨인돌.

결과는…

②번을 7~10개 선택했다면 너는 친구들에게 자신을 솔직히 보여 주고 있어.

②번을 3~6개 선택했다면 친구들이 너에게 듣기 불편한 말을 해도 그냥 넘기고 있어.

②번을 0~2개 선택했다면 친구들에게 네 솔직한 느낌을 말하려면 용기가 필요할 거야.

윤하가 심쿵한 이유

자신의 속마음과 다르게 행동하였다면 윤하는 어떤 생각을 하고 있었을까요? 윤하의 생각을 문장으로 완성해 보세요.

옆 친구가 급히 전화할 데가 있다면서 어제 산 스마트폰을 빌려 달라고 한다. 빌려주기 싫었지만 어쩔 수 없이 폰을 빌려주고 말았다.

- 나는 반드시 ________________________________ 해야만 한다.
- 친한 친구라면 당연히 ________________________________ 해야 한다.
- 친구는 적어도 ________________________________ 해야만 한다.
- 나는 ____________ 것도 못하다니 정말 못났어! 아이들이 알면 틀림없이 나를 ____________ 할 거야!
- 다른 애들이 나를 ____________ 하기 때문에 나는 ____________ 해야 한다.
- ________________________________ 한 사람은 반드시 벌을 받아야 한다.

여러분의 생각이 과연 옳다고 할 수 있나요? 우리가 흔히 하는 생각을 신중하게 살펴보면 허점이 많습니다. '여자는 당연히 예뻐야 한다' '학생은 공부를 잘해야 한다' 등이 그러한 예입니다. 물론 예쁘고, 공부를 잘하면 좋긴 하지만 당연한 것은 아닙니다. 이처럼 자기 자신이나 타인에게 갖는 비현실적으로 높은 기대, 요구적인 생각과 행동, 부정적인 정서들은 모두 **비합리적 생각**이라 할 수 있습니다.

비합리적 생각에 도전하기

비합리적인 생각을 합리적으로 바꾸기 위해서 사용되는 방법이 논박입니다. 논박을 하는 방법은 질문을 통하여 비합리적 생각에 의문을 가지는 것입니다.

① 반드시 ____________________ 해야 하는 이유는 무엇인가?
② 반드시 ____________________ 는 것은 현실적으로 가능한가?
③ 반드시 ____________________ 는 과연 문제해결에 도움이 되는가?

예) 이번 중간고사에서 수학시험을 망쳤다. 내 인생은 아주 절망적이다.

☞ 수학 시험이 중요하기는 하지만 그렇다고 인생이 끝날 정도는 아니다.

활동지 6 - ②

나를 드러내는 자기표현

자기표현의 세 가지 방식

1. 우리는 종종 상대방의 마음이 상하지 않고 내가 표현하고 싶은 마음을 잘 표현하고 싶을 때가 있지요? 어떤 방법을 써야 나를 잘 표현하는 것일까요?

수동적 표현

- 자기표현을 하고 싶은 마음이 간절하지만, 눈치나 체면 때문에 혹은 용기가 없어서 자신의 권리를 스스로 포기함
- 자신의 의견이 있지만 아무 말도 하지 않음
- 상대방의 기분을 맞추기 위해 전혀 마음에도 없는 행동이나 말을 함

공격적 표현

- 자신의 권리만을 생각하여 다른 사람의 권리를 무시하거나 침해함
- 화를 내거나 폭력적으로 표현하는 것
- 자신만의 권리를 내세워 상대방을 불쾌하게 함

주장적 표현

- 자신의 생각이나 의견을 마음속에 있는 그대로 표현하는 것
- 상대방의 권리를 침해하거나, 상대방을 불쾌하게 하지 않는 범위 내에서 자기의 권리를 지킴

예시

〈학원 갈 시간이 다가오는데, 친구가 놀다 가라고 한다.〉

▶ 수동적 표현: 어… 그래… 그런데… 그래… 뭐.

▶ 공격적 표현: 나 바쁘다니까. 너 혼자 실컷 놀아.

▶ 주장적 표현: 그래, 나도 놀고 싶은데 학원 갈 시간이 되어서 그만 가야겠어. 다음에 놀자. 미안.

2. 다음의 상황을 읽고 수동적이고 공격적인 표현을 주장적인 표현으로 바꿔 보세요.

상황 1) 나도 마음이 괴로운데 친구가 자기 힘든 일만 자꾸 얘기한다.

수동적 표현: 어… 어… 그래… 음… (듣는 시늉만 한다.)

공격적 표현: 넌 만날 네 얘기만 하니?

주장적 표현: 윤하야, 너 많이 힘들지. 나도 말 못했지만 속상한 일이 있어. 그래서 오늘은 네 얘기 들어 주기가 힘드네.

상황 2) 친구가 동아리활동으로 나는 관심도 없는 기타교실에 들어가자고 한다.

수동적 표현: 음. 그래, 그런데 나는… 한번 생각해 볼게.

공격적 표현: 나는 기타에 관심 없어. 관심 있는 너나 해!

주장적 표현: ______________________________

상황 3) 내가 하지도 않은 얘기를 친구는 내가 뒷말을 했다고 믿는다. 내가 얘기할 기회는 아예 주지도 않는다.

수동적 표현: 아무 말 못하고 친구 눈치만 보고 속으로 끙끙 앓는다.

공격적 표현: 네가 그렇게 나온다면 나도 할 말 없어.

주장적 표현: ______________________________

한 가지 더 · · ·

어떤 표현이 가장 좋을까요? 자주 나의 마음을 불편하게 만드는 친구가 있다면, 여러분이 직접 나서서 말하기 전에는 그 친구의 행동은 멈추지 않아요. 내 마음과 의견을 표현하는 게 쉬운 일은 아니지만 친구관계를 지키기 위해서는 해야만 합니다. 그리고 여러분을 더 존중해 주는 친구를 찾아 나서야 합니다. 왜냐하면 우린 친구로서 존중받을 가치가 있기 때문이죠.

7차시 친구를 사귀는 데에도 계획이 필요해

활동지도안	
목 표	• 자신이 좋아하는 친구 스타일을 알고, 친구로서의 자신을 돌아본다. • 친구에게 자연스럽게 다가서는 방법을 익힌다.
준비물	활동지, 이름표, 워크북, 필기구
단 계	진행절차
들어가기 (2분)	① 이번 시간의 내용을 소개한다. "이번 시간부터는 친구를 사귀고, 친구관계에 필요한 기술들을 배워 보겠습니다. 오늘은 친구를 사귀기 위해서 먼저 마음에 드는 친구를 찾아 그 친구와 친하게 지내는 방법들을 생각해 보겠습니다."
나랑 닮은 친구는 누구? (8분)	① 집단원 중에서 나랑 닮은 친구의 순위를 매겨 본다. 활동지 7-① "지금 이 자리에 있는 친구들을 살펴보세요. 사람은 첫 만남에서도 이 사람은 나랑 왠지 비슷한 점이 있는 것 같아 혹은 이 사람은 나랑은 전혀 반대인 걸 하는 직감이 생깁니다. 혹시 우리 중에서 자기와 가장 닮았다고 생각하는 사람 있나요? 반대로 나와는 전혀 다르네 하는 친구 있나요? 각자 자기와 가장 닮았다고 생각하는 친구를 1번으로, 가장 닮지 않았다고 생각하는 친구를 제일 마지막으로 하여 자신과 닮았다고 생각하는 친구의 순위를 정해 봅니다. 그리고 그 친구의 별칭 옆에 그 이유도 적습니다. (발표가 끝나면) 예상치 못하게 친구가 나와 닮았다고 하니 기분이 어떤가요? 의아스럽기는 하지만 기분이 좋기도 하고 새로운 관심이 생기기도 하지요? 좀 더 친밀해지는 시간은 개인적으로 만들어 보고요. 그럼 본격적으로 친구 찾기에 들어가도록 하겠습니다."
우리 반에서 나와 친구할 만한 사람은? (18분)	① 우리 반 친구들을 4개의 칸에 나누어 적는다. 활동지 7-① "친구를 사귀기 위한 첫 번째 전략은 '아는 사람부터 공략하라'입니다. 친구가 필요하다고 해서 모든 사람과 친구할 수는 없습니다. 먼저 각자 주변의 아는 사람들 중에서 친구할 만한 사람은 없나 관심을 기울여 봅니다. 활동지에 4개의 칸이 있습니다. 반 친구 중에서 각각의 칸에 해당하는 친구의 이름을 적습니다. 자신이 속해 있는 반이 아닌 옆 반 친구의 이름을 적어도 상관없습니다."

	② 마음에 드는 친구와 그렇지 않은 친구를 찾고 그 이유를 적는다. 활동지 7-① "'내가 관심이 가고 친해지고 싶은 친구' '내가 별로라고 생각하는 친구'의 이름과 그 이유를 적어 봅니다. (발표가 끝난 후) 이번 활동을 통해서 각자 어떤 스타일의 친구를 좋아하는지 분명히 알게 되었죠? 자, 그렇다면 이번에는 친구로서의 나의 모습은 어떨지 우리 자신의 모습에 대해 생각해 보는 시간을 갖도록 하겠습니다. (자유롭게 이야기를 나눈 후) 우리 모두는 단점이 있기 마련입니다. 단점이 장점이 될 수 있도록 노력했으면 합니다."
친구에게 다가가기 (7분)	① 마음에 드는 친구에게 친근하게 다가가기 위한 방법을 소개한다. 활동지 7-① "지금까지의 활동에서 마음에 드는 친구가 한 명씩은 생겼을 거예요. 마음에 담아 두면 그 친구는 마음에 간직된 친구입니다. 그 친구와 함께하기 위해서는 다가가는 용기가 필요합니다. 어떻게 하면 친구가 부담스럽지 않도록 자연스럽게 다가갈 수 있을까요? 예를 들어, 책을 가져오지 않은 친구가 있다면 책을 빌려주는 등의 난처한 상황에 처한 친구를 도와주는 것입니다. 또는 친구의 하는 말에 맞장구를 칩니다. 여러분은 어떤 방법을 적용해 보았나요? 자신에게 도움되었던 방법을 소개해 주세요. (발표가 끝이 나면) 아주 다양하고 재미있는 방법이 있네요. 가만히 있기는 너무 아깝죠. 이 중에서 가장 편하게, 오늘 당장 실천해 볼 만한 것을 얘기해 봅시다."
정리하기 (5분)	① 이번 시간의 소감을 나눈다. "오늘 활동에 대한 소감을 나누겠습니다. 이번 시간을 통해 새롭게 알게 된 점 또는 활동 내용에 대해 그리고 전반적인 느낌, 모두 좋습니다. 지목하지 않고 자유롭게 이야기 나누도록 할게요." ② 이번 시간을 정리하고 다음 시간을 소개하며 마무리한다. "친구에게 다가가는 방법에 대해 배웠습니다. 그리고 여러분의 강한 의지를 느꼈습니다. 하나 기억할 것은 내 마음과 달리 친구의 반응이 시큰둥할 수도 있습니다. 그렇다고 실망할 필요는 없습니다. 대신 다가설 수 있는 용기와 다가서기 위한 노력이 필요하다는 것을 잊지 마세요. 이것으로 오늘 이 시간을 마치며 다음 시간에는 좋은 친구관계를 유지하기 위한 대화기술을 익히겠습니다."
유의사항	• 실천 가능성이 있고 꾸준히 지킬 수 있는 작은 계획을 세울 수 있도록 한다.

활동지 7 - ①

친하게 지내고 싶은 친구 찾기

나랑 닮은 친구는 누구?

집단원 중에서 자기와 가장 닮았다고 생각하는 사람부터 시작하여 전혀 닮은 점이 없다고 생각하는 사람을 마지막으로 순위를 매겨 보세요. 그리고 별칭(이름) 옆에 친구의 특성을 적어 봅니다.

구분		집단원의 별칭(이름)	내가 생각하는 집단원의 특징
		예) 귀욤이 폭발	조용하고 말이 없다.
나와 가장 닮은 사람	1		
	2		
	3		
	4		
	5		
	6		
	7		
	8		
	9		
	10		
나와 전혀 다른 사람	11		
	12		

우리 반에서 나와 친구할 만한 사람은?

1. 친구란 하루아침에 생기는 것이 아닙니다. 친구는 가까운 곳에 있을 가능성도 있습니다. 우선 우리 반에서 친구할 만한 사람을 찾는 것에서 시작해 봅시다. 4개의 칸에 해당하는 친구의 이름을 적어 보세요.

나도 관심이 가고, 그 친구도 나에게 관심이 있는 것 같아	나는 관심 있지만 그 친구는 나를 별로로 생각하는 것 같아
나는 별로인데 그 친구는 나에게 관심 있는 것 같아	나도 별로이고, 그 친구 역시 나를 별로로 생각하는 것 같아

2. 혹시 관심이 가는 친구가 있나요? 또 별로인 친구도 있나요? 그렇다면 그 이유는 무엇인가요?

친구하고 싶은 친구	이유	별로인 친구	이유

친구에게 다가가기

가깝게 지내고 싶은 마음만 있다고 해서 친구가 되는 것은 아니에요. 친근하게 다가서는 기술도 매우 중요합니다. 자연스럽게 다가갈 수 있는 자신만의 방법을 소개해 보세요.

예) 친구가 도움이 필요할 때 도와준다. (책 빌려주기)

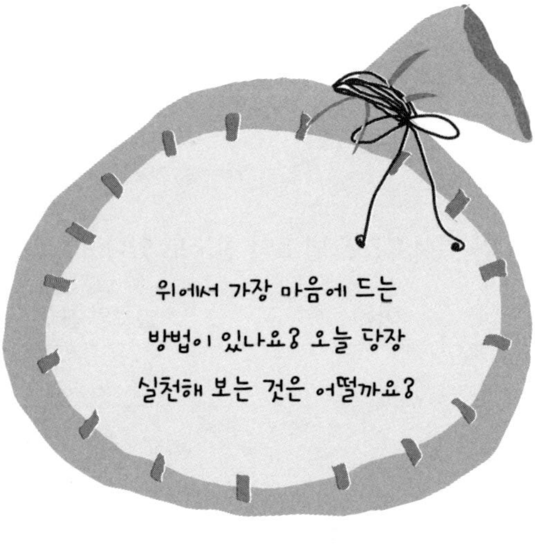

8차시 관점의 차이를 인정하는 대화

활동지도안	
목 표	• 타인의 다양한 관점을 수용한다. • 상대의 말만 이해하는 것이 아닌 그 사람의 생각, 감정, 상황을 이해하기 위해서 노력하는 대화를 한다.
준비물	활동지, 이름표, 워크북, 필기구, A4 용지, 색연필, 사인펜
단 계	진행절차
들어가기 (3분)	① 이번 시간의 내용을 소개한다. "조용하고 말이 없는 사람들은 말주변이 없어서 어떻게 대화를 이어 나갈지 모르겠다는 말을 합니다. 말을 잘하기 위한 특별한 기술이 필요한 것 같지만 특별한 기술이 없어도 대화는 가능하다는 사실을 오늘 알려 드릴게요."
인류 최후의 생존자 게임 (12분)	① 인류 최후의 생존자 게임을 한다. 활동지 8-① "상황보고서의 내용을 읽고 자신의 결정과 간단한 이유를 기록해 보세요(3분 정도). 여러분은 충분한 논의를 거쳐 최후의 생존자를 결정하도록 합니다. (집단원들의 논의가 끝이 나면) 토의 과정이 순조로웠나요? (집단원들의 반응을 살핀 후) 친구들과의 관계에서 의견이 달랐을 때 어떠했는지 경험을 이야기해 볼까요? 사람들은 각각 관점과 가치관이 다릅니다. 누구의 의견이 맞고 틀린지 판단할 수 없고 사람마다 다를 수 있다는 것을 인식해야 합니다. 자, 그럼 몇 개의 그림을 보여 드리겠습니다."
관점에 따라 달라지는 그림 (5분)	① 그림을 제시한다. 활동지 8-① "관점에 따라 달리 보이는 그림이 있습니다. 무엇처럼 보이나요? 또 다른 그림카드를 보여 드리겠습니다. 이 그림은 무엇으로 보이나요? (집단원들이 자유롭게 이야기하도록 한다.) 같은 사물이라도 보는 사람의 관점에 따라 다른 생각을 가질 수 있다는 것이 이해되셨나요? 누구나 자기가 가진 주관이 있어서 이 같은 현상은 자연스러운 것이라 할 수 있습니다. 그것을 인정할 때 우리는 다른 사람의 처지에서 생각할 수 있는 능력을 갖출 수 있습니다. 인간관계에서는 마찰이 생길 수밖에 없습니다. 그 순간 필요한 것은 서로의 생각과 시각의 차이점을 인정해야 한다는 것을 기억하세요."

상대의 관점을 이해하며 대화하기 (20분)	① 둘씩 짝을 지어 난화 그리기를 한다. 활동지 8-① "미술활동으로 서로 다른 시각을 실제로 경험해 보도록 하겠습니다. A4용지에 사인펜으로 직선이나 곡선 어떤 것이라도 자유롭게 그립니다. 그려진 선을 이리저리 돌려 보면 어떤 이미지가 떠오를 거예요. 이미지가 떠오르면 선을 더 첨가하거나 색칠을 하여 그 이미지를 더 구체적으로 표현해 보세요. 그런 다음 둘씩 짝이 되어 서로의 이미지를 소개해 보세요. 이때 대화를 이어 나가는 몇 가지 전략만 알면 좋겠지요. 다 같이 활동지의 내용을 볼까요? 첫째는 친구가 이야기할 수 있도록 친구의 얼굴을 보며 신호를 보냅니다. 일종의 관심을 기울이는 것이지요. 둘째는 친구의 이야기에 반응해 줍니다. 가령 '음, 그래' '그렇구나' '진짜 그렇게 보이네'입니다. 더 궁금한 것이 있으면 직접 물어봅니다. 마지막으로 우리가 자주 사용하는 감탄사를 연발합니다. 단, 너무 과장되지 않게, 진심을 담아서……."
정리하기 (5분)	① 이번 시간의 소감을 나눈다. "오늘 배운 내용이 도움이 되었나요? 이번 활동을 통해 자신에 대해 새롭게 알게 된 점이나 전반적인 느낌을 나누도록 하겠습니다. 누가 먼저 얘기해 볼까요?" ② 이번 시간을 정리하고 다음 시간을 소개하며 마무리한다. "오늘은 상대의 관점을 이해하면 긍정적인 관계를 맺을 수 있다는 것을 함께 경험해 보았습니다. 친구가 마음에 들지 않는다는 것은 곧 나의 의견과 다름을 수용하지 못하는 나의 태도에서 비롯된 것이라 할 수 있습니다. 우리 모두 좀 더 폭넓은 시각을 가지고 친구의 의견을 받아들일 수 있기를 바랍니다. 오늘 활동에 이어 다음 시간에도 좋은 관계를 유지하는 데 필요한 대화기술 2탄을 준비했습니다. 기대하시기 바랍니다."
유의사항	• 난화에서 형태를 찾기 힘들 수도 있다. 집단상담자가 미리 그려 놓은 것을 주고 이미지를 찾아보도록 한 후 집단원이 난화를 만든 후 형상을 완성해 나가도록 한다.

활동지 8 - ①

관점의 차이를 이해하면 대화가 된다!

인류 최후의 생존자 게임

바다를 항해 중인 배가 폭풍을 만나 침몰하고 있습니다. 배에는 10명의 생존자가 있고, 구명보트는 단 한 척, 그 구명보트에는 3명만 태울 수 있습니다. 여러분은 다음 10명 중 어떤 사람을 살리겠습니까? 10명의 생존자 후보는 다음과 같습니다.

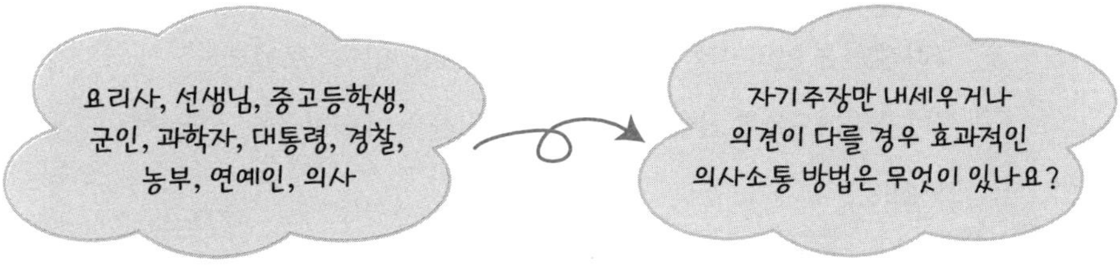

관점에 따라 달라지는 그림

출처: 전재국, 우영숙(2009). 집단상담의 놀이와 프로그램. 서울: 시그마프레스.

상대의 관점을 이해하며 대화하기

그림을 돌려 보고 이미지를 찾아 색칠해 보세요. 그리고 서로 소개합니다. 그러면 서로의 관점 차이를 이해할 수 있어요.

① 두 사람씩 짝을 지어 보세요.

② 종이에 직선이나 곡선 어떤 것이라도 자유롭게 선을 그립니다.

③ 그려진 선을 이리저리 돌려 보면서 이미지를 떠올려 보세요.

④ 이미지가 떠오르면 선을 첨가하거나 색칠을 하여 이미지를 구체화해 보세요.

⑤ 자신이 표현한 이미지를 친구에게 소개해 보세요.

무반응으로 듣기 없기

친구에게 관심 기울이기

친구의 눈을 보고 고개를 끄덕여 주면 친구는 편안한 상태에서 말을 할 수 있어요.

반응해 주기

친구의 그림을 보며 "음~ 그래" "그렇구나" 라고 하면 친구는 자신의 말과 그림에 관심을 가져주는 것으로 받아들여요.

궁금할 때는 질문하기

"이건 무엇을 표현한 거야? 이건 무엇을 나타내니?"라고 한다면 친구의 기분이 좋아요.

감탄사 사용하기

"완전 대박" "진심 공감" "헐~" 등으로 길게 설명하는 것마다 짧고 강하게 반응해요.

9차시 우정이 쌓여 가는 대화

활동지도안	
목 표	• 친구의 마음을 이해하고 표현함으로써 공감반응을 익힌다. • 친구에게 이해받는 경험을 통해 서로 신뢰를 쌓는다.
준비물	활동지, 이름표, 워크북, 필기구, 전지, 크레파스, 사인펜, 색연필
단 계	진행절차
들어가기 (2분)	① 이번 시간의 내용을 소개한다. "지난 시간에 이어 친구관계에 필요한 공감 대화법을 배워 보겠습니다. 우리는 평소 '공감'이라는 단어를 흔하게 사용합니다. '공감'이란 무엇을 뜻하나요? 오늘은 공감이 무엇인지 직접 체험하면서 공감의 정확한 의미를 알아보도록 하겠습니다."
협동화 그리기 (10분)	① 협동화를 그린다. 활동지 9-① "여러분의 단합 정도를 협동화 그리기를 통해 알아보겠습니다. 그런데 여기에는 규칙이 있습니다. 말을 절대로 해서는 안 되며 의견 교환을 통해 다양한 제스처와 느낌으로 그림을 완성해 나갑니다. 재미있겠지요? 그럼 시작해 볼까요." ② 협동화를 그린 후의 느낌을 나눈다. 활동지 9-① "여러분이 완성한 그림에 어울릴 만한 제목을 의논해 주세요. 대화를 하지 않고 그림을 그려 나가는 데에는 한계가 있지만 그렇다고 소통이 전혀 되지 않는 것은 아니었습니다. 그림이 완성될 수 있었던 이유는 무엇일까요?"
친구의 마음을 공감하기 (10분)	① 친구의 마음을 이해하는 공감반응을 적는다. 활동지 9-① "이제 본격적으로 공감반응을 배워 보겠습니다. 나누어 준 상황지를 반으로 접어 주세요. 종이의 한 면에는 이런 상황에서 내 마음을 글로 적고, 종이의 반대 면에는 친구의 마음은 어떨지 생각하여 공감하는 반응을 적어 보세요."
공감왕 찾기 (18분)	① 공감왕 찾기 게임을 한다. 활동지 9-① "지금부터 여러분 중에서 공감왕을 뽑는 게임을 하겠습니다. 좀 전에 작성했던 기록지를 들고 다니며 만나는 사람과 대화를 나누어 봅니다. (게임 방법을 설명한다.) 가장 많이 스티커를 받은 사람이 공감왕으로 등극하는 것입니다. (게임이 끝나면 스티커를 확인하여) 우리반의 공감왕은 ○○○입니다."(준비한 상품을 전달한다.)

	② 공감반응의 유용성을 안다. 활동지 9-① "자, 이제 자리로 돌아오세요. 활동지(p. 98)의 2번과 3번을 작성해 주세요. 게임을 통하여 각자 느낀 점을 적어 보고 발표해 보도록 하겠습니다. (발표가 끝나면) 공감반응이 얼마나 중요한지를 게임을 통하여 확실하게 이해한 것 같습니다. 다음 활동으로 넘어가겠습니다."
정리하기 (5분)	① 이번 시간의 소감을 나눈다. "이번 시간이 어땠는지 여러분의 솔직한 느낌이 궁금하네요. 발표할 때는 이번 시간을 통해 자신에 대해 새롭게 알게 된 점이나 활동에 대한 전반적인 느낌과 생각 등을 얘기해 주세요. 누가 먼저 얘기해 볼까요?" ② 이번 시간을 정리하고 다음 시간을 소개하며 마무리한다. "오늘은 관계 맺기에 중요한 기술 — 공감반응 — 에 대해 배웠습니다. 상대의 마음을 이해하기란 참으로 어렵습니다. 그때마다 나라면 어땠을까 하고 내가 주체가 되어 상대의 처지를 이해해 보면 좋겠지요. 사람들의 경험은 비슷하며 마음 또한 크게 다르지 않기 때문입니다. 오늘 배운 내용을 지금 만나는 사람에게 적용해 보면 어떨까요? 바로 그 사람의 눈빛과 태도가 달라질 거예요. 다음 주는 프로그램의 마지막 시간입니다. 한 사람도 빠지지 않고 참석해서 마지막을 장식해 주세요. 오늘 활동은 이것으로 마칩니다."
유의사항	• 즐겁고 재미있는 분위기에서 활동이 진행되도록 하되 정확한 공감반응을 익히도록 한다.

활동지 9 - ①

나와 너의 마음 크게 다르지 않아

협동화 그리기

모든 집단원이 참여하여 협동화를 그립니다. 단, 절대 말을 해서는 안 되며 다양한 몸짓, 눈빛만으로 그림을 완성해 나갑니다.

• 그림에 제목을 붙인다면…

____

• 그림이 완성될 수 있었던 까닭은?

____

친구의 마음을 공감하기

1. 종이를 절반으로 접어 보세요. 종이의 한 면에는 내 마음을, 다른 한 면에는 이런 상황에서 친구의 마음을 이해하는 공감반응을 적어 보세요. (감정단어를 참고하세요.)

우리는 살면서 여러 가지 다양한 일을 경험하게 됩니다. 이럴 때 나는 어떤 마음이 드나요?	이번에는 앞의 상황이 친구에게 일어났습니다. 친구의 마음을 '~한 (감정이었구나)'으로 표현해 주세요.
1. 나는 양말을 짝짝이로 신고 학교에 왔어요. ☞	1. ☆☆가 양말을 짝짝이로 신고 학교에 왔어요. ☞
2. 나는 사람들이 보는 가운데 실수로 교실에 있는 화분을 깨뜨렸어요. ☞	2. ☆☆가 사람들이 보는 가운데 실수로 교실에 있는 화분을 깨뜨렸어요. ☞
3. 나는 장난삼아 툭 친 건데, 친구가 넘어졌어요. ☞	3. ☆☆가 장난삼아 툭 친 건데, 친구가 넘어졌어요. ☞
4. 오늘은 내 생일입니다. ☞	4. 오늘은 ☆☆의 생일입니다. ☞
5. ㅇㅇ가 나를 밀고 지나갔습니다. ☞	5. 내가 ☆☆를 밀고 지나갔습니다. ☞
6. 이번 시험에서 내가 좋은 성적을 거두었어요. ☞	6. 이번 시험에서 ☆☆가 좋은 성적을 거두었어요. ☞

공감왕 찾기

1. 자신이 얼마만큼 타인의 마음을 잘 이해하는지 게임을 통해 알아보겠습니다. 스티커를 가장 많이 받은 사람을 공감왕으로 임명하겠습니다.

교실을 돌아다니며 친구를 만납니다. A는 B에게 쪽지에 적힌 상황("나는 양말을 짝짝이로 신고 학교에 왔어.")을 말합니다. B는 A의 마음을 이해하는 반응을 해 줍니다. A는 친구 B가 자신의 마음을 제대로 이해했다면 B에게 스티커를 붙여 줍니다.

2. 자신이 상대방의 마음을 맞추었을 때의 느낌 또는 생각은?

3. 상대방이 자신의 마음을 이해해 주었을 때의 느낌 또는 생각은?

참고자료 – 감정단어 모음

기쁨, 즐거움, 감사

날아갈 것 같다
가슴이 뭉클하다
짜릿하다 살맛 난다
기쁘다 만족스럽다
황홀하다 기분 좋다
근사하다 행복하다
흥분된다 유쾌하다

화, 미움

불쾌하다 신경질 난다
억울하다 불만이다
짜증난다 싫다
약 오른다 미치겠다
싫증난다 숨막힌다
괘씸하다 성질난다
무시당한 것 같다
귀찮다 지겹다

슬픔, 안타까움

우울하다 슬프다
울고 싶다 외롭다
불행하다 처량하다
서운하다 가슴 아프다
불쌍하다 허탈하다
고통스럽다 절망적이다
안타깝다

사랑스러움, 정

사랑스럽다 반했다
귀엽다 존경스럽다
감사하다 다정하다
매력을 느낀다
도와주고 싶다
달콤하다 감미롭다
친숙하다 따뜻하다
친근감을 느낀다

욕심, 욕구

욕심이 생긴다
부럽다 찝찝하다
질투 난다 약 오른다
후회스럽다 긴장된다
호기심을 느낀다
배 아프다 갖고 싶다
조급함을 느낀다
고집부리고 싶다

놀라움

놀랍다 당황스럽다
황당하다 충격적이다
정신이 번쩍 든다
골치 아프다
화끈거린다
몸 둘 바를 모르겠다
머리를 한 대 맞은 것 같다

의아스러움

의심스럽다 의아하다
혼란스럽다
이해할 수 없다
불확실하다 피곤하다
고민하다 곤란하다
괴로워하다 조심스럽다
불안정하다

두려움

걱정스럽다 무섭다
두렵다 공포감을 느낀다
몸이 떨린다
초조하다
벼랑에 선 느낌이다
큰일 날 것 같다
간이 콩알만 해졌다

그 밖에

그립다 감사하다
쓸쓸하다 부담스럽다
부끄럽다 창피하다
왕따가 된 것 같다
미안하다 쑥스럽다
뿌듯하다 희망적이다
담담하다 감동적이다
바보가 된 것 같다

10차시 행복한 성장, 함께라서 즐거워

활동지도안	
목 표	• 그동안 배운 내용의 전 과정을 통합한다. • 지금까지의 경험이 자신의 친구관계에 얼마나 영향을 미쳤는지 평가한다. • 칭찬과 격려를 통해 헤어짐의 아쉬움과 앞으로의 다짐을 나눈다.
준비물	활동지, 이름표, 워크북, 필기구, 전지, 사인펜, 색연필, 가위, 풀, 활동사진
단 계	진행절차
들어가기 (3분)	① 이번 시간의 내용을 소개한다. "드디어 오늘이 프로그램의 마지막 시간입니다. 마지막이라는 점이 아쉽기도 하지만 그동안의 배움으로 여러분이 얼마나 성장하였는지 궁금하고 기대됩니다. 불안하기도 했지만 떨리고 기대로 가득한 첫날이 있었다면 오늘은 홀가분하고 뜨겁고 끈끈한 마음으로 마무리를 지을까 합니다. 오늘 어떤 활동을 경험할지 기대되지 않나요? 기대된다면 힘찬 박수를 쳐 주세요."
우정을 나누기 위한 오늘의 미션 (7분)	① 우정을 나누기 위한 오늘의 미션을 수행한다. 활동지 10-① "여러분의 앞에는 과자가 놓여 있습니다. 벌써 간식을 먹을 시간이냐고요? 먹는 건 맞지만, 이 과자는 내 손으로 직접 먹는 것이 아니라 친구의 도움으로 먹을 수 있습니다. 그 친구가 마음에 드는 만큼 과자를 먹여 주면 됩니다. 누가 가장 많이 먹게 될지 궁금하네요. 자, 그럼 시작합니다."
장점 나무 만들기 (20분)	① 장점 나무를 만든다. 활동지 10-① "자, 여기를 보세요. 지금까지 여러분이 함께 떠들고 웃었던 시간이 여기에 담겨 있습니다. 이렇게 보니 기분이 묘하지 않나요? 사진을 감상하면서 그 친구에게 칭찬의 말을 적어 주세요. 그 친구가 프로그램에서 어떤 모습을 보여 주었는지 떠올리면서 특별히 기억에 남는 것을 적어 보세요. 그러면 그 친구의 기분이 뿌듯할 것 같아요." **Tip** • 집단원들이 직접 자신의 얼굴을 그려 나무 위 자신이 원하는 곳에 붙일 수도 있다.

	• 그림 그리기를 부담스럽게 느끼는 아이들도 있으므로 이때는 폴라로이드 사진기로 아이들의 환한 얼굴을 찍어 자신이 원하는 위치에 붙인다면 이 또한 즐거운 활동이 될 수 있을 것이다. • 집단상담자가 프로그램 진행(1~9차시까지) 틈틈이 집단원들의 활동 모습을 찍어 두고 미리 전시해 두면 지금까지의 활동을 떠올릴 수도 있고 새로운 기분을 느낄 수 있을 것이다.
프로그램을 마치며 (10분)	① 프로그램을 참여하면서 느낀 점을 나눈다. "10차시 동안 열심히 참석해 주셔서 감사합니다. 그동안 여러분이 어떤 것을 배웠는지, 느낀 점은 무엇인지, 혹시 배운 내용을 실천해 봤다면 어떤 점이 좋았는지 등을 적고, 친구들과 나누어 보도록 하겠습니다."
정리하기 (5분)	① 프로그램을 마무리한다. "평생 우리는 다른 사람들과 관계를 맺으며 살아갈 수밖에 없습니다. 프로그램이 끝나더라도, 지금까지 배운 내용을 기억해 두었다가 많은 사람과 원만한 관계를 이루면서 지낼 수 있도록 제가 늘 응원하겠습니다. 그러기 위해서는 여러분도 노력해야 한다는 점 잊지 말고 실천할 수 있길 바랍니다."
유의사항	• 장난스러운 분위기가 조성되지 않도록 한다. • 집단원이 긍정적이고 성숙된 자신의 모습을 발견하도록 돕는다.

활동지 10 - ①

이런 모습 칭찬받아 마땅해

우정을 나누기 위한 오늘의 미션

우리가 들으면 참 기분 좋은 말이 있지요. 바로 '사랑해요~'라는 말입니다. 아름다운 말로 마음을 표현하는 것은 참 행복한 일입니다.

- 참 좋은 말 -

사랑해요 이 한마디 참 좋은 말
우리 식구 자고 나면 주고받는 말

사랑해요 이 한마디 참 좋은 말
엄마 아빠 일터 갈 때 주고받는 말

이 말이 좋아서 온종일 신이 나지요
이 말이 좋아서 온종일 일 맛 나지요
이 말이 좋아서 온종일 가슴이 콩닥콩닥인데요

사랑해요 이 한마디 참 좋은 말
나는 나는 이 한마디가 정말 좋아요
사랑 사랑해요~~~

우정을 나누기 위한 오늘의 미션

① 자신의 손으로 간식을 먹지 못한다.
② 반드시 상대방의 입에 넣어 준다.
③ 그동안 친했던 친구일수록 조금 주고, 별로 친하게 지내지 않았던 친구일수록 많이 떼어 준다.
④ 간식을 주기 전에 그 친구에게 해 주고 싶은 칭찬이나 사과의 말, 긍정적인(좋은) 이야기를 해 준다.
⑤ 상대방이 해 준 이야기를 듣고 공감해 준다. (예: 고마워.)
⑥ 상대방의 입에 너무 많은 간식이 들어 있으면, 다른 친구부터 주고 강제로 먹이지 않는다.

장점 나무 만들기

나의 얼굴과 친구들의 얼굴을 나무에 붙여 보세요. 그리고 그 친구의 장점을 적어 주세요.

프로그램을 마치며…

부록

외톨이 성향 척도

친구들과의 관계에서 보이는 모습이 자신의 경우와 비슷하다고 생각되는 문항에 √ 표 하세요.

문항	전혀 그렇지 않다	그렇지 않다	보통이다	약간 그렇다
	1	2	3	4
1. 친구를 집으로 데리고 오지 않는다.	1	2	3	4
2. 친구 집에 놀러 가는 일이 없다.	1	2	3	4
3. 친구들과 전화를 주고받는 일이 없다.	1	2	3	4
4. 나는 다른 아이들과 잘 어울린다.	1	2	3	4
5. 같이 어울릴 친구가 없어 소풍이나 체육대회를 걱정한다.	1	2	3	4
6. 점심시간에 혼자서 점심을 먹는다.	1	2	3	4
7. 학교에서 혼자라는 느낌이 든다.	1	2	3	4
8. 우리 반 친구들이 나를 싫어하는 것 같다는 느낌이 든다.	1	2	3	4
9. 친구들과 함께 운동하기를 좋아한다.	1	2	3	4
10. 내가 부탁을 할 때마다 친구들이 이유 없이 거절한다.	1	2	3	4
11. 체육시간, 단체활동에 아무도 나와 함께하려 하지 않는다.	1	2	3	4
12. 학교에서 새로운 친구들을 사귀는 것은 쉬운 일이다.	1	2	3	4
13. 나는 친구가 많다.	1	2	3	4
14. 나는 다른 아이들과 잘 지내지 못한다.	1	2	3	4
15. 나는 우리 반에서 인기가 있다.	1	2	3	4
16. 나는 다른 아이들과 함께하는 일을 잘한다.	1	2	3	4

해석지침

하위요인	번호
소외·외로움	1, 2, 3, (4), 5, 6, 7
사회적 유능감	8, (9), 10, 11, (12), (13)
친구들과의 상호교류	14, (15), (16)
( ) 역채점 문항임	

출처: 이시형, 김은정, 김미영, 김진영, 이규미, 구자경(2001). 외톨이 청소년의 심리사회적 특성과 부적응. 서울: 삼성생명공익재단 사회정신건강연구소.

또래관계 기술 척도

다음은 나의 행동에 관한 문장들입니다. 다른 아이들과 함께 있을 때 다음의 행동들을
내가 얼마나 자주 보이는지 생각해 보고 자신과 가장 일치하는 번호에 √ 표시해 주시기 바랍니다.

문항	전혀 없었다	가끔 그렇다	자주 그렇다	항상 그렇다
	1	2	3	4
1. 농담이나 재미있는 이야기를 해서 아이들을 즐겁게 해 준다.	1	2	3	4
2. 준비물을 갖고 오지 않았을 때, 다른 아이에게 준비물을 빌려 달라고 부탁한다.	1	2	3	4
3. 다른 아이에게 빌린 물건을 아껴서 사용한다.	1	2	3	4
4. 내가 좋아하는 게임이나 놀이를 친구에게 함께 하자고 말한다.	1	2	3	4
5. 처음 만난 아이에게 내가 먼저 말을 건다.	1	2	3	4
6. 게임이나 놀이를 할 때 내 순서를 기다린다.	1	2	3	4
7. 조별 활동에서 다른 아이들과 함께 작업(예: 공부, 숙제, 과제 등)을 할 때, 내가 맡은 역할을 다한다.	1	2	3	4
8. 다른 아이의 물건을 사용할 때는 미리 물어보고 사용한다.	1	2	3	4
9. 마음에 드는 아이가 있으면 내가 먼저 "친구 하자."라고 말한다.	1	2	3	4
10. 나를 도와준 아이에게 고맙다고 말한다.	1	2	3	4
11. 내가 실수를 한 경우에는 실수를 했다고 인정한다.	1	2	3	4
12. 아이들이 재미있는 놀이를 하고 있으면 그 놀이에 끼워 달라고 말한다.	1	2	3	4
13. 여럿이 함께 해야 하는 과제나 숙제에서 자기가 맡은 일을 하지 않는 아이가 있다면, 그 아이에게 맡은 일을 하라고 이야기한다.	1	2	3	4
14. 친구와 함께 제안을 하거나 놀 때 게임이나 놀이의 규칙에 대한 친구의 의견을 받아들인다.	1	2	3	4
15. 여러 명이 모여 있을 때, 내가 먼저 말을 꺼내서 이야기를 시작한다.	1	2	3	4
16. 내가 다른 아이의 마음을 속상하게 한 경우에 미안하다고 말한다.	1	2	3	4
17. 아이들에게 칭찬을 받으면 '고맙다'고 말하는 식으로 기쁨을 표현한다.	1	2	3	4

18. 모르는 아이를 만나면 내가 먼저 나에 대한 소개를 한다.	1	2	3	4
19. 친구와 생각이나 의견이 다른 경우에 나의 생각이나 의견을 친구에게 이야기한다.	1	2	3	4
20. 친구의 도움이 필요하면 도와달라고 부탁한다.	1	2	3	4
21. 친구에게 숙제를 함께 하자고 말한다.	1	2	3	4
22. 화가 나 있거나 슬퍼하고 있는 친구의 마음을 위로해 주는 말이나 행동을 한다.	1	2	3	4
23. 다른 아이에게 내 물건을 빌려준다.	1	2	3	4
24. 아이들과 어울려서 운동이나 게임, 놀이를 할 때, 다른 아이에게도 함께 하자고 말한다.	1	2	3	4
25. 내가 게임에서 졌더라도 이긴 친구에게 게임을 잘한다고 말해 준다.	1	2	3	4
26. 친구에게 고민이나 걱정을 이야기하고 함께 의논한다.	1	2	3	4
27. 게임이나 운동, 놀이의 규칙을 지킨다.	1	2	3	4
28. 오랜만에 만난 아이에게 그동안에 어떻게 지냈는지 물어본다.	1	2	3	4
29. 같은 반 아이가 무엇인가를 잘한 경우에 그 아이에게 칭찬을 해 준다.	1	2	3	4
30. 다른 아이에게 이야기를 할 때 그 아이의 얼굴을 쳐다보면서 말한다.	1	2	3	4
31. 나의 생각이나 의견이 친구와 다른 경우에 서로 대화를 해서 해결한다.	1	2	3	4
32. 함께 점심을 먹자고 하는 아이가 있으면 그 아이와 함께 먹는다.	1	2	3	4
33. 같은 반 아이를 학교 밖에서 우연히 만나게 되면 웃어 주거나 손을 흔들거나 인사를 한다.	1	2	3	4
34. 친구가 다른 아이들에게 오해를 받는 일이 생기면 그 친구의 편이 되어 준다.	1	2	3	4

해석지침	하위요인	번호
	주도성	1, 2, 4, 5, 9, 12, 13, 15, 18, 19, 20, 21, 22, 24, 26, 29, 30, 32, 33
	협동/공감	3, 6, 7, 8, 10, 11, 14, 16, 17, 23, 25, 27, 28, 31, 34

제3장

자살위기 청소년의 자살예방을 위한 집단상담 프로그램

나는 나의 Life Keeper

1 프로그램의 필요성

현승이는 중학교 1학년 남학생이자 집에서는 하나뿐인 외동아들이다. 남부럽지 않을 만큼 화목했던 가족이었지만 1년 전 아빠의 사업실패로 5억이라는 빚더미에 앉게 되면서 세 가족이 살던 집에서 쫓겨나 지금 엄마와 작은 단칸방에서 살고 있다. 아빠는 다른 지방에 일자리를 찾으러 가셨고, 엄마는 낮에는 가사도우미, 밤에는 식당일을 하며 거의 얼굴을 볼 수 없는 상황이다. 그나마 엄마를 볼 수 있는 시간은 현승이가 등교하는 시간. 이 시간마저도 엄마는 부족한 잠으로 주무시고 계시고 현승이는 엄마가 차려 주시는 밥을 먹지 못한 지도 1년이 다 되어 간다. 아빠가 다른 지방으로 떠나시기 전까지 약 한 달 동안 엄마와 아빠는 크게 다투었고 이혼 이야기까지 나왔지만 빚 독촉하는 사람들에게 쫓겨 아빠가 급히 떠나는 바람에 그나마 부모님의 이혼은 잠시 미뤄진 듯 보인다. 현승이는 집안 경제가 어려워진 것보다 부모님의 이혼이 더 큰 걱정이다. 현승이는 매우 활발하거나 적극적인 성격은 아니었지만 친구들과도 원만하게 잘 어울리고 친구들 사이에서 꽤 성실하고 분위기도 잘 맞추는 친구로 통했는데, 어느 날부터인가 현승이는 모든 것이 무기력하고 귀찮아지기 시작했다. 아침에 일어나는 것이 싫고, 가족을 힘들게 한 장본인이 아빠인 것 같아 아빠가 밉고, 고생하는 엄마가 안쓰러우면서도 지쳐 있는 엄마를 보는 것이 짜증나고, 친구들은 아무 걱정 없이 깔깔대고 웃으며 잘 놀고 학교생활도 잘하는 것 같은데 그럴수록 자신의 삶과 동떨어지는 것 같아 더 비교가 되고, 친구들이 자기 가족의 상황을 알게 되어 비웃거나 업신여길까 봐 괜히 주눅이 들기도 한다. 이런 까닭에 하루에도 여러 번 죽고 싶다는 생각이 들고, 어떤 방법으로 죽으면 가장 확실하게 죽을 수 있을지에 대해 고민도 해 본다. 며칠 전에는 처음 가 보는 고층아파트의 어느 라인을 들어가 꼭대기층까지 올라가서 땅을 내려다본 적이 있다. 순간 머릿속이 멍해지다가 갑자기 내가 왜 이 지경까지 되었나 싶어 정신이 번쩍 차려지기도 했고, 순간 부모님의 모습이 떠오르면서 울컥 눈물이 나기도 했다. 현승이가 진정으로 원하는 것은 자살하는 것이 아니기 때문이다. 하지만 이런 시도를 여러 번 하다가 자신도 모르게 죽음의 길로 가게 되는 건 아닌지 겁이 나기도 했다. 이러한 현승이의 상황을 부모님, 친구, 선생님 아무도 모르고 있다.

위 사례는 자살위기 청소년들이 겪는 대표적인 스트레스 상황의 한 예다. 사례에 등장하는 현승이는 가정경제의 어려움으로 가족 구성원이 해체될 위기 속에서 부모님의 보살핌을 받지 못하고 위축된 자신감으로 또래관계와 학업에서도 적극적으로 대처하지 못하는 모습을 보이고 있다. 이러한 불안감, 소외감, 좌절감 등의 정서는 무기력함과 우울감을 동반하면서 심지어 자살충동을 느끼게 하여 실제 자살을 준비하는 위험한 모습까지 보이고 있다. 이처럼 자살위기에 놓여 있지만 혼자 힘들어하고 도움을 요청하지 못하는 청소년, 즉 어느 순간에 자살을 감행하여 우리 곁을 영원히 떠나게 될지도 모를 청소년들이 우리 주변에는 있을 것이다.

많은 십대들이 자살로 죽음을 맞이하고 있을 뿐만 아니라, 여러 가지 이유로 말할 수 없는 고통과 불행, 그리고 좌절감 속에서 자살을 시도하는 청소년들이 어딘가에서 살아가고 있다. 자살위기 청소년들은 대부분 정서적 부적응, 부모 간의 갈등, 부모와의 소통단절 및 학대, 경제적 빈곤, 또래관계의 어려움, 교사와의 갈등, 육체적 질병 등의 어려움을 겪고 있다. 이러한 문제는 청소년의 가장 가까이 있는 교사나 부모 또는 또래 친구들의 지속적인 관심, 그리고 상담과 같은 조력을 통해 극복해 나갈 수 있는 문제들이다. 특히 자살동기를 알 수 없는 자살청소년이 전체 24%나 차지[1)]하고 있어 주변 사람들조차 알아차릴 수 없을 모습으로 혼자서 외롭게 고통에 시달리다가 사망에 이르는 경우가 많다는 것을 보면서 그 어느 때보다 깊은 애정과 지속적인 돌봄이 절실함을 깨닫게 된다. 그리고 청소년들이 자살에 대한 생각을 결정짓는 요인에는 외로움, 자존감 저하, 스트레스, 공격성, 자살에 대한 긍정적 태도 등[2)]으로 나타나 자살위기 청소년을 위한 자살예방 노력이 필요하다는 것을 알 수 있다.

청소년기는 학업성취, 부모로부터의 심리적 독립, 자아정체감 및 가치관 형성, 진로 탐색 등의 발달과업을 수행해야 하는 중요한 시기로 스트레스 수준이 높을 뿐만 아니라 정신적 불균형과 취약성이 높아서 쉽게 우울, 불안, 좌절 및 충동적인 반응이 나타나는 시기다. 특히 14~15세를 전후한 시기에 청소년의 자살은 급증하는데, 이것은 신체적 · 정서적 · 심리적으로 큰 폭의 변화를 경험하고 심리적으로 매우 불안정하고 부적응적인 행동을 보일 가능성이 높은 청소년기의 발달적 특징이 이 시기의 스트레스가 되는 사건과 맞물리면서 일시적인 판단미숙과 충동성에 의해서 발생한다. 즉, 청소년 자살은 사전계획 없이 충동적으로 이루어지며, 예측하기가 어렵고, 그 원인이 자신의 고통 표현인 경우가 많으며, 모방자살 등의 외적인 영향을 많이 받는다는 점에서 다른

1) 중앙자살예방센터(2015). 2015 자살예방백서. 보건복지부.
2) 청소년보호위원회(2004). 청소년자살의 원인과 실태. 청소년보호위원회.

연령층과 차이가 있어 특히 사회적 개입이 요구되는 문제다.[3)]

그동안 일반 청소년을 대상으로 하는 자살예방 및 생명존중 프로그램은 다수 개발되어 왔으나 자살위기 청소년만을 위한 프로그램은 전무한 실정이다. 더군다나 기존의 청소년 자살예방 프로그램은 전교생이나 한 학년 전체를 대상으로 특강을 실시하거나 방송강의를 진행하는 수준의 일회성 교육행사로 그치는 경우가 많았으며, 내용 면에서도 생명존중을 강조하는 강의 중심의 프로그램으로 진행되는 경향이 컸다. 하지만 이러한 기존 활동은 청소년들에게 자살 생각을 고쳐먹거나 대처 능력을 향상시켜 주기에는 미흡하였다.[4)] 학교현장에는 지금도 아무도 모르는 곳에서 손목을 긋거나 높은 곳에서 뛰어내릴 준비가 된 자살위기 청소년이 많이 있으며, 이들은 일반 청소년과는 다른 도움이 필요하다.

삶의 어떤 순간에 죽고 싶을 만큼 힘들 수 있다. 죽고 싶다는 것은 현재 삶의 모습을 좋아하지 않는다는 의미다. 즉, 자살에 대해 생각한다는 것은 이미 불행한 삶의 방식을 변화시키기 위해 뭔가 준비되어 있다는 표시이기도 하다. 그러나 일단 죽으면 다시는 기회가 오지 않는다. 살아 있는 동안에는 언제든 변화시킬 수 있는 기회가 있지만 죽으면 아무것도 바꿀 수 없다. 청소년이 직면하고 있는 스트레스와 우울증, 그리고 자살위기를 극복하도록 버팀목이 되어 주어야 한다. 따라서 본 프로그램은 자살위기 청소년의 특성을 이해하여 자살을 유발하는 위험요인은 감소시키고 자살을 예방하는 보호요인은 증가시킴으로써 청소년 자살을 예방하기 위해 개발되었다.

2 이론적 배경

1) 자살위기 청소년의 특성

(1) 거절과 실패의 경험

자살위기 청소년들은 부모나 가까운 주변 사람들로부터 심리적인 거절, 학대, 폭력

---

3) 배주미(2009). 자살위기청소년 상담개입프로그램 개발. 한국청소년상담원.

4) 한국청소년상담원(2008). 청소년자살 예방프로그램 및 개입방안 개발. 청소년상담연구, 141.

등을 겪었거나 외모 고민, 이성친구와의 이별, 성적 저하, 왕따, 입시실패 등 대부분 명백한 스트레스 경험을 갖고 있다. 이러한 거절과 실패의 경험은 자살충동과 자살시도의 원인으로 작용하고 우울증, 성격장애, 품행장애, 충동성 등 정신건강상의 문제와 정서적인 불안정을 유발하기도 한다.

(2) 충동성으로 인한 비계획적인 자살시도

성인의 경우에는 심각한 우울감, 절망감, 무기력감 등의 상황에 대해 신중한 평가를 내리고 견디어 보려는 노력을 하는 데 비해 자살위기 청소년은 충동성이 커서 자살계획이 이루어지지 않은 상태에서도 충동적으로 자살을 감행하는 행동을 보이기도 한다. 스트레스가 심하고 어려운 문제에 직면했을 때 문제해결을 위해 진지하게 고민하거나 해결방법을 찾기보다는 죽음으로 도피하려는 인지적인 미숙을 보이기도 한다. 이처럼 자살행위 자체가 자기파괴적인 행동으로서 사전계획 없이 충동적으로 이루어지는 경우가 많아 예측하기가 어렵다.[5] 따라서 자살위기 청소년의 자살시도에 대한 세심한 주의와 적극적인 대처가 필요하다.

(3) 동반자살 및 모방자살의 영향

청소년 시기는 심리적 독립을 이루어 나가는 시기이기도 하지만 여전히 주변의 영향에 의존하는 경향이 강하다. 따라서 청소년기 특성상 다른 연령층에 비해 자신의 내적 자살동기보다 외적요인의 영향을 받아 모방자살이나 동반자살을 감행하는 경우가 많다.[6] 특히 자살위기 청소년은 유명인이나 주변 사람들의 자살을 모방하거나 미화하려는 경향을 보임으로써 주변의 동반자살이나 모방자살에 더 민감하게 영향을 많이 받는다.

---

5) 신민섭(1993). 청소년기의 성정체감 혼란과 부적응행동. 대학생활연구, 11, 77.

6) 오승근(2006). 청소년의 자살태도, 자살위험성 및 생명존중교육 참여 요구와의 관계. 고려대학교 대학원 박사학위논문.

(4) 도움을 요청하는 의미로서 자살시도

대부분의 자살시도자가 자신의 심리적 고통을 극단적인 방법으로 표현하고 도움을 요청하는 방법으로 자살시도를 선택하는 경우가 많은 것과 같이 자살위기 청소년 또한 자살하고 싶은 마음과 동시에 자살로부터 도움받고 싶은 양가감정을 함께 지니고 있다.[7] 즉, 자살위기 청소년은 자신의 고통을 타인에게 직접적으로 알리고 도움을 요청하기보다는 누군가의 도움을 기다리고 있거나 앞으로 자살시도를 통해 극단적이고도 매우 위험한 방법으로 도움을 요청할 가능성이 높다.

〈글상자 3-1〉 자살위기의 신호

- 과거에 자살을 시도해 본 적이 있거나 자살할 생각이 있다고 자주 말한다.
- 술이나 담배 등의 약물을 남용하는 등 건강에 유해한 행동을 한다.
- 거의 매일 우울한 기분을 느끼고, 흥미나 즐거움이 감소하며, 피로하거나 힘이 없다.
- 거의 매일 사고력과 집중력이 감소하고 우유부단하다.
- 거의 매일같이 불면증이나 수면과다증을 보인다.
- 갑자기 기분이 가라앉거나 갑자기 흥분되는 등 감정조절에 어려움을 보인다.
- 갑자기 식욕이 변화하고 이에 수반하여 체중이 변화한다.
- 죽음이나 자살에 대해 반복적으로 생각하거나, 자살을 시도하거나, 자살에 대한 구체적인 계획을 가지고 있다.
- 자신감이 감소하고 거의 매일같이 무가치하다는 느낌 또는 과도한 죄책감이 든다.
- 어떤 방법으로도 자신의 고통을 변화시킬 수 없다는 부정적인 생각에 빠진다.
- 가족 구성원에게서 이해받고 있다고 느끼지 못하고 가족 갈등을 겪고 있다.
- 친구들과 원만한 대인관계를 형성하지 못하고 고립되어 혼자만의 고민에 빠져든다.
- 학업에 대한 압력과 실패에 대한 두려움이 많다.
- 자신의 죽음이 가족이나 주변 사람들에게 미칠 영향에 대해 관심을 보인다.
- 최근 가까운 사람의 죽음이나 건강의 상실 등 삶에서 어려운 일을 당했다.
- 평소 소중히 여기던 물건을 아낌없이 주변 사람들에게 나누어 준다.
- 오랫동안 보지 않았던 사람들을 만나려고 한다.

7) 하상훈(2000). 청소년의 자살충동과 심리사회적 변인과의 관계. 인하대학교 대학원 박사학위논문.

2) 청소년 자살의 위험요인

(1) 개인적 요인

청소년의 자살문제와 관련된 위험요인 중 개인적 요인으로는 우울, 충동성, 무망감 등의 개인적 특성과 더불어 자살시도 경험, 약물사용 경험 등과 같은 개인적 경험이 포함된다.

이 중에서 우울은 자살과 관련된 대표적인 개인적 요인으로 우울 등의 기분장애를 겪는 청소년이 그렇지 않은 청소년보다 자살률이 훨씬 높다고 알려져 있다. 자살에 이른 청소년들은 불면증이나 수면과다 등의 문제를 갖고 있으며 이는 우울증을 반영해주는 것이기도 하다. 충동성은 자살을 시도하는 청소년에게서 자주 발견되는 대표적인 개인적 요인으로서 적개심, 공격성, 좌절, 분노감 등이 청소년의 충동성을 높이고 충동성이 높은 청소년은 자살시도를 반복할 가능성이 높다고 알려져 있다. 또한 음주, 약물남용, 흡연, 성행위, 아침식사를 거르는 것 등 불건강한 생활습관은 자살행동과의 연관성을 보인다. 인지적으로 미성숙하고 정서적으로 취약성이 높은 시기에 놓여 있는 청소년은 일시적으로 주어지는 스트레스나 심리적 고통으로부터 즉각적으로 벗어나기 위한 수단으로 충동적으로 자살시도를 할 위험이 많다. 특히 청소년이 보이는 자살행위에는 특정한 정신병리와 같은 장기적인 위험요인보다는 갑작스러운 상실경험이나 실패 및 단절과 같은 단기적인 위험요인 및 심리사회적인 스트레스와 충동성이 위험요인으로 개입되어 있을 가능성이 많다. 마지막으로 무망감은 자기 자신, 세상, 미래에 대해 부정적인 관점을 보이는 경향으로 자살위기 청소년은 자살을 통해 부정적인 자기를 파괴하여 고통으로부터 벗어나고 싶다는 소망을 갖는다. 이것은 일종의 인지적 해체상태이자 부적응적인 인지도식에 함몰된 상태다.

이러한 개인적 특성은 부정적인 감정을 경험하게 하고, 이러한 부정적인 감정을 감소시키기 위해 자살충동이나 자살시도를 반복하는 자해행동 패턴이 자리 잡을 수 있다. 과거의 자살시도 경험은 이후 자살가능성에 대한 매우 높은 예측력을 지닌 요인으로 한 번의 자살시도는 어렵지만 두 번, 세 번, 그 이상의 자살시도는 쉽게 이루어진다. 그리고 음주나 담배 등의 약물문제 또한 자살문제와 관련성이 높다. 약물을 사용하게 되면 감정조절이 어려워져 부정적인 감정을 극복해 낼 능력이 감소하고 이성적 판단이 결여되어 자살에 이르게 될 가능성이 높다. 자살위기 청소년의 경우 음주가 자살시도를 감행하는 데 중요한 역할을 한다.

(2) 환경적 요인

청소년의 자살문제와 관련된 위험요인 중 환경적 요인은 가족, 학교, 또래, 사회환경의 측면에서 살펴볼 수 있다.

가족의 구조적인 변화, 가족 간의 역기능적 의사소통, 부모와의 갈등, 가족 내에서의 소외감 등이 청소년 자살의 위험을 높인다. 자살시도를 고려하는 청소년일수록 그렇지 않은 청소년보다 부모의 지지가 낮고 부부갈등 및 부모-자녀 간의 갈등이 심하며 가정학대가 빈번히 발견된다. 이 밖에도 가정의 낮은 경제수준과 이로 인한 스트레스와 걱정이 청소년의 자살위기에 영향을 줄 수 있다. 한편 학교에서도 또래친구들과의 관계형성이 원만하지 않아 외톨이나 왕따의 경험을 갖는다. 특히 최근 들어 또래 간의 따돌림 문제가 심각해지면서 청소년의 스트레스가 가중될 위험요인이 증가하고 있다. 그러나 학교생활에서 교사와의 지지적인 관계를 경험한 청소년은 자살행동의 위험이 낮다. 그 밖에 대중매체, 인터넷, 유해환경으로 인해 충동적인 자살, 모방자살, 집단자살의 위험이 높아진다. 특히 교육열이 과잉되어 있는 우리 사회에서는 청소년에게 더 많은 것을 성취하도록 요구하고 있고 이것이 청소년에게 큰 스트레스로 작용하여 청소년의 자살위험이 우려된다.

3) 청소년 자살의 보호요인

(1) 개인적 요인

청소년의 자살위기에 영향을 미치는 요인을 감소시켜 주는 개인적 보호요인은 높은 자아존중감, 긍정적인 문제해결능력, 원만한 대인관계 기술을 들 수 있다. 자아존중감은 자신의 긍정적 혹은 부정적 평가와 관련한 것으로 자기 자신을 존중하고 자신을 가치 있는 사람으로 생각하는 것을 의미한다. 이러한 자존감은 스트레스 상황에서 자신에 대한 확신을 발휘하여 절망감과 자살충동을 감소시키는 것으로 예측되고 있다. 반면에 자존감이 낮은 청소년은 문제 상황에 역기능적으로 대처하고 자기학대와 무가치감을 경험하여 자살행동을 유발할 수 있다. 그리고 긍정적인 문제해결능력은 스트레스 상황에 대처하는 적극적인 대처기술로 작용하는데, 정서중심의 대처기술보다는 믿을 만한 다른 사람에게 자신의 문제에 대해 표현하고 합리적인 해결방법을 모색하는 문제

중심 대처기술을 갖고 있다. 마지막으로 원만한 대인관계 기술을 가지고 있어 효과적으로 자신의 감정을 표현하고 타인과의 의사소통을 활발하게 하는 청소년일수록 자살위기가 적은 것으로 알려져 있다.

(2) 환경적 요인

청소년의 자살위기를 보호하는 환경적 요인으로 가족, 학교, 사회환경을 들 수 있다. 어머니 및 아버지와 자녀관계는 자살시도와 밀접한 관계가 있는데, 부모와의 긍정적인 관계는 자살행동을 예방하고 자살충동을 낮추는 기능을 하며 부모와의 좋은 관계가 위기상황에서 도움을 요청하는 능력과 관계가 있는 것으로 조사되고 있다. 한편, 친구와 교사의 지지는 학교생활 적응에 중요한 영향을 미치는 요인으로 스트레스에 대해 완충역할을 함으로써 청소년의 자살위기를 감소시키는 것으로 알려져 있다. 마지막으로 사회환경 측면에서 지역사회의 우호적인 분위기, 사회구성원의 높은 연대의식, 자살예방정책 및 자살수단 제한 정책 등이 청소년의 자살위기를 줄이는 보호요인이 된다. 그리고 생명의 존엄성을 강조하는 사회분위기와 자살예방교육 및 정신건강교육이 청소년의 자살위기를 예방하는 보호요인으로 작용한다.

청소년의 자살위기와 관련된 위험요인 및 보호요인에 관한 선행연구결과를 요약해보면, 다음 〈표 3-1〉과 같이 정리될 수 있다.[8]

〈표 3-1〉 청소년의 자살위기와 관련된 위험요인과 보호요인

영역	위험요인	보호요인	프로그램의 구성요인
개인	• 우울, 무망감, 소외감 • 충동성, 공격성 • 정서조절의 어려움 • 인지적 와해 • 비합리적 사고 • 대인관계 기술 부족 • 수면곤란	• 자아존중감 • 긍정적 문제해결능력 • 스트레스 대처능력	• 심한 우울증의 경우 정신과적 치료 • 충동성 등의 정서조절, 스트레스 대처능력 강화 • 자기수용 및 자아존중감 향상 • 문제해결능력 강화

8) 배주미(2009). 자살위기청소년 상담개입프로그램 개발. 한국청소년상담원.

	• 흡연, 음주, 약물과다 • 부적절한 성행위 • 불건강한 식습관		• 건강한 생활습관 증진
부모 및 가족	• 가정학대 경험 • 가족 구성원의 상실 • 가족의 구조적 변화 • 역기능적 의사소통 • 부적절한 부모의 관심 • 가정 내 경제적 곤란	• 부모와의 애착관계 • 부모의 지지 • 부모와의 의사소통	• 가정학대, 가족 구성원 상실 등에 대한 치유기회 제공 • 부모-자녀 의사소통 증진 • 부모의 지지강화 • 경제적 곤란으로 인한 스트레스 지원
또래 및 학교	• 학교폭력, 따돌림 경험 • 교사와의 갈등관계	• 교사의 지지 • 또래의 지지 • 상담교사의 지지	• 학교폭력 문제 지원 • 교사의 지지 증진 • 또래의 지지 증진

3 프로그램의 구성

1) 개입 원리

자살은 여러 위험요인과 보호요인 간의 복잡한 상호작용의 결과다. 그러므로 자살위기 청소년을 위한 자살예방 프로그램의 틀은 위험요인과 보호요인을 총체적으로 고려하여 구안되어야 할 것이다. 지금까지 제안된 자살예방 모델 중 가장 포괄적이라고 평가받는 것이 미국의학연구소(Institute of Medicine)의 중재 스펙트럼이다.[9] 이 스펙트럼에 의하면 혹독하고 통제 불가능한 스트레스, 삶의 급격한 변화 등의 위험요인이 사람들을 취약하게 만들고 결국 자살위기 가능성을 높이지만, 사회적 지지망, 자아효능감, 대인관계 기술, 사회적 유능감 등의 보호요인은 사람들을 강하게 하고 내적인 힘을 길러 주어 유연성을 갖도록 할 가능성이 높다고 한다. 이에 김동일[10]은 청소년을 위한 자살예방 프로그램의 개발에 다음과 같은 전략을 제안한 바 있다. 첫째, 자살에 대한 위

9) 김동일(2005). 청소년의 자살: 예방개입과 상담. 한국청소년상담원 청소년상담문제연구보고서 53.
10) 김동일(2005). 청소년의 자살: 예방개입과 상담. 한국청소년상담원 청소년상담문제연구보고서 53.

험요인을 줄이고 보호요인을 증가시키도록 한다. 둘째, 직간접적으로 위험요인이 유발할 수 있는 개인적 수준에서의 취약성 발생률을 낮추고 개인의 유능감과 강점을 강화한다. 셋째, 심각한 장애를 발병시키는 취약성이나 도전적 상황에서 유연성을 만들어 내는 것과 관련이 있는 위험요인과 보호요인의 상황 수준을 바꾼다. 즉, 청소년의 자살예방은 발달과업을 이루어 가는 과정에서 위험요인, 강점, 취약성, 자원의 상호작용적인 영향을 수정하는 데 목적을 둔 체계적인 활동을 포함하는 데에서 시작된다.

자살위기 청소년의 위험요인이자 보호요인 중에서 '부모 및 가족'과 '또래 및 학교영역'은 이들의 자살예방에 직간접적으로 영향을 미치는 중요한 요인임에는 분명하나 본 프로그램에서는 자살위기 청소년을 대상으로 선정하고 있는 바, 부모 및 가족, 또래 및 학교에서의 활동을 다루지 않는다. 즉, 본 프로그램에서는 자살위기 청소년의 '개인영역'에서 발생하는 위험요인은 경감시키고 보호요인은 증가시키는 활동에 초점을 맞추고 있다. 앞서 〈표 3-1〉에서 보는 바와 같이 '개인영역'에서의 위험요인은 '자아존중감, 긍정적 문제해결능력, 대인관계 기술'이라는 보호요인에 의해 감소될 수 있다. 이에 본 프로그램에서는 [그림 3-1]과 같은 개입모형에 따라 자살위기 청소년의 '자아존중감 향상, 긍정적 문제해결능력 향상, 대인관계 기술 향상'을 도와 이들의 자살을 예방하고자 한다.

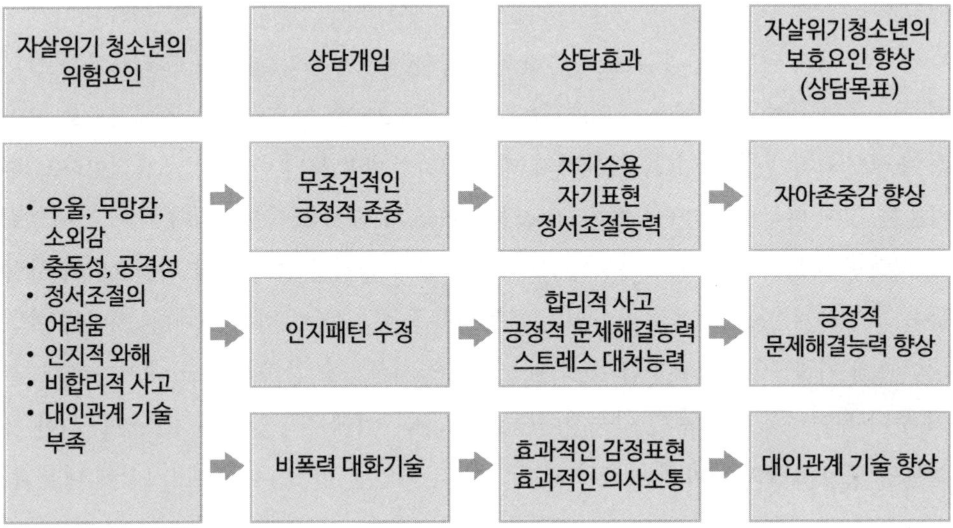

| 그림 3-1 | 자살위기 청소년의 자살예방을 위한 개입모형

(1) 무조건적인 긍정적 존중과 공감적 이해를 통한 자아존중감 향상

자아존중감은 자신에 대한 긍정적 혹은 부정적 평가와 관련된 것으로 자기존중의 정도와 자신을 가치 있는 사람으로 인식하는 정도를 말한다. 청소년기는 자아에 대한 인식과 평가가 다른 발달단계보다 활발하게 형성되므로 자아존중감 형성에 있어 중요한 시점이라 할 수 있다. 이 시기의 자아존중감은 본인뿐만 아니라 부모, 친구 및 교사의 지지와 수용, 평가에 의해 크게 영향을 받기도 한다. 청소년기에 자아존중감이 잘 형성되면 자신감, 용기, 성취동기가 높아지고 인생의 다양한 변화에도 적절하게 대처해 나갈 수 있다.

그러나 자살위기 청소년은 낮은 자아존중감을 갖고 있어 위기에 취약하며 자신감이 낮아지고 소극적이며 대인관계가 좋지 않아 열등감이 심해지고, 자기 노력의 결과에 대해 부정적으로 기대하거나 자신의 미래 모습에 대해 부정적으로 생각하는 경향이 있다.[11] 그리고 우울감, 무망감, 소외감, 충동성, 공격성 등과 같은 부정적인 정서를 지니면서 왜곡된 자아상을 갖게 되고 심리적 부적응 문제를 일으킬 수도 있으며 급기야 자신에 대한 부정적인 거부행동이자 자기학대로서 자살에 이를 수 있는 것으로 알려져 있다.

Carl Rogers가 인간중심상담이론에서 강조하였듯이 내담자의 가치관, 생각, 감정 등을 평가하지 않고 있는 그대로 수용하며, 내담자가 표현하는 감정과 생각을 정확히 이해하고 이를 공감함으로써 충분히 수용되고 존중받는 경험을 해 보는 것은 내담자를 긍정적으로 변화시키는 가장 강력한 힘이 된다. 따라서 본 프로그램에서는 집단원들이 자기를 있는 그대로 수용하고 표현해 봄으로써 서서히 자신의 정서를 조절하게 되고, 나아가 이러한 경험이 자신을 긍정적인 방향으로 변화시키고 서서히 자아존중감을 향상시킴으로써 자살을 예방하는 데 도움이 될 것으로 본다.

(2) 인지패턴 수정을 통한 긍정적 문제해결능력 향상

자살위기 청소년의 자살위험성에 영향을 미치는 스트레스는 개인적 스트레스, 가정

---

11) 정은실(2011). 자살예방프로그램이 중학생의 자살생각, 자아존중감 및 스트레스 대처방식에 미치는 효과. 경성대학교 대학원 석사학위논문.

에서의 스트레스, 학교에서의 스트레스 등 어느 한 곳에만 집중되는 것이 아니라 일상 생활에서 다양하게 경험된다. 이러한 스트레스는 자살에 대한 생각이나 충동, 심지어 자살시도를 높이는 것으로 알려져 있다. 그러나 자살위기 청소년은 스트레스를 겪을 때 문제를 정확하게 이해하지 못하고, 더 감정적으로 반영하며, 지금 이 순간 문제 상황에서 벗어나는 것을 목적으로 소극적인 문제해결과정을 시작하며, 자신이 문제를 해결할 수 있다는 확신이 부족할 경우 극단적인 자살행동을 취하게 된다. 또한 자살위험이 높은 청소년은 인지적 와해와 비합리적 사고를 갖고 있는 특징으로 인해 또래관계에서나 가족관계에서 발생하는 문제들에 대하여 합리적으로 해결하는 능력이 낮은 것으로 알려져 있다.

청소년들이 스트레스 상황이나 당면한 과제에 잘 대처해 나가고 그러한 상황에서 충동적으로 극단적인 행동을 선택하기보다는 융통성 있게 다양한 문제해결 방법을 고안해 낼 수 있도록 돕는 활동이 요구된다. 어떤 상황의 좋은 측면을 함께 보려고 하고, 문제를 적극적으로 해결하는 행동을 취하며, 상황을 조절하기 위해 여러 대안을 세우고, 긴장을 줄이기 위해 노력하는 방법을 습득할 필요가 있다.

따라서 본 프로그램에서는 자살이 아닌 보다 합리적인 사고를 할 수 있게 하여 스트레스 상황에서 적절하게 대처하는 긍정적 문제해결능력을 체득하도록 함으로써 자살을 예방하고자 한다. 이때 자살을 향하고 있는 인지패턴을 수정하고자 Ellis의 인지정서행동치료(REBT)의 치료기법을 사용한다. 자살충동을 일으키는 선행사건과 이로 인해 일어나는 비합리적인 신념을 밝혀내고, 과연 그러한 사건들로 인하여 자살을 할 필요가 있는지, 자살만이 최선의 방법인지에 대해 논박하면서 합리적인 신념을 탐색함으로써 적절한 행동과 감정으로 변화시킬 수 있는 훈련을 시도한다.

(3) 비폭력 대화기술(CHANGE 대화법)을 통한 대인관계 기술 향상

부모, 친구, 교사의 지지는 생활의 적응을 도와주고 스트레스를 완충시키는 역할을 하여 청소년의 자살행동률을 낮추는 중요 요인으로 알려져 있다. 자살위기 청소년이 중요한 타인들과 의미 있는 대인관계를 형성하면서 사회적 지지, 친밀감, 긍정적인 사회적 영향, 파트너십을 자원으로 얻는다면 자살위험으로부터 벗어날 수 있게 된다. 따라서 자살위기 청소년의 대인관계 단절과 고립을 해결하고자 대인관계 기술을 향상시킬 필요가 있다. 이를 위해 먼저 대인 간 소통에 도움이 되는 모습과 도움이 되지 않는 모습을 확인하고, Rosenberg의 4단계(관찰, 느낌, 욕구 및 필요, 요청 및 부탁) 비폭력 대화(NVC: Non-Violent Communication) 기법을 훈련시킨다.

2) 프로그램의 목적과 목표

본 프로그램은 자살위기 청소년의 자살예방을 돕고자 한다. 이러한 목적을 위하여 다음과 같은 목표를 설정한다.

첫째, 우울, 무망감, 소외감, 충동성, 공격성 등 정서조절의 어려움을 가진 자살위기 청소년의 자아존중감을 향상시킴으로써 자살을 예방한다.

둘째, 인지적 와해와 비합리적 사고를 가진 자살위기 청소년의 긍정적 문제해결능력을 향상시킴으로써 자살을 예방한다.

셋째, 대인관계기술 부족으로 인해 사회적 지지망을 형성하는 데 어려움을 가진 자살위기 청소년의 대인관계기술 능력을 향상시킴으로써 자살을 예방한다.

3) 개입 전략

본 프로그램에서는 청소년의 자살위기를 예방하기 위하여 자살과 관련된 위험요인을 감소시키는 데 도움을 주는 보호요인을 강화시키는 것을 중점으로 하였다. 앞서 자살위기 청소년의 보호요인으로 '자아존중감, 긍정적인 문제해결능력, 대인관계 기술'을 언급하였던 바, 이러한 세 가지 요인을 향상시키는 것을 프로그램의 목표로 삼고 이에 따라 다음과 같은 개입 전략을 적용하고자 한다.

○ 제1단계: 자아존중감 향상(1~4차시)

본 프로그램에서는 자신의 특별함을 수용하고(2차시), 자신의 여러 가지 감정을 있는 그대로 표현하며(3차시), 자살충동 및 자살시도를 유발하였던 고통스러운 경험과 그에 따른 감정을 다시금 스스로 조절해 보는 활동(4차시)을 통해 자아존중감을 향상시키고자 한다.

제2단계: 긍정적 문제해결능력 향상(5~7차시)

본 프로그램에서는 자살충동 및 자살시도를 일으키는 비합리적인 사고를 찾아보고 이를 합리적인 사고로 변화시키는 활동(5차시), 자살과 관련된 고통 및 고민들을 긍정적이고 합리적으로 문제를 해결해 나가는 활동(6차시), 자살위험이 발생했을 때 증폭된 부정적인 감정을 감소시키고 보호요인을 발휘하여 스트레스에 대처하는 활동(7차시)을 포함한다.

제3단계: 대인관계 기술 향상(8~10차시)

본 프로그램에서는 자살위기 청소년이 사람들과 긍정적인 대인관계를 맺고 소통하는 효과적인 방법들을 탐색하고(8차시), 효과적으로 의사소통을 주고받도록 하는 대인관계 기술을 향상(9차시)시킴으로써 자살위험을 예방하고자 한다.

4 프로그램의 내용

1) 프로그램의 개요

프로그램의 차시별 목표와 구체적인 내용은 다음과 같다.

〈표 3-2〉 프로그램의 개요

구분	차시	주제	목표	활동 내용
도입	1	약속합니다	• 프로그램에 참여하면서 지켜야 할 규칙과 자신이 만든 약속을 스스로 지킨다. • 현재 자신의 느낌, 생각, 참여 동기 및 기대에 대해 나눈다.	• 약속합니다 -집단상담 규칙 안내하기 • 나는 말이야 -자기와의 약속 만들기 • 나를 소개해요 -현재 자신의 느낌, 생각, 참여 동기 및 기대 표현하기

자아 존중감	2	너의 특별함을 내게 보여 줘	• '손바닥 그리기'를 통하여 자신의 여러 가지 모습을 수용하고 자신이 얼마나 특별한 사람인지 느껴 본다.	• 너의 특별함을 내게 보여 줘 –좋아하는 것, 싫어하는 것, 관심 있어 하는 것, 잘하는 것, 매력포인트, 성격, 요즘 고민, 도전해 보고 싶은 것, 미운 사람, 사랑하는 사람, 내가 나에게 해 주고 싶은 말 등 10가지 주제를 10개의 손가락 그림에 쓰기
	3	진짜 나를 만나는 시간, Inside Out	• 평소에 느끼는 다양한 감정을 확인하고, 감정은 있는 그대로 존중받아야 할 것임을 안다.	• 진짜 나를 만나는 시간, Inside Out –5개의 감정친구 표현하기
	4	해 보자, 마인드컨트롤	• 최근에 가장 힘들었던 경험 또는 자살시도를 유발했던 경험을 떠올려 보고, 그때 느꼈던 스트레스의 강도에 따라 감정상태를 표현하며, 내면의 변화에 따라 스트레스가 감소되는 경험을 해 본다.	• 스트레스 빙고게임 • 해 보자, 마인드컨트롤
긍정적 문제 해결 능력	5	생각 사이렌	• 자살충동 및 자살시도가 일어나는 사례를 통해 비합리적인 사고를 발견하고, 이를 합리적인 사고로 전환시킴으로써 합리적 사고능력을 향상한다.	• 생각 사이렌 –현승이의 사례 –자살을 막는 합리적인 생각 찾기
	6	최고의 해결	• 익명으로 적은 각자의 고민에 대해 서로 공감, 응원, 격려, 칭찬하고 문제해결을 도와 긍정적 문제해결능력을 향상한다.	• 최고의 해결 –익명으로 고민쪽지를 쓰고 바구니에 담기 –고민쪽지를 뽑아 답장 작성하기 –고민에 대한 피드백 나누고 답장 읽기

	7	나의 베이스캠프	• 자살충동이 일어날 때 이로부터 자신의 생명을 지킬 수 있는 보호요인이 무엇이 있는지 탐색하고 스트레스에 대한 대처능력을 향상시킨다.	• 나의 베이스캠프 –자살위기를 막아 줄 자기만의 보호요인 찾기
대인 관계 기술	8	소통아, 열려라!	• 사람들 간의 소통을 막거나 열어 주는 모습들을 확인해 보고, 평소에 자신은 어떤 모습으로 대인관계를 맺고 있는지 인식한다.	• 소통아, 열려라! –사람들 간의 소통을 막거나 열어 주는 모습 확인하기 –평소 자신의 대인관계 방식을 인식하기
	9	배워 보자, 해피 톡!	• 자신과 타인을 공감적으로 연결해 주는 비폭력대화의 '관찰–느낌–욕구–요청' 단계에 따라 효과적으로 의사소통을 연습해 본다.	• 배워 보자, 해피 톡! –비폭력대화의 '관찰–느낌–욕구–요청' 단계에 따라 의사소통 연습하기
종결	10	이제부터 시작이야!	• 자살충동을 통제하는 데 도움이 되는 수호천사 열쇠고리를 만들고 집단원 서로를 응원하는 메시지를 전달하면서 전체 집단프로그램을 마무리한다.	• 나를 지켜 주는 수호천사 –수호천사 열쇠고리 만들기 –수호천사가 들려주는 메시지 나누기 • 사랑의 열매 맺기 –집단원끼리 칭찬·격려·용기의 메시지 나누기

2) 프로그램의 내용

1차시: 약속합니다

본 집단프로그램에 참여하면서 지켜야 할 규칙을 약속스케치북을 넘기며 안내하고 자기 자신과 지키고 싶은 약속을 정한다. 클레이로 현재 자신의 느낌, 생각, 참여 동기 및 기대 등을 표현하고 이에 대해 나눈다. 클레이 작품에 표현된 자신에게 주고 싶은 선물을 생각하여 클레이 작품의 이름으로 정하고 클레이 작품의 이름을 자신의 별칭으로 정한다.

2차시: 너의 특별함을 내게 보여 줘

'손바닥 그리기'를 하여 '좋아하는 것, 싫어하는 것, 관심 있어 하는 것, 잘하는 것, 매력포인트, 성격, 요즘 고민, 도전해 보고 싶은 것, 미운 사람, 사랑하는 사람, 내가 나에게 해 주고 싶은 말' 등 10가지 주제를 10개의 손가락 각각에 적어 본다. 이 과정을 통해 자신의 특별함을 발견하고, 그러한 자신의 모습을 수용한다.

3차시: 진짜 나를 만나는 시간, Inside Out

평소에 자신이 느끼는 여러 감정을 영화 〈Inside Out〉의 다섯 주인공(버럭이, 소심이, 기쁨이, 슬픔이, 까칠이)의 모습에 따라 찾아본다. 이러한 감정들이 있는 그대로 존중받아야 할 것임을 안다.

4차시: 해 보자, 마인드컨트롤

자살충동을 일으킨 큰 스트레스가 되는 것이 무엇인지 작성한 후 빙고게임을 실시한다. 그리고 최근에 가장 힘들었던 경험(또는 자살충동 및 자살시도를 유발했던 경험)을 떠올려 보고, 그때 느꼈던 스트레스의 강도를 가장 낮은 1부터 가장 높은 10까지 느껴 본다. 그때의 감정상태를 표현해 보고, 강도를 하나씩 감소시키는 데 도움이 되는 내면의 변화를 시도해 본다.

5차시: 생각 사이렌

현승이의 사례에서 자살을 유발하는 비합리적인 사고를 발견하고, 이를 합리적인 사고로 전환시킴으로써 합리적 사고능력을 향상한다.

6차시: 최고의 해결

각자 갖고 있는 고민을 익명으로 활동지에 적고 고민바구니에 담은 다음, 각자 돌아가면서 고민바구니 속의 고민쪽지를 집어 든다. 그리고 고민에 대한 공감, 응원, 격려,

칭찬, 문제해결방법을 적은 답장을 작성한다. 자신이 뽑은 고민쪽지를 읽고 참여자들이 함께 고민에 대한 피드백을 나눈 후, 작성한 답장을 읽어 준다. 익명으로 적은 각자의 고민에 대해 서로 공감, 응원, 격려, 칭찬하고 문제해결을 도와 긍정적 문제해결능력을 향상한다.

7차시: 나의 베이스캠프

자살충동이 일어날 때 비합리적인 사고를 합리적인 사고로 전환시켜 주고 증폭된 부정적인 감정을 감소시켜 줄 자기만의 보호요인이 무엇이 있는지 탐색하고 스트레스 대처능력을 향상시킨다.

8차시: 소통아, 열려라!

사람들 간의 소통을 막거나 열어 주는 모습들을 확인해 보고, 평소에 자신은 어떤 모습으로 대인관계를 맺고 있는지 인식한다.

9차시: 배워 보자, 해피 톡!

자신과 타인을 공감적으로 연결해 주는 비폭력대화의 '관찰-느낌-욕구-요청' 단계에 따라 효과적으로 의사소통을 연습해 본다.

10차시: 이제부터 시작이야!

자살충동이 발생하거나 심리적으로 힘들 때마다 자신을 지켜 줄 수호천사 열쇠고리를 만들어 본다. 수호천사의 이름과 수호천사가 자신에게 들려주는 메시지가 무엇인지 이야기를 나누고 집단원 서로를 응원하는 메시지를 전달하면서 전체 집단프로그램을 마무리한다.

3) 프로그램 운영 제안

프로그램 차시 운영과 관련된 제안은 사전 차시와 본 차시로 구분되며 운영방법은 다음과 같다.

(1) 사전 차시 운영 지침

프로그램의 효과를 확인하고자 할 경우, 이 장 끝의 부록에 수록된 자살위기 선별도구(청소년용 우울척도, 청소년용 자살생각척도)를 프로그램의 사전 · 사후 검사로 활용할 수 있다.

〈글상자 3-2〉 자살위기 청소년을 위한 진단 도구 사용 시 주의사항

- 자살을 유발하는 우울감 및 자살생각의 정도를 진단하기 위한 목적보다는 문항별로 응답한 경향을 확인하여 프로그램을 실시하기 전에 참여자들의 심리상태를 파악하는 목적으로 사용할 수 있다.

(2) 본 차시 운영 지침

첫째, 전체 10차시의 프로그램으로 진행되며 대개 1주일에 1차시씩 진행한다. 단, 자살충동 및 자살시도의 문제를 보이는 자신에 대한 이해, 표현, 수용을 통해 자아존중감 향상을 우선해야 하는 청소년의 경우 2, 3, 4차시를 진행할 수 있다. 자살위기에서 벗어나는 데 도움이 되는 긍정적 문제해결능력 향상이 필요할 경우에는 5, 6, 7차시를 선택하여 진행할 수 있다.

둘째, 프로그램에 참여하는 집단원의 과거 자살 관련 정보를 미리 확인하고, 최근에 자살징후를 보이고 있는지를 알아본다. 집단원이 극심한 자살충동을 느끼고 있거나 구체적인 자살계획을 갖고 있다면 신속히 자살위기에서 벗어날 수 있도록 관련기관의 협조를 요청한다.

셋째, '자살'이라는 말을 간접적이거나 은유적으로 하지 않고 직접 표현하도록 하고, 집단원의 자살위기에 대해 서둘러 충고 · 조언 · 설득하려고 하기보다는 집단원이 느끼는 자살위기의 이유를 진지하게 받아들이도록 한다. 집단원이 자살에 대해 솔직하고 진지하게 이야기할 수 있도록 집단상담자는 안정되고 비판단적인 자세를 갖는다.

넷째, 프로그램을 진행하는 동안에 자살에 대해 생각은 할 수 있으나 구체적인 자살시도를 행하지는 않는다는 서약서를 작성하고 만약 자살충동을 느낄 경우 교사, 부모, 집단상담자에게 도움을 구할 것임을 약속하도록 한다.

1차시 약속합니다

활동지도안	
목 표	• 프로그램에 참여하면서 지켜야 할 규칙과 자신이 만든 약속을 스스로 지킨다. • 현재 자신의 느낌, 생각, 참여 동기 및 기대에 대해 나눈다.
준비물	약속스케치북, 활동지, 필기구, 클레이
단 계	진행절차
들어가기 (5분)	☻ 첫인사 ① 처음 만나는 집단원과 집단상담자가 인사를 나누며 프로그램을 시작한다. "여러분, 안녕하세요. 이렇게 다 함께 모여 반갑습니다. 저는 열 번의 만남 동안 여러분과 함께 한 배를 타고 집단프로그램이라는 항해를 해 나갈 집단상담자 ○○○라고 합니다. 우리는 서로 다른 모습과 서로 다른 삶을 살고 있지만 한 가지 공통점을 가지고 이곳에 모였습니다. 때로는 사는 것이 힘들고 고민스러워 세상에서 사라지고 싶은 마음이 들기도 하였고, 그렇지만 삶을 놓지 않고 꿋꿋하게 이 시간을 살아가고 있지요. 앞으로 열 번의 만남 동안 서로 마음의 담장을 낮추고 자신을 보여 주고 서로를 다독이고 자기 삶의 소중함을 느껴 보는 시간을 갖도록 하겠습니다."
약속 합니다 (10분)	☻ 약속합니다 ① 본 집단프로그램에 참여하면서 지켜야 할 규칙을 약속스케치북을 넘기며 안내한다. 활동지 1-① "우리가 함께하는 항해가 표류하거나 침몰하지 않고 순항을 하기 위해서는 다 같이 지켜야 할 약속들이 있습니다. 자, 여기 약속스케치북을 함께 볼까요? 첫째, '쉿! 비밀이야.'는 무슨 뜻일까요? 맞아요. 우리가 앞으로 나누는 모든 이야기는 비밀로 꽁꽁 지키자는 말이에요. 이 시간 이 자리에서 나눈 이야기는 이 시간 이 자리에서만 나누는 것으로 해요. 비밀을 지키겠다는 약속이 있을 때에만 우리는 서로를 믿고 이 프로그램을 함께해 나갈 수 있어요. 둘째, '자, 들어 줄게.'는 무슨 뜻일까요? 서로의 이야기에 귀를 기울여 들어 주기로 해요. 혹시 내가 이야기를 하고 있는데 상대방이 딴청을 피우거나 말을 끊어 버린다면 어떨까요? 더 이상 깊이 있는 대화를 하기 힘들 거예요. 하지만 나를 바라보고 눈을 맞추며 나의 이야기를 들어 준다면 꺼내기 힘들었던 이야기도 용기를 내어 할 수 있고 상대방이 나를 이해해 준다는 믿음도 생기게 되지요. 앞으로 우리는 누군가 이야기를 할 때 그 사람의 이야기에 집중하고 눈을 맞추어 잘 들어 주기로 해요. 셋째, '나를 보여

	줄게.'는 무슨 의미일까요? 네, 맞아요. 자신에 대해 솔직하게, 그리고 표현할 수 있는 만큼 보여 주기로 해요. 어떠한 생각과 느낌에 대해서도 비난하거나 부정하지 않을 거예요. 있는 그대로 자신을 보여 줄 때 자신의 모습을 제대로 바라볼 수 있고 자신감이 생길 수 있어요. 자신의 어떤 모습도 망설이지 말고 표현해 주면 좋겠어요. 넷째, '모두의 성장을 기원해.' 이것은 무슨 의미일까요? 이 시간이 끝날 때까지 우리는 항상 서로의 성장을 도와주는 사람들이면 좋겠어요. 어떤 모습에 대해서도 비난하거나 비판하지 않아요. 숨어 있던 멋진 모습을 서로 찾아 주고 용기를 북돋아 주는 시간이 되기를 바랍니다. 자기 자신과 친구들 모두가 더 행복해지기를, 더 성장하기를 기원하는 마음을 잊지 말도록 해요."
나는 말이야 (5분)	☻ 나는 말이야 ① 자기 자신과 지키고 싶은 약속을 정하고 이야기 나눈다. 활동지 1-① "지금까지 설명한 4가지 규칙 이외에 여러분이 자기 자신과 꼭 지키고 싶은 약속이 있나요? 나 자신과 하고 싶은 약속입니다. 지금 나누어 드린 활동지를 볼까요? 방금 설명드린 4가지 규칙과 더불어 자기 자신과 지키고 싶은 약속을 채워 넣을 수 있는 빈칸이 있습니다. 한 가지를 정해서 적어 볼까요? 자, 좋아요. 나 자신과 어떤 약속을 하였는지 볼까요? 우리 모두에게 도움이 되는 항해가 되도록 우리 모두의 약속과 나와의 약속 모두를 잊지 않고 잘 지켜 주기를 바랍니다. 때로는 여러분이 약속을 기억하고 있는지 가끔씩 물어보기도, 확인하기도 할게요. 우리 모두가 함께 방향을 찾고 함께 노를 저어 가며 목표지에 도달하는 공동의 항해라는 점을 기억해 주세요."
나를 소개해요 (20분)	☻ 나를 소개해요 ① 클레이로 현재 자신의 느낌, 생각, 참여 동기 및 기대 등을 표현하고 이에 대해 나눈다. "잠시 자기 자신에게 집중해 볼까요? 어떤 기분이 드나요? 어떤 생각을 하고 있나요? 그리고 어떻게 하여 이 프로그램에 참여하게 되었나요? 이 프로그램에 참여하면서 바라는 것이 있다면 무엇인가요? 이 모든 것이 지금 여러분의 마음속에서 일어나는 것일 거예요. 어떤 것이든 좋아요. 지금 이곳에서 일어나는 여러분의 몸과 마음의 상태를 여기 있는 클레이로 표현해 봅시다. 클레이로 무엇인가를 만들면서 가만히 자신을 살펴볼까요? 모두 얼굴도 다르고 성격도 다른 것처럼 클레이로 만든 작품도 다르네요. 클레이 작품에 어떤 의미가 담겨 있는지 이야기를 나누어 볼까요?" ② 클레이 작품에 표현된 자신에게 주고 싶은 선물을 생각하여 클레이 작품의 이름으로 정해 본다. 그리고 클레이 작품의 이름을 자신의 별칭으로 정한다. "여러분이 소개한 클레이 작품에는 지금 현재 여러분의 모습이 담겨 있네요. 그런 자기 자신에게 어떤 선물을 주면 도움이 될까요? 그 선물은 자신의 생활에 도움되는 물건이 될 수도 있고, 무엇인가를 상징하는 물건이 될 수도 있고, 눈으로 보고

	손으로 만질 수 없는 내면의 어떤 것이 될 수도 있어요. 지금 여러분이 만든 클레이에게 무엇을 선물하면 도움이 될까요? 바로 그것을 이 프로그램에 참여하는 동안 서로 불러 주고 불려질 별칭으로 정해 볼까요? 그럼 지금부터 클레이 작품의 이름이자 자신의 별칭을 소개해 봅시다. 좋아요. 그럼 새로운 규칙이 하나 더 생겼네요. 우리의 프로그램에서는 방금 정한 별칭을 서로 불러 주는 것 말이에요. 내가 나에게 붙여 준 새로운 이름이에요. 이 프로그램이 끝날 즈음엔 여러분의 별칭과 같은 모습이 여러분에게 성장해 있기를 기대할게요."
정리하기 (5분)	☻ 다섯 글자 소감 나누기 ① 이번 시간을 간단하게 정리하고 느낀 점이나 깨달은 점을 나눈다. "이번 시간에는 프로그램의 규칙과 약속을 정하고, 서로를 소개하는 시간을 가졌어요. 별칭도 정해 보았고요. 이 시간을 함께하면서 느낀 점이나 깨달은 점 또는 기억에 남거나 좋았던 점이 있다면 무엇인가요? 그것을 다섯 글자로 표현해 볼까요? 예를 들면, '좀 긴장했어' '기다려질 듯' '쑥스러웠어' '편안편안해'……. 이렇게 하면 됩니다. 한 사람씩 간단하게 소감을 나누어 볼까요? 있는 그대로 자신을 보여 주고 서로를 알아 가는 시간이 저도 참 좋았던지 시간이 금방 지나갔네요. 잘 지내고 다음 시간에는 내가 얼마나 특별한 사람인지 알아보는 활동으로 만나기로 해요."
유의사항	• 자살위기 청소년을 대상으로 하는 집단프로그램인 만큼 집단원들이 스트레스에 민감하고 자신감이 부족한 특성이 있을 것이다. 그런 만큼 집단상담자는 이들이 정신적으로 심각한 문제를 갖고 있는 사람일 것이라는 부정적인 관점으로 대하기보다는 좀 더 자신감을 갖고 긍정적인 삶의 에너지를 얻게 된다면 적극적으로 살아갈 수 있는 사람이라는 관점을 갖출 필요가 있다.

활동지 1 - ①

약속스케치북

우리가 함께 만들어 가는 집단상담이라는 항해에서 꼭 지켜야 할 규칙들입니다. 끝까지 기억하고 지켜 주세요. 그리고 마지막 빈칸에는 나 자신과의 약속을 적어 봅시다.

쉿! 비밀이야.

자, 들어 줄게.

나를 보여 줄게.

모두의 성장을 기원해.

2차시 너의 특별함을 내게 보여 줘

활동지도안	
목 표	• '손바닥 그리기'를 통하여 자신의 여러 가지 모습을 수용하고 자신이 얼마나 특별한 사람인지 느껴 본다.
준비물	활동지, 도화지, 크레파스
단 계	진행절차
들어가기 (10분)	☻ 첫인사 ① 집단원과 집단상담자가 인사를 나누고 지난 시간 이후로 어떤 시간을 보냈는지 기억나는 일을 중심으로 이야기를 나누며 프로그램을 시작한다. "여러분, 반갑습니다. 그동안 잘 지냈나요? 지난 시간이 끝나고 오늘 만나기까지 어떤 일들이 있었나요? 기억에 남는 사건들이 있었나요? 어떻게 지냈는지 간단하게 이야기 나누어 볼까요?" "오늘 만나기까지 여러분이 겪은 일들과 여러분의 모습이 참 다양하네요. 일상으로 반복되는 학교생활에서도 이렇듯 조금씩 다르게 느끼고, 다르게 생각하고, 다르게 행동한다는 것이 참 신기하네요. 이 세상에 핀 많은 꽃도 비슷해 보여도 하나하나 자세히 보면 모두 조금씩 다르듯이 여러분도 같은 학생의 모습을 하고 있어도 자세히 들여다보면 서로 다른 존재들이죠. 다르다는 것은 특별하다는 것이고요."
너의 특별함을 내게 보여 줘 (30분)	☻ 너의 특별함을 내게 보여 줘 ① '손바닥 그리기'를 통하여 자신의 특별함을 표현한다. '좋아하는 것, 싫어하는 것, 관심 있어 하는 것, 잘하는 것, 매력포인트, 성격, 요즘 고민, 도전해 보고 싶은 것, 미운 사람, 사랑하는 사람, 내가 나에게 해 주고 싶은 말' 등 10가지 주제를 10개의 손가락 각각에 적어 본다. 활동지 2-① "오늘은 내가 가진 여러 가지 모습을 살펴보는 시간을 가지려고 해요. 여러분 앞에 도화지와 크레파스가 있어요. 그리고 오늘 작업을 도와줄 여러분의 두 손이 있고요. 여러분의 두 손을 펼치고 가만히 들여다볼까요? 이렇게 나의 손을 자세히 살펴본 적 있나요? 참 고마운 두 손이지만 우리는 지나치며 살아온 것은 아닌가요? 이 세상 그 누구도 여러분의 손과 똑같은 손을 가진 사람은 없을 거예요. 그것처럼 우리 자신은 그 자체로 특별한 사람이에요. 그 특별함을 자세히 들여다봅시다. 먼저 도화지를 펼치고 마음에 드는 색깔의 크레파스를 골라 봅시다. 그리고 도화지 위에 오른손과 왼손을 한 손씩 크게 펼친 후 양손의 테두리를 그려 봅시다.

	모두 그렸나요? 그럼 이번에는 10개의 손가락 각각에 자신의 특별함을 찾아볼 거예요. '내가 좋아하는 것, 싫어하는 것, 관심 있어 하는 것, 잘하는 것, 매력포인트, 성격, 요즘 고민, 도전해 보고 싶은 것, 미운 사람, 사랑하는 사람, 내가 나에게 해주고 싶은 말' 등 10가지 주제를 손가락 각각에 적어 봅시다." "와, 이렇게 많은 나만의 특별함이 나왔네요. 그럼 10개의 특별함 중에서도 특히 오늘 이 자리에서 친구들에게 소개하고 싶은 3개를 선택해 볼까요? 사람들이 잘 알지 못하는 부분이면 더 좋겠어요. 그럼 서로를 더 깊이 알 수 있을 테니까요. 3개의 특별함을 꼽아 볼까요?" "3개 선택이 끝난 것 같네요. 그럼 지금부터 자신의 특별함 3개를 이야기 나누어 보도록 해요. 지난 시간에 안내했던 규칙대로 다른 사람의 이야기에 관심을 갖고 바라보며 귀 기울여 들어 주기로 해요." "지금까지 여러분의 소중한 이야기를 들어 보았어요. 겉으로만 보아서는 알 수 없었던 이야기도 많이 알게 되었어요. 지금 내가 갖고 있는 나의 모습은 내가 살아온 모습을 담고 있는 것이기도 하고, 있는 그대로 소중한 나의 중요한 부분들이기도 해요. 이야기를 듣고 보니 한 사람 한 사람의 빛깔이 더욱 선명해지는 느낌이에요. 마음속에 어떤 이야기를 담고 있는지 알게 되어 더욱 가까워진 것 같은 느낌이 들고요."
정리하기 (5분)	☻ 소감 나누기 ① 이번 시간을 간단하게 정리하고 느낀 점이나 깨달은 점을 나눈다. "이번 시간에는 우리 몸의 소중한 부분인 손을 그려 보고 10개의 주제로 자신의 특별함을 찾아보는 시간을 가졌어요. 오늘 활동을 하면서 느낀 점이나 깨달은 점, 기억에 남는 점이나 좋았던 점 또는 아쉬웠던 점을 간단히 이야기 나누어 볼까요?" "다음 시간까지 오늘 찾은 자신의 특별함을 생각해 보도록 해요. 내가 가진 나의 여러 모습을 자신의 소중함으로 느껴 보도록 해요. 그럼 다음 시간에는 내가 평소에 느끼는 다양한 감정이 있는 그대로 존중받아야 할 것임을 알아보는 활동으로 만나기로 해요."
유의사항	• 우울감이나 무기력감이 많은 집단원은 손가락 10개 모두에 자신의 모습을 적지 못하거나 시간이 좀 더 필요할 수 있는데, 이때 자기탐색을 촉진하는 피드백을 주거나 시간을 조금 더 주어서 편안한 분위기에서 자신을 탐색할 수 있게 도와주도록 한다.

활동지 2 - ①

너의 특별함을 내게 보여 줘

이 세상에 나의 손과 똑같은 손이 없는 것처럼 우리 자신은 그 자체로 특별한 사람입니다. 도화지 위에 오른손과 왼손을 올리고 두 손의 테두리를 그려 봅시다. 그리고 10개의 손가락 각각에 자신의 특별함을 찾아봅시다. (내가 좋아하는 것, 싫어하는 것, 관심 있어 하는 것, 잘하는 것, 매력포인트, 성격, 요즘 고민, 도전해 보고 싶은 것, 미운 사람, 사랑하는 사람, 내가 나에게 해 주고 싶은 말)

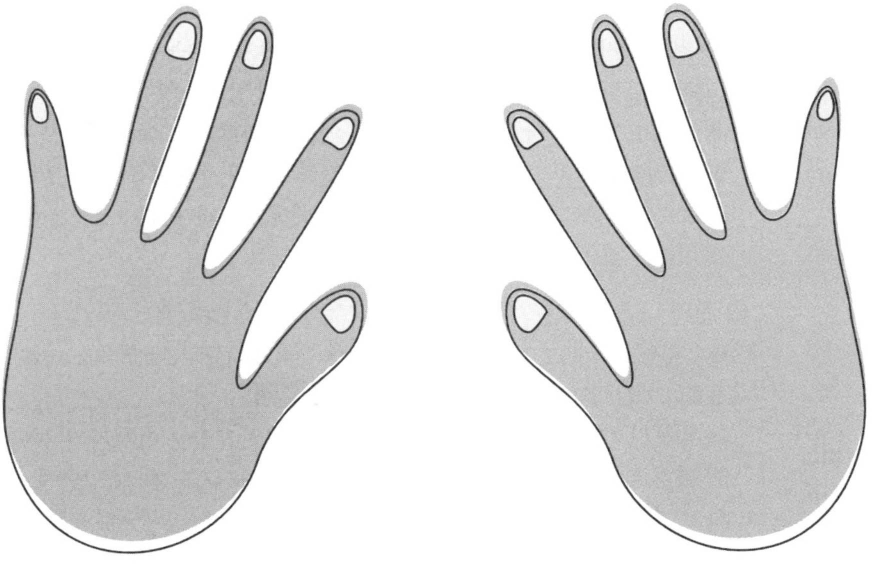

3차시 진짜 나를 만나는 시간, Inside Out

활동지도안	
목 표	• 평소에 느끼는 다양한 감정을 확인하고, 감정은 있는 그대로 존중받아야 할 것임을 안다.
준비물	활동지, 영화 동영상, 색종이, 가위, 풀, 사인펜
단 계	진행절차
들어가기 (5분)	☻ 첫인사 ① 집단원과 집단상담자가 인사를 나누고 지난 시간 이후로 어떤 시간을 보냈는지 기억나는 일을 중심으로 이야기를 나누며 프로그램을 시작한다. "여러분, 반갑습니다. 그동안 잘 지냈나요? 지난 시간이 끝나고 오늘 만나기까지 어떤 일들이 있었나요? 기억에 남는 사건들이 있었나요? 어떻게 지냈는지 간단하게 이야기 나누어 볼까요?" "여러분이 지난 시간 동안 어떻게 지냈는지 이야기를 나누었습니다. 그 속에서 크고 작은 감정들도 느꼈네요. 우리의 마음은 마치 날씨와 같아서 어떤 날은 햇살이 쨍쨍하기도 하고, 비가 내리기도 하고, 눈이 오기도 하고, 천둥번개가 치기도 하고, 흐리기도 하고 그렇죠. 항상 조금씩 달라지는 우리의 마음은 감정이라는 모습으로 나타나 우리의 기분, 표정, 몸짓, 말투에서도 드러나지요. 오늘은 바로 그 '감정'이라는 것에 대해서 살펴보려고 합니다."
진짜 나를 만나는 시간, Inside Out (35분)	☻ 진짜 나를 만나는 시간, Inside Out ① 평소에 자신이 느끼는 여러 감정을 영화 〈Inside Out〉의 다섯 주인공(버럭이, 소심이, 기쁨이, 슬픔이, 까칠이)의 모습에 따라 찾아본다. 활동지 3-① "여러분의 마음 날씨, 감정은 나의 것이지요. 나의 모습은 여러 가지니까요. 때로는 버럭 화를 내기도 하고, 때로는 한없이 소심해지기도 하고, 기쁨에 들뜨기도 하고, 슬프고 무기력해지기도 하고, 까칠하게 날카로워지기도 해요. 지금부터 영화 〈Inside Out〉의 장면을 보면서 감정주인공 5명을 만나 볼게요." "영상을 보면서 최근에 나는 다섯 가지 감정(버럭이, 소심이, 기쁨이, 슬픔이, 까칠이)을 언제 어떻게 느꼈는지 떠올려 봅시다. 그리고 나누어 가진 활동지에 색종이나 사인펜으로 표현해 봅시다." "지금부터 내 안의 감정친구들(버럭이, 소심이, 기쁨이, 슬픔이, 까칠이)을 소개해 봅시다. 이런 감정들을 느끼면서 자신은 어떤 모습이었는지도 떠올려 봅시다. 혹시 이러한 감정 중에서 유난히 견디기 힘들었던 감정이 있었는지, 그럴 때 나는

	어떻게 하였는지 생각해 봅시다." "지금까지 여러분의 감정친구들을 만나 보았습니다. 이 다양한 감정은 있는 그대로 존중받아야 하는 것들입니다. 여러분은 이 감정들을 나의 내면에 담고 있는 것이 어떤가요? 혹시 지나치게 부풀려 표현하고 있지는 않은지, 아니면 마치 없는 것처럼 느끼지 않으려는 것처럼 억누르고 있지는 않은지, 아니면 나의 것이 아닌 것처럼 냉정하게 바라보고 있지는 않은지… 여러분이 어떤 모습이든 사람들에게 있는 그대로 받아들여지고 싶은 것처럼 여러분은 여러분의 여러 감정친구들을 받아 주기를 바랍니다. 오늘은 내 마음의 버럭이가 화가 났구나. 소심이가 많이 주눅 들어 있구나. 기쁨이가 신났구나. 슬픔이가 울고 있구나. 까칠이가 뭔가 불편해 하고 있구나… 자신의 마음을 스스로 보듬어 주었으면 좋겠어요."
정리하기 (5분)	☻ 소감 나누기 ① 이번 시간을 간단하게 정리하고 느낀 점이나 깨달은 점을 나눈다. "이번 시간에는 우리 마음속의 감정들을 살펴보고 그것을 자신의 목소리로 표현해 보는 시간을 가졌어요. 오늘 활동을 하면서 느낀 점이나 깨달은 점, 기억에 남는 점이나 좋았던 점 또는 아쉬웠던 점을 간단히 이야기 나누어 볼까요?" "다음 시간까지 오늘 만난 감정친구들을 만나게 되면 외면하지 말고 가만히 지켜보는 연습을 해 보도록 합시다. 그럼 다음 시간에는 그동안 여러분에게 스트레스가 되었던 일들이 여러분의 내면에 어떤 영향을 주었는지, 그리고 그 스트레스를 어떻게 스스로 조절할 수 있을지에 대해 활동해 보기로 해요."
유의사항	• 자살위기 청소년은 우울감, 무망감, 충동성, 소외감 등 다양한 감정을 강하게 느끼는 경향이 있지만, 그러한 감정을 인식하고 통제하는 데 어려움을 갖는다. 따라서 본 차시에서 나오는 집단원들의 감정들은 평소 자살충동을 느끼게 하는 것일 것이며, 그러한 감정들을 표현하지 못했거나 표현했더라도 수용받아 보지 못한 미해결감정일 것이다. 따라서 집단상담자는 집단원들이 표현하는 감정들을 무비판적으로 따뜻하게 보듬어 줌으로써 집단원들이 자기수용을 배우는 기회가 되도록 한다.

활동지 3 - ① 진짜 나를 만나는 시간, Inside Out

나의 마음속에 살고 있는 5개의 감정을 살펴봅시다. 언제 어떤 일을 겪으며 이런 감정을 만났는지 표현해 봅시다.

4차시 해 보자, 마인드컨트롤

활동지도안	
목 표	• 최근에 가장 힘들었던 경험 또는 자살시도를 유발했던 경험을 떠올려 보고, 그때 느꼈던 스트레스의 강도에 따라 감정상태를 표현하며, 내면의 변화에 따라 스트레스가 감소되는 경험을 해 본다.
준비물	활동지, 선물
단 계	진행절차
들어가기 (5분)	☺ 첫인사 ① 집단원과 집단상담자가 인사를 나누고 오늘 프로그램의 내용을 간단하게 소개한다. "반갑습니다. 그동안 잘 지냈나요? 지난 시간에 우리가 느끼는 여러 가지 감정을 표현해 보는 시간을 가졌습니다. 오늘은 그러한 여러분의 감정상태를 스스로 조절하는 시간을 갖도록 하겠습니다."
스트레스 빙고게임 (15분)	☺ 스트레스 빙고게임 ① 집단을 2~3개의 모둠으로 나누고 자살충동을 일으킨 큰 스트레스가 되는 것들이 무엇인지 작성한 후 빙고게임을 실시한다. 4개의 줄을 먼저 완성한 모둠에게 선물을 준다. **활동지 4-①** "자, 지금부터 2개(또는 3개)의 모둠으로 나누어 앉습니다. 지금 나누어 드리는 4×4 빙고판에는 여러분이 살아오면서 죽고 싶은 마음이 들 만큼 힘들었던 큰 스트레스가 무엇인지를 적어 볼 것입니다. 모둠 친구들과 이야기를 나누어 보세요. 서로 어떨 때 자살충동이 생겼는지, 그리고 친구들과 어떤 비슷한 경우가 있었으며, 그럴 때 어떻게 했는지… 모둠 모두가 빙고판을 완성하면 빙고게임을 시작하겠습니다. 지금부터 빙고판을 채워 볼까요?" "여러분의 모둠에서 빙고판을 모두 채웠습니다. 그럼 지금부터 빙고게임을 시작하겠습니다. 이 중에서 4줄을 먼저 완성한 모둠은 얼른 '빙고'를 외쳐 주시기 바랍니다." "네, 4줄을 완성한 모둠이 나왔네요. 수고했습니다. 그럼 여러분이 공통적으로 적은 큰 스트레스가 무엇인지 한번 살펴볼까요? 그리고 그 밖에 어떤 스트레스가 자살하고 싶은 마음이 들게 하였는지도 살펴볼까요?"

	"여러분이 어떤 경우에 죽음을 고민할 만큼 힘들었는지 충분히 알게 되었습니다. 그러한 고민에 대해서 모둠원들끼리 활발하게 이야기를 나누고 적어준 모둠에게 준비된 선물을 드릴게요. 여기서 스트레스 빙고게임을 마무리하겠습니다."
해보자, 마인드 컨트롤 (20분)	☻ 해 보자, 마인드컨트롤 ① 최근에 가장 힘들었던 경험(또는 자살충동 및 자살시도를 유발했던 경험)을 떠올려 보고, 그때 느꼈던 스트레스의 강도를 가장 낮은 1부터 가장 높은 10까지 느껴 본다. 그때의 감정상태를 표현해 보고, 강도를 하나씩 감소시키는 데 도움이 되는 내면의 변화를 시도해 본다. "모두 잠시 눈을 감아 봅시다. 언젠가 죽고 싶다는 마음이 들었거나 죽고자 시도하게 되었던 경험이 있다면 머릿속으로 떠올려 봅시다. 그때의 힘들었던 마음, 스트레스, 고통스러웠던 감정을 잠시 느껴 보도록 하겠습니다. 그때의 스트레스를 가장 낮은 강도 1부터 가장 높은 강도 10까지 중의 숫자로 표현해 본다면 어느 정도일까요? 그럼 지금 스트레스 1부터 출발해 보겠습니다. 죽고 싶은 마음이 들도록 하는 스트레스 1은 여러분에게 어느 정도의 감정인가요? 스트레스 2로 올라가 본다면 어떤 느낌의 감정인가요? 그다음 스트레스 3, 4, 5… 강도 5까지 올라온 그 감정은 어떤 상태입니까? 몸에 어떠한 변화가 느껴지나요? 더 강한 6, 7, 8까지 올라간다면 나의 감정은 어떻게 변하나요? 그다음으로 9와 10까지 스트레스가 치닫는다면 어떤가요? 이번에는 반대로 가장 높은 스트레스로부터 스트레스를 낮추어 볼 수 있을까요? 가장 높은 10에서 9, 8, 7, 6, 5까지 내려왔습니다. 상상으로 느껴 보는 감정이지만 감정이 추슬러지고 스스로 조절이 되나요? 이만큼 감정을 조절하기 위해 어떤 내면의 변화를 시도해 보았나요? 그리고 또다시 4, 3, 2, 1까지 내려왔습니다. 가장 낮은 1까지 내려오면 죽고 싶은 마음이 많이 사라졌을 것 같은데 어떻게 하면 고통스러웠던 감정이 이만큼 추슬러질 수 있을까요? 자살충동과 자살시도를 일으키는 스트레스를 조금씩 줄여 나가는 데 도움이 되도록 어떤 방법을 사용했나요? 어떤 내면의 변화가 스트레스를 누그러뜨리고 여러분의 마음을 평안하게 만들어 주었는지 이야기를 나누어 봅시다."
정리하기 (5분)	☻ 소감 나누기 ① 이번 시간을 간단하게 정리하고 느낀 점이나 깨달은 점을 나눈다. "오늘 이 시간에는 여러분을 고통스럽게 하여 죽음까지 생각하게 만든 스트레스가 무엇인지에 대해 이야기 나누어 보았습니다. 누군가에게는 그다지 심각한 문제가 아닐 수 있지만 여러분 자신에게는 무엇보다 힘들었던 문제였네요. 하지만 지금 이 자리에서 우리의 스트레스를 꺼내어 보고 이야기를 나누어 보니 단지 나만의 고통은 아니었다는 것도 알게 되고, 스스로 감정을 조절할 수도 있다는 점을

	알게 되고 체험도 해 보았습니다. 오늘 활동을 하면서 느낀 점이나 깨달은 점, 그 밖에 말하고 싶은 소감이 있으면 나누어 보겠습니다." "오늘 여러분의 솔직한 이야기와 나눔에 함께한 저의 마음도 활짝 열리는 것 같습니다. 남은 차시도 한 발짝 더 다가가서 여러분의 이야기에 귀 기울이고 싶습니다." "그럼 다음 시간에는 여러분이 죽고 싶다는 마음이 일어날 때 자신을 죽음으로 내몰고 가는 생각에서 방향을 돌려 자신을 지켜 주는 합리적인 생각을 찾아가는 활동들을 해 보겠습니다. 다음 시간까지 잘 지내요."
유의사항	• 자살충동을 유발하는 스트레스를 점검해 보는 시간이다. 약한 스트레스부터 강한 스트레스에 이르기까지 떠올려 보고 스트레스 반응을 낮추는 시도를 해 보면서 자기조절력을 키울 수 있다. 그러나 내면에 집중하는 이러한 과정이 청소년들에게는 다소 어색할 수 있기 때문에 조용한 음악을 틀거나 사전에 실시하는 스트레스 빙고게임을 하면서 스트레스에 대해 충분히 점검하는 것이 도움이 된다.

활동지 4 - ①

스트레스 빙고게임

자살충동을 유발한 큰 스트레스가 되는 것들은 무엇인지 빙고판에 적어 봅시다.

어떤 생각이 스트레스를 낮추었나요?

1. ______________________________

2. ______________________________

3. ______________________________

5차시 생각 사이렌

활동지도안	
목 표	• 자살충동 및 자살시도가 일어나는 사례를 통해 비합리적인 사고를 발견하고, 이를 합리적인 사고로 전환시킴으로써 합리적 사고능력을 향상한다.
준비물	활동지, 필기구
단 계	진행절차
들어가기 (5분)	☻ 첫인사 ① 집단원과 집단상담자가 인사를 나누고 이 시간의 활동 내용을 안내한다. "여러분, 반갑습니다. 그동안 잘 지냈나요? 오늘은 자살충동이나 자살시도가 일어나는 구체적인 사례들을 보면서 어떻게 하면 자살이 아닌 다른 좋은 선택을 할 수 있는지 알아보도록 하겠습니다."
생각 사이렌 (35분)	☻ 생각 사이렌 ① 현승이의 사례에서 자살을 유발하는 비합리적인 사고를 발견하고, 이를 합리적인 사고로 바꾸어 본다. 활동지 5-① "자살이 가장 좋은 선택은 아닙니다. 때로는 극심한 스트레스 속에서 지금 나에게 가장 도움이 되는 길이 무엇인지 찾아내지 못해 죽으면 어떨까, 죽는 게 차라리 더 낫지 않을까 하는 극단적인 생각과 시도를 하기도 하지요. 하지만 조금만 더 마음을 가다듬고 찾아보면 더 현명한 방법을 찾을 수 있습니다. 여기에 한 친구의 이야기가 있습니다. 천천히 읽어 보며 이야기 속 친구의 고민을 들어 봅시다." "현승이의 가족은 지금 무척 힘든 상황인 것 같네요. 무엇보다 한창 예민한 사춘기를 보내고 있을 현승이에게 집안의 경제 사정뿐만 아니라 가족 구성원이 흩어져 살고 있는 이 모습이 더욱 힘들게 느껴지는 것 같습니다. 현승이가 느낄 어려움이 충분히 느껴지고 안타깝습니다. 하지만 지금 현승이의 모습을 보니 더 큰 걱정입니다. 자살을 시도하는 모습이 눈에 띕니다. 현승이의 요즘 생활을 읽으며 '그 생각은 옳지 않아!'라고 red siren을 켜고 말해 주고 싶은 부분이 있나요? 그리고 '이렇게 생각을 바꿔 봐!'라고 blue siren을 켜고 용기를 주고 싶은 부분이 있나요? 나눠 드린 활동지에 red siren–blue siren을 적어 봅시다." "사람들은 현명하고 올바른 선택을 하기도 하지만 위기의 순간이 오면 자신을 해치거나 도움되지 않는 잘못된 선택을 하기도 합니다. 우리가 함께 본 이야기 속의 현승이도 위기를 맞이하여 이러한 상황에 처해 있는 것 같습니다. 그럼 지금부터 여러분이 찾은 현승이의 red siren–blue siren을 이야기 나누어 봅시다."

정리하기 (5분)	☻ 소감 나누기 ① 이번 시간을 간단하게 정리하고 느낀 점이나 깨달은 점을 나눈다. "오늘 이 시간에는 자살충동과 자살시도를 하게 될 때 소중한 우리 자신을 잃게 만드는 비합리적인 생각 red siren을 합리적인 생각 blue siren으로 바꾸어 보는 시간을 가졌습니다. 오늘 활동을 하면서 느낀 점이나 깨달은 점 또는 그 밖의 소감에 대해서 편안하게 이야기를 나누어 봅시다." "여러분에게는 항상 자기 자신을 지켜 내는 힘이 있다고 믿습니다. 힘든 상황에서도 기회를 찾고 자신을 새롭게 일으켜 세우는 힘이 있다고 믿습니다. 그 힘은 고통 속에서도 희망을 찾을 수 있다는 생각에서 비롯됩니다. 결코 포기하지 마세요. 나는 내 생각, 감정, 행동의 주인입니다. 그럼 다음 시간에는 각자의 고민을 솔직하게 나누고 서로 응원하고 격려하면서 문제해결을 돕는 시간을 가지도록 하겠습니다."
유의사항	• 자살위기 청소년은 자살충동을 유발하는 정서-사고-행동의 상호작용 속에서 어려움을 겪고 있다. 이때 자살을 예방할 수 있도록 부정적인 감정을 중지하고 자기파괴적인 행동을 하지 않도록 자신을 통제시키는 강력한 측면이 바로 사고(인지)의 부분이다. 자살을 떠올리게 하는 비합리적인 사고들을 합리적인 사고로 전환시켜 협소했던 자기인식의 관점을 넓히고 충동적으로 행동하지 않게 도와주어야 한다. 따라서 본 차시에서 집단원들이 red siren과 blue siren을 발견한 것에 격려하고, 현승이와 같은 힘든 경우에도 언제든지 blue siren을 떠올릴 수 있는 능력이 있다는 점을 칭찬하도록 한다.

활동지 5 - ①

생각 사이렌

〈현승이는 요즘〉

현승이는 중학교 1학년 남학생이자 집에서는 하나뿐인 외동아들이다. 남부럽지 않을 만큼 화목했던 가족이었지만 1년 전 아빠의 사업실패로 5억이라는 빚더미에 앉게 되면서 세 가족이 살던 집에서 쫓겨나 지금 엄마와 단칸방에서 살고 있다. 아빠는 다른 지방에 일자리를 찾으러 가셨고, 엄마는 낮에는 가사도우미, 밤에는 식당일을 하며 거의 얼굴을 볼 수 없는 상황이다. 그나마 엄마를 볼 수 있는 시간은 현승이가 등교하는 시간. 이 시간마저도 잠이 부족한 엄마는 주무시고 계시고 현승이는 엄마가 차려 주시는 밥을 먹지 못한 지도 1년이 다 되어 간다. 약 한 달 동안 엄마와 아빠는 크게 다투었고 이혼 이야기까지 나왔지만 빚 독촉하는 사람들에게 쫓겨 아빠가 급히 지방으로 떠나는 바람에 그나마 부모님의 이혼은 잠시 미뤄진 듯 보인다. 현승이는 집안 사정이 어려워진 것보다 부모님의 이혼이 더 큰 걱정이다. 현승이는 매우 활발하거나 적극적인 성격은 아니었지만 친구들과도 잘 어울리고 친구들 사이에서 꽤 성실하고 분위기도 잘 맞추는 친구로 통했는데, 어느 날부터인가 현승이는 모든 것이 무기력하고 귀찮아지기 시작했다. 아침에 일어나는 것이 싫고, 가족을 힘들게 한 장본인이 아빠인 것 같아 아빠가 밉고, 고생하는 엄마가 안쓰러우면서도 지쳐 있는 엄마를 보는 것이 짜증이 났다. 친구들은 아무 걱정 없이 깔깔대고 웃으며 잘 놀고 학교생활도 잘하는 것 같은데 그럴수록 자신의 삶과 더 비교가 되고, 친구들이 자기 가족의 상황을 알게 되어 비웃거나 업신여길까 봐 괜히 주눅이 들기도 한다. 이런 까닭에 하루에도 여러 번 죽고 싶다는 생각이 들고, 어떤 방법으로 죽으면 가장 확실하게 죽을 수 있을지에 대해 고민도 해 본다. 며칠 전에는 처음 가 보는 고층아파트로 들어가 꼭대기층까지 올라가서 땅을 내려다본 적이 있다. 순간 머릿속이 멍해지다가 내가 왜 이 지경까지 되었나 싶어 정신이 번쩍 차려지기도 했고, 순간 부모님 모습이 떠오르면서 울컥 눈물이 나기도 했다. 현승이가 진정으로 원하는 것은 자살이 아니기 때문이다. 하지만 이런 시도를 여러 번 하다가 자신도 모르게 죽음의 길로 가게 되는 건 아닌지 겁이 나기도 했다. 이러한 현승이의 상황은 부모님, 친구, 선생님 아무도 모르고 있다.

red siren "현승아, 그 생각은 옳지 않아!"	blue siren "현승아, 이렇게 생각을 바꿔 봐!"
✓	✓
✓	✓
✓	✓
✓	✓
✓	✓

6차시 최고의 해결

활동지도안	
목 표	• 익명으로 적은 각자의 고민에 대해 서로 공감, 응원, 격려, 칭찬하고 문제해결을 도와 긍정적 문제해결능력을 향상한다.
준비물	활동지, 필기구, 고민바구니
단 계	진행절차
들어가기 (5분)	☻ 첫인사 ① 집단원과 집단상담자가 인사를 나누고 이번 시간의 활동 내용을 안내한다. "여러분, 반갑습니다. 그동안 잘 지냈나요? 이번 시간에는 이 자리에 모인 여러분 각각의 세상 속으로 들어가 보려고 합니다. 때로는 자신을 힘들게 하기도 하고 심지어 죽음을 생각하게 만들기도 하는 고민이 있을 것입니다. 그것에 대해 함께 나누고 함께 해결방법도 찾아보는 시간을 가질 것입니다."
최고의 해결 (35분)	☻ 최고의 해결 ① 각자 갖고 있는 고민을 익명으로 활동지에 적고 고민바구니에 담은 다음, 돌아가면서 고민바구니 속의 고민쪽지를 집어 든다. 그리고 고민에 대한 공감, 응원, 격려, 칭찬, 문제해결방법을 적은 답장을 작성한다. 활동지 6-① "나를 힘들게 하거나 때로는 자살을 생각하게 만드는 고민은 무엇인가요? 여기 모인 친구들이 그 고민을 함께 나누고 싶어 합니다. 그리고 그 고민을 함께 해결해 보려고 합니다. 나누어 준 활동지의 위칸에 나의 고민을 자세히 적어 봅시다. 물론 이름은 쓸 필요가 없습니다." "고민쪽지를 다 적었으면 종이를 반씩 세 번 접어 주세요. 그리고 여기 준비된 고민바구니 속에 넣어 주세요. 그럼 지금부터 한 사람씩 바구니 속의 고민쪽지를 뽑겠습니다. 고민쪽지를 모두 한 장씩 가졌나요? 우리는 누구의 고민인지 알지 못합니다. 하지만 이 사람의 고민을 나의 고민인 것처럼 소중히 여기고 이 사람의 어려움을 공감하고 잘 헤쳐 나갈 수 있도록 응원과 격려를 보내 주고, 이 고민에 도움이 되도록 나름대로 해결해 나가는 방법을 찾아서 자세히 적어 보도록 하겠습니다." ② 자신이 뽑은 고민쪽지를 읽고 참여자들이 함께 고민에 대한 피드백을 나눈 후, 작성한 답장을 읽어 준다. 활동지 6-① "답장을 모두 작성하였으면 자신이 뽑은 고민을 공개하고 함께 고민하는 시간을

	가져 보겠습니다. 먼저 자신이 뽑은 고민쪽지를 읽어 주세요. 그다음에는 참여자들이 함께 고민에 대해 '공감–격려–문제해결방법 제시'를 해 보겠습니다. 모두의 이야기가 끝나면 마지막으로 고민쪽지에 적은 답장을 읽어 주면서 한 사람의 고민해결을 정리하겠습니다. 그럼 시작해 볼까요?"
정리하기 (5분)	☻ 소감 나누기 ① 이번 시간을 간단하게 정리하고 느낀 점이나 깨달은 점을 나눈다. "오늘 이 시간에는 자살충동이나 자살시도를 하게끔 하는 우리 각자의 고민을 꺼내고, 서로 공감하고 격려하며 그 고민을 헤쳐 나갈 수 있도록 도와줄 좋은 문제해결방법을 함께 머리 맞대어 생각해 보았습니다. 오늘 활동을 하면서 느낀 점이나 깨달은 점에 대해 소감을 나누겠습니다. 앞으로도 우리는 살아가면서 무수히 많은 어려움과 문제에 부딪히게 될지도 모릅니다. 이때 우리에게 필요한 것은 나에게 가장 도움이 되는 최고의 해결방법을 찾아 그것을 실천하는 것입니다. 어떠한 어려움도 해결방법은 있을 것입니다. 다음 시간까지 여러분을 힘들게 하는 문제가 있다면 그 자리에 주저앉기보다는 그 속에서 가장 좋은 해결방법을 찾고 실천해 보세요. 그럼 다음에는 여러분이 자살로부터 벗어나 용기를 내어 살아갈 수 있도록 하는 자원에 대해서 이야기 나누는 시간을 갖도록 해요."
유의사항	• 타인에게 도움을 줄 수 있을 때 사람들은 자부심과 자신감을 느낀다. 본 차시는 자살위기를 겪어 본 집단원끼리 서로를 공감, 이해, 격려하며 함께 문제해결을 위해 노력해 보는 시간이다. 한 사람의 고민쪽지에 대해서 집단원 모두가 한 사람씩 이야기를 하도록 하여 집단원끼리 돈독한 유대감과 자발적인 치료효과를 가질 수 있도록 한다.

활동지 6 - ①

최고의 해결

● 나를 힘들게 하거나 때로는 자살을 생각하게 만드는 고민은 무엇인가요?
여기 모인 친구들이 그 고민을 함께 나누고 싶어 합니다.
그리고 그 고민을 함께 해결해 보려고 합니다. 나의 고민을 자세히 적어 봅시다.

● 친구야! 소중한 내 친구야!

7차시 나의 베이스캠프

활동지도안	
목 표	• 자살충동이 일어날 때 이로부터 자신의 생명을 지킬 수 있는 보호요인이 무엇이 있는지 탐색하고 스트레스 대처능력을 향상시킨다.
준비물	활동지, 크레파스, 사인펜, 잡지, 풀, 가위
단 계	진행절차
들어가기 (5분)	☻ 첫인사 ① 집단원과 집단상담자가 인사를 나누고 이번 시간의 활동 내용을 안내한다. "여러분, 반갑습니다. 그동안 잘 지냈나요? 오늘은 우리가 어려움을 겪을 때 우리를 지켜 주는 힘들이 무엇인지 살펴보기로 합시다."
나의 베이스 캠프 (35분)	☻ 나의 베이스캠프 ① 자살충동이 일어날 때 비합리적 사고를 합리적 사고로 전환시켜 주고 증폭된 부정적인 감정을 감소시켜 줄 자기만의 보호요인이 무엇이 있는지 탐색한다. 활동지 7-① "몇 시간이나 하루만에 등반을 할 수 없을 만큼 높은 산을 등반하는 사람들이 있지요. 그런 높고 험난한 산을 등반하다 보면 갑자기 기후가 나빠지거나, 다치거나, 피로하여 쉬어야 하거나, 식사를 하고 잠을 자야 할 경우가 있어요. 그때 머무는 곳을 베이스캠프(base camp)라고 합니다. 등반이라는 힘든 여정에서 사람들은 베이스캠프에 머물며 다시 에너지를 얻고 다음 등반을 준비하지요. 우리에게도 이런 베이스캠프가 있을 것 같습니다. 여러 가지 어려움으로 자살하고 싶다는 마음이 들 때 여러분의 생각과 감정을 새롭게 만들어 주고 여러분의 마음에 다시금 힘을 내어 살아갈 에너지를 주는 그런 베이스캠프… 무엇이 있을까요? 그것은 어떤 사람이 될 수도 있고, 나의 다짐이나 신념이 될 수도 있고, 특별한 물건이나 장소 또는 추억이나 어디에선가 듣거나 읽은 말이나 글이 될 수도 있습니다. 여러분에게는 자살로부터 여러분을 보호해 주는 그런 베이스캠프가 있나요? 지금부터 준비된 재료들을 자유롭게 활용하여 활동지에 표현해 봅시다." "모두 나의 베이스캠프를 찾아보았네요. 어떤 의미에서 나를 보호해 주는 베이스캠프인지 궁금해집니다. 지금부터 한 사람씩 나만의 베이스캠프를 소개해 보도록 하겠습니다."

정리하기 (5분)	☻ 소감 나누기 ① 이번 시간을 간단하게 정리하고 느낀 점이나 깨달은 점을 나눈다. "이번 시간에는 자살로부터 나를 보호해 줄 나만의 베이스캠프를 찾아보았습니다. 오늘 활동을 하면서 느낀 점이나 깨달은 점을 나누어 볼까요?" "여러분의 소감 나누기가 끝났네요. 만약 여러분이 앞으로 살아가면서 힘든 상황을 겪게 되어 죽음을 떠올리거나 시도를 하게 된다면 오늘 이 시간을 꼭 떠올려 주었으면 합니다. 때로는 잊어버리기도 하지만 우리 모두에게는 언제든 찾아갈 수 있는 베이스캠프가 있다는 것을 말입니다. 반드시 빨리 정상까지 갈 필요는 없습니다. 산을 오르다가 힘들면 잠시 앉아서 숨을 고르고 물을 마셔도 좋고, 바라보는 풍경이 좋으면 그 자리에 좀 더 머물면서 풍경을 즐겨도 좋습니다. 그 여정 속에서 등반이 즐겁고 의미 있다면 그것으로 충분합니다. 여러분 곁에는 언제든 머물렀다가 갈 수 있는 베이스캠프가 있으니까요. 그리고 우리의 집단이 또 하나의 베이스캠프가 되었으면 합니다." "그럼 다음 시간에는 사람들 간의 소통을 막거나 열어 주는 모습들을 확인해 보고, 평소에 자신은 어떤 모습으로 대인관계를 맺고 있는지 확인해 보는 시간을 갖도록 해요."
유의사항	• 본 집단프로그램이 종결된 이후에라도 집단원들의 삶은 계속될 것이며 언제든 자살위기는 찾아올 수 있다. 그럴 때마다 자살로부터 자신을 보호해 줄 가치 있는 것들을 확인하고 그 소중함을 마음에 새기는 시간이다. 집단원들이 꺼내 놓는 베이스캠프(보호요인)들이 작고 사소한 것이라도 그것을 소중하게 여기는 마음을 충분히 표현할 수 있도록 하여 삶의 긍정적인 힘을 발견하도록 돕는다.

활동지 7 - ①

나의 베이스캠프

자살의 위험으로부터 나를 보호해 주는 베이스캠프(소중한 사람, 다짐, 신념, 물건, 추억, 글…)를 찾아봅시다. 그리고 그것이 나에게 어떤 도움이 되는지 적어 봅시다.

8차시 소통아, 열려라!

활동지도안	
목 표	• 사람들 간의 소통을 막거나 열어 주는 모습들을 확인해 보고, 평소에 자신은 어떤 모습으로 대인관계를 맺고 있는지 인식한다.
준비물	활동지, 필기구
단 계	진행절차
들어가기 (5분)	☻ 첫인사 ① 집단원과 집단상담자가 인사를 나누고 이번 시간의 활동 내용을 안내한다. "여러분, 반갑습니다. 그동안 잘 지냈나요? 오늘은 여러분이 평소에 함께 만나고 함께 살아갈 사람들과 어떻게 어울려 잘 지낼 수 있는지 함께 고민해 보도록 할게요."
소통아, 열려라! (35분)	☻ 소통아, 열려라! ① 사람들 간의 소통을 막거나 열어 주는 모습들을 확인해 보고, 평소에 자신은 어떤 모습으로 대인관계를 맺고 있는지 인식한다. 활동지 8-① "가족, 친구, 선생님, 이웃 등등 살아오면서 많은 사람들을 만나 왔을 거예요. 그리고 그들과 소통을 해 왔을 거예요. 상대방을 바라보고, 인사하고, 대화하고, 전화를 하는 등 소통은 여러 방식이 있어요. 요즘은 SNS로 소통하기도 해요. 자신과 타인을 보면서 '이 사람의 이런 모습은 소통이 잘 되어서 참 좋다' 또는 '이 사람의 이런 모습은 소통이 안 되어서 참 답답하다'라고 느꼈던 적이 있을 거예요. 나누어 드린 활동지를 보며 여러분에게는 어떤 경험이 있는지 떠올려 보며 사람들과 소통하는 데 도움이 되거나 장애가 되는 여러 모습을 있는 대로 적어 볼게요. 방금 여러분이 적었던 내용에는 아마도 자신의 모습도 있을지도 모르겠네요. 혹시 자기 자신은 사람들과 대인관계를 맺고 소통을 주고받을 때 어떤 모습인지, 또는 어떤 습관을 갖고 있는지 생각해 본 적 있나요? 평소에 자신이 다른 사람들과 소통하는 특징들을 생각해 보고 적어 봅시다. 지금부터 소통에 도움이 되고 소통에 방해가 되는 모습에는 어떤 것들이 있는지 한번 확인해 봅시다. 그리고 자기 자신은 어떤 소통방식을 주로 쓰는지 이야기 나누어 볼까요?"

정리하기 (5분)	☻ 소감 나누기 ① 이번 시간을 간단하게 정리하고 느낀 점이나 깨달은 점을 나눈다. "오늘은 평소에 많이 보게 되는 소통방식에 대해 생각해 보았습니다. 오늘 활동을 하면서 느낀 점이나 깨달은 점에 대해서 소감을 나누어 보겠습니다." "가만히 생각해 보면 다른 사람들과 제대로 마음을 주고받지 못한 소통의 문제로 마음의 고통이 생기고 그로 인해 자살을 떠올리는 경우가 많이 있습니다. 함께 더불어 살아가는 인생에서 서로에게 보여 주는 소통하는 모습에서 걸림돌이 사라진다면 서로 갈등하는 일이 줄어들 수 있고, 그렇다면 자살의 위험으로부터 나 자신, 심지어 다른 사람들까지도 도움을 줄 수 있지 않을까요? 그럼 다음 시간에는 자신과 타인을 이해하고 공감하며 진솔하게 대화하여 사람들과 좋은 대인관계를 형성할 수 있는 방법에 대해 배우고 익혀 보도록 하겠습니다."
유의사항	• 타인으로부터 받는 지지와 타인들과의 의미 있는 상호작용은 청소년의 자살위기를 줄이는 중요한 보호요인이 된다. 따라서 본 차시에서는 타인과 소통하고 대인관계를 맺는 모습 중에서 도움이 되는 모습과 도움이 되지 않는 모습을 객관적으로 탐색해 보고자 한다. 이때 친구, 교사, 가족 등 사람들의 모습을 충분히 떠올려 보고 그들의 말투, 언어, 표정, 습관, 이미지 등이 대인관계를 형성하고 소통하는 데 어떻게 작용하는지 생각해 보게 한다. 그러고 나서 자신은 과연 타인에게 어떤 모습으로 비추어지는지, 혹시 자신의 모습 중에서 사람들과 소통하는 데 긍정적이거나 부정적으로 작용하는 모습이 있지는 않은지 확인하면서 나아가 사람들과 서로 지지해 줄 수 있는 좋은 대인관계를 맺도록 진행한다.

활동지 8 - ①

소통아, 열려라!

어떤 모습이 사람들과 소통하는 데 도움이 되나요? 또 소통하는 데 방해가 되는 모습은 어떤 모습인가요?

소통하는 데 도움이 되는 모습 좋아요!	소통하는 데 방해가 되는 모습 나빠요!

나는 평소에 사람들을 바라보고, 인사하고, 대화하고, SNS를 하는 등 사람들과 소통할 때 어떤 모습인가요?

9차시 배워 보자, 해피 톡!

활동지도안	
목 표	• 자신과 타인을 공감적으로 연결해 주는 비폭력대화의 '관찰-느낌-욕구-요청' 단계에 따라 효과적으로 의사소통을 연습해 본다.
준비물	활동지, 필기구
단 계	진행절차
들어가기 (5분)	☻ 첫인사 ① 집단원과 집단상담자가 인사를 나누고 이번 시간의 활동 내용을 안내한다. "여러분, 반갑습니다. 그동안 잘 지냈나요? 오늘은 사람들과 평화로운 대화를 할 수 있는 의사소통 연습을 함께해 보려고 합니다."
배워 보자, 해피 톡! (35분)	☻ 배워 보자, 해피 톡! ① 자신과 타인을 공감적으로 연결해 주는 비폭력대화의 '관찰-느낌-욕구-요청' 단계에 따라 효과적으로 의사소통을 연습해 본다. 활동지 9-① "여러분, 오늘도 사람들과 많은 이야기를 나누고 이 자리에 왔지요? 우리는 수많은 인간관계 속에서 많은 사건을 경험합니다. 그 속에서 기쁨, 슬픔, 분노, 즐거움 등 많은 감정과 생각을 만들어 내기도 하고요. 그 인간관계 속에서 가장 많이 사용하는 의사소통방법은 대화일 것입니다. 의사소통이 편안하면 우리는 인간관계에서 발생하는 갈등을 줄일 수 있고, 그리하여 극단적인 자살을 생각하게 되는 상황까지 가지 않을 수 있어요. 여러분이 가지는 자살충동과 자살시도는 나 혼자만의 것이 아니라 주위의 중요한 사람과의 대인관계에서 일어나는 갈등으로 생기는 것들이 많아요. 그래서 오늘은 행복한 대화를 할 수 있는 해피 톡을 익혀 보도록 하겠습니다. 의사소통을 할 때 우리는 '자칼' 또는 '기린'의 모습을 보입니다. 각각은 또다시 안으로(in) 향하는 모습과 밖으로(out) 향하는 모습을 보인다고 합니다. 먼저 자칼은 동물의 세계에서도 가장 공격적인 동물로 알려져 있죠. 그처럼 자칼은 공격적으로 의사소통을 하는 유형입니다. 주로 비난과 질책을 하며 의사소통을 무너뜨리는 경우인데요. 그중에서도 자칼 in의 사람은 자신을 공격하는 유형으로 자신을 책망하면서 지나친 죄책감과 수치심을 느끼고 자신을 고통스럽게 하는 사람입니다. 자칼 out의 사람은 대화할 때 타인을 공격하고 비난하는 방식으로 대인관계에서 가장 두드러지게 갈등을 일으키는 사람들입니다. 반대로 기린은 동물의 세계에서 가장 잘 공감, 배려, 이해, 지지하는 평화의 동물로 알려져 있습니다. 그중에서도 기린 in의 사람은 자신의 내면에 타인을 이해하고

	배려하고 인내하려는 마음을 담고 기다리는 유형의 사람이라면, 기린 out의 사람은 보다 적극적으로 타인에게 다가가 대화와 문제해결을 시도하고 함께 긍정적인 방향으로 성장하는 데 주력하는 사람이라고 합니다. 자, 여러분은 어떤가요? 내 안에 자칼과 같은 의사소통을 하는 경우가 있나요? 자칼 같은 의사소통을 해서 나 자신을 힘들게 하거나 타인을 힘들게 했던 적이 있나요? 우리는 여기서 기린처럼 함께 성장하는 의사소통방법을 연습해 봅시다." "비폭력적이고 기린과도 같은 평화로운 의사소통을 하는 방법으로 '관찰-느낌-욕구-요청' 4단계에 따라 대화하는 방법을 연습해 봅시다. 최근에 여러분이 매우 힘들었던 갈등이나 자살충동을 느꼈던 사건이 있다면 떠올려 보세요. 그리고 그 상황을 4단계의 대화방법에 따라 기술해 봅시다."
정리하기 (5분)	**☻ 소감 나누기** ① 이번 시간을 간단하게 정리하고 느낀 점이나 깨달은 점을 나눈다. "오늘은 우리 삶에 갈등이 일어날 때 이것을 건강한 방법으로 해결해 나가도록 도움을 주는 효과적인 의사소통방법 해피 톡(happy talk)을 알아보고 연습도 해 보았습니다. 오늘 활동을 하면서 느낀 점이나 깨달은 점이 있으면 함께 소감을 나누어 봅시다." "다음 시간에는 여러분이 힘들거나 자살에 대한 생각이 들 때 자신을 지켜 줄 수호천사가 무엇인지 찾고 직접 수호천사를 만드는 시간을 갖겠습니다."
유의사항	• 이번 시간은 타인과 공감적인 의사소통을 주고받으면서 좋은 대인관계를 맺는 방법을 실제로 연습해 보는 활동으로 이루어진다. 비폭력대화기술의 4단계에 맞추어 대화를 시도하는 것이 처음에는 낯설고 시간이 걸리겠지만 예전의 소통방식과는 달리 서로를 존중하고 지지하는 효과를 체험하는 것에 의의를 둔다. 좋은 대인관계는 좋은 의사소통에서 시작되고 좋은 의사소통은 곧 서로 간의 솔직한 자기표현과 더불어 공감과 존중에서 시작된다는 것을 느끼게 해 본다.

활동지 9 - ①

배워 보자, 해피 톡!

의사소통을 할 때 우리는 '자칼' 또는 '기린'의 모습을 보입니다. 나는 어떤가요? 혹시 자칼 같은 의사소통을 해서 힘들었던 적이 있나요? 기린처럼 의사소통하는 연습을 해 볼까요?

자칼		기린	

안으로(in)	밖으로(out)	안으로(in)	밖으로(out)
마음 속으로 공격 우울 죄책감 수치심	밖으로 공격을 표출 비난 질책 분노	마음 속으로 이해 공감 배려 인내	밖으로 이해를 표현 대화 시도 문제해결 노력 접촉

	예	나의 이야기
1단계: 있는 그대로 관찰하기	뒤에 앉은 친구가 발로 내 의자를 5분 동안 차고 있다.	
2단계: 느낌 알아차리기	자꾸 신경쓰이고 짜증난다.	
3단계: 욕구 발견하기	편안하게 조용히 집중하고 싶다.	
4단계: 요청하기	편안하게 앉아 있고 싶은데 내 의자에서 발 좀 내려 줘.	

10차시 이제부터 시작이야!

활동지도안	
목 표	• 자살충동을 통제하는 데 도움이 되는 수호천사 열쇠고리를 만들고 집단원 서로를 응원하는 메시지를 전달하면서 전체 집단프로그램을 마무리한다.
준비물	활동지, 나무열쇠고리, 사인펜, 필기구
단 계	진행절차
들어가기 (5분)	☻ 첫인사 ① 집단원과 집단상담자가 서로 인사를 나누며 본 차시의 활동을 소개한다. "여러분, 반갑습니다. 그동안 잘 지냈나요? 오늘은 우리 집단프로그램의 마지막 시간입니다. 전체 활동을 마무리하며 여러분의 변화를 확인해 보는 시간을 가지려고 합니다."
나를 지켜 주는 수호천사 (35분)	☻ 나를 지켜 주는 수호천사 ① 자살충동이 발생하거나 심리적으로 힘들 때마다 자신을 지켜 줄 수호천사 열쇠고리를 만들어 본다. 수호천사의 이름과 수호천사가 자신에게 들려주는 메시지가 무엇인지 이야기를 나눈다. "위험한 순간에 우리를 지켜 주는 수호천사가 있다는 말을 들은 적이 있어요. 그 수호천사는 돌진하는 차에 부딪혀 다치지 않도록 우리를 슬쩍 밀거나 잡아당기기도 하고, 위험한 상황에 맞닥뜨리지 않도록 우리를 실수하게 하여 시간을 늦추게 하기도 하고, 우리가 심리적으로 고통스러울 때 우연히 좋은 음악이나 맛있는 음식, 편안한 사람을 만나게 하여 위안을 얻을 수 있게 도와주기도 한다지요. 나에게도 이런 수호천사가 있다면 어떨까요? 그 수호천사는 어떤 모습일까요? 어떤 이름을 가지고 있을까요? 어떨 때 나를 지켜 주며, 나에게 어떤 말을 해 주고 싶어할까요?" "여러분 앞에 나무로 만든 열쇠고리 샘플이 있습니다. 아직 나무에는 어떤 그림이나 글자도 새겨져 있지 않네요. 이 시간에는 바로 이 나무 열쇠고리에 나만의 소중한 수호천사를 새겨 넣으려고 합니다. 그림을 그려도 좋고 특별한 문양을 적어 넣어도 좋고 나에게 특별한 의미가 있는 글을 적어도 좋습니다. 내가 힘들거나 죽음을 떠올리게 될 때 나를 위로하고 지켜 줄 수호천사면 됩니다. 수호천사의 이름도 지어 주세요. 자, 시작!" "모두 자기만의 수호천사를 만들었네요. 재미있고 신기한 모양이 많아요. 그럼 지금부터 수호천사를 소개하는 시간을 가져 보겠습니다. 어떻게 해서 이러한

	수호천사를 만들게 되었는지, 수호천사의 이름은 무엇인지, 수호천사가 나에게 들려주는 메시지도 말해 봅시다." ☻ 사랑의 열매 맺기 ① 그동안 집단프로그램에 함께 참여하면서 유대감을 맺으며 서로에게 힘이 되어 준 집단원들끼리 서로에게 칭찬, 격려, 용기의 메시지를 적어 나눈다. **활동지 10-①** "그동안 여기 모인 친구들이 있어 함께 마지막까지 힘을 내어 마무리를 할 수 있게 되었네요. 서로에게 해 주고 싶은 칭찬, 격려, 용기의 말을 적어 주세요. 힘을 얻고 싶을 때 사랑의 열매 속에 들어 있는 메시지를 읽으면 함께 마음을 나누며 지내 온 이 시간이 떠오르면서 여러분을 응원할지도 모릅니다. 그럼 활동지의 맨 아래 이름 칸에 자신의 이름을 적고 오른쪽 방향으로 활동지를 돌려 봅시다. 받아든 각 친구에게 오래도록 힘이 될 사랑의 열매 메시지를 적어 주세요."
정리하기 (5분)	☻ 소감 나누기 ① 이번 시간을 간단하게 정리하고 느낀 점이나 깨달은 점을 나눈다. "오늘 이 시간에는 나의 수호천사도 만들고 서로에게 주고 싶은 짧은 응원의 메시지도 적었습니다. 오늘 이 활동을 함께하며 느낀 점이나 깨달은 점을 나누어 볼까요?" "힘들거나 자살을 생각하게 될 때 흔들리는 나를 꼭 잡아 주고 그 힘든 시간을 지혜롭게 잘 지나올 수 있게 해 주는 나만의 수호천사입니다. 이 시간이 끝나더라도 항상 여러분 가까이에 수호천사를 두고 오래도록 소중하게 간직하면 좋겠습니다. 그리고 처음 말씀드렸던 것처럼 오늘은 마지막 항해의 시간이었습니다. 첫날 여러분을 처음 만나고 여러 가지 규칙과 약속을 정하고 조금씩 마음을 열어 왔던 것이 벌써 10차시가 되어 마지막 시간이 되었습니다. 그동안 많은 이야기들을 주고받으며 그 어디에서 만나는 사람들보다 서로를 깊이 알고 친밀해졌음을 느낍니다. 집단프로그램을 하면서 여러분은 어떤 경험을 하였나요? 처음 시작할 때와 비교해 달라진 모습이 있나요? 어떤 점이 힘들거나 어떤 점이 도움이 되었나요? 전체 프로그램을 마무리하며 여러분의 소감을 나누어 보도록 하겠습니다."
유의사항	• 마지막 차시를 진행하는 동안 집단원들은 끝까지 참여한 것에 대한 성취감뿐만 아니라 종결에 대한 아쉬움이나 서로 지지해 주던 친구들을 잃는 듯한 상실감이 들 수 있다. 이러한 감정에 대해서도 진솔하게 나눌 수 있게 기다려 주고, 프로그램은 끝났지만 자살의 위험으로부터 벗어나 언제나 마지막까지 자신을 지키게 용기를 내도록 마음으로 격려하고 지지한다는 것을 느낄 수 있게 진행한다.

활동지 10 - ①

사랑의 열매 맺기

그동안 여기 모인 친구들이 있어 함께 마지막까지 힘을 내어 올 수 있었습니다. 서로에게 해 주고 싶은 칭찬, 격려, 용기의 말을 적어 주세요.

이름 :

청소년용 우울척도(Beck, 1979)[12)]

척도내용	1) 우울 증상의 정도 측정 2) 우울증의 인지적 · 정서적 · 동기적 · 신체적 증상 영역을 포함하는 21문항으로 구성 3) 1961년 개발된 이래 전 세계적으로 널리 사용되고 있음 4) 증상의 정도를 Likert 척도가 아니라 증상의 정도를 표현하는 구체적인 진술문에 응답케 함으로써 응답자들이 자신의 심리상태를 수량화하는 데서 겪는 혼란을 줄일 수 있음
실시방법	자기보고식. 자신의 상태를 4개 문장 중 하나에 표시하도록 함
채점방법	1) 각 문항을 0~3점으로 평정
해석지침	1) 점수의 범위: 0~63점 0~9점: 우울하지 않은 상태 10~15점: 가벼운 우울 상태 16~23점: 중한 우울 상태 24~63점: 심한 우울 상태 2) 한국판 연구 –우울집단 선별을 위한 절단점으로 16점 제시(중학생 이상 사용 가능)

12) 이영호, 송종용(1991). BDI, SDS, MMPI–D 척도의 신뢰도 및 타당도에 대한 연구. 한국심리학회지: 임상, 15(1), 98–113.

● 오늘을 포함하여 지난 일주일 동안의 자신을 가장 잘 나타낸다고 생각되는 문장을 하나 선택하여 ○표해 주십시오.

번호	문항	표시
1	나는 슬프지 않다.	0
	나는 슬프다.	1
	나는 항상 슬프고 기운을 낼 수 없다.	2
	나는 너무나 슬프고 불행해서 도저히 견딜 수 없다.	3
2	나는 앞날에 대해서 별로 낙담하지 않는다.	0
	나는 앞날에 대한 용기가 나지 않는다.	1
	나는 앞날에 대해 기대할 것이 아무것도 없다고 느낀다.	2
	나의 앞날은 아주 절망적이고 나아질 가망이 없다고 느낀다.	3
3	나는 실패자라고 느끼지 않는다.	0
	나는 보통 사람보다 더 많이 실패한 것 같다.	1
	내가 살아온 과거를 뒤돌아보면 실패 투성이인 것 같다.	2
	나는 인간으로서 완전한 실패자라고 느낀다.	3
4	나는 전과 같이 일상생활에 만족하고 있다.	0
	나의 일상생활은 예전처럼 즐겁지가 않다.	1
	나는 요즘에는 어떤 것에서도 별로 만족을 얻지 못한다.	2
	나는 모든 것이 다 불만스럽고 싫증난다.	3
5	나는 특별히 죄책감을 느끼지 않는다.	0
	나는 죄책감을 느낄 때가 많다.	1
	나는 죄책감을 느낄 때가 아주 많다.	2
	나는 항상 죄책감에 시달리고 있다.	3
6	나는 벌을 받고 있다고 느끼지 않는다.	0
	나는 어쩌면 벌을 받을지도 모른다는 느낌이 든다.	1
	나는 벌을 받을 것 같다.	2
	나는 지금 벌을 받고 있다고 느낀다.	3
7	나는 나 자신에게 실망하지 않는다.	0
	나는 나 자신에게 실망하고 있다.	1
	나는 나 자신에게 화가 난다.	2
	나는 나 자신을 증오한다.	3

번호	문항	표시
8	내가 다른 사람보다 못한 것 같지는 않다.	0
	나는 나의 약점이나 실수에 대해서 나 자신을 탓하는 편이다.	1
	내가 한 일이 잘못되었을 때는 언제나 나를 탓한다.	2
	일어나는 모든 나쁜 일은 모두 내 탓이다.	3
9	나는 자살 같은 것은 생각하지 않는다.	0
	나는 자살할 생각을 가끔 하지만 실제로 하지는 않을 것이다.	1
	자살하고 싶은 생각이 자주 든다.	2
	나는 기회만 있으면 자살하겠다.	3
10	나는 평소보다 더 울지는 않는다.	0
	나는 전보다 더 많이 운다.	1
	나는 요즈음 항상 운다.	2
	나는 전에는 울고 싶을 때 울 수 있었지만 요즈음은 울래야 울 기력조차 없다.	3
11	나는 요즈음 평소보다 더 짜증을 내는 편이 아니다.	0
	나는 전보다 더 쉽게 짜증이 나고 귀찮아진다.	1
	나는 요즈음 항상 짜증을 내고 있다.	2
	전에는 짜증스럽던 일이 요즈음은 너무 지쳐서 짜증조차 나지 않는다.	3
12	나는 다른 사람들에 대한 관심을 잃지 않고 있다.	0
	나는 전보다 사람들에 대한 관심이 줄었다.	1
	나는 사람들에 대한 관심이 거의 없어졌다.	2
	나는 사람들에 대한 관심이 완전히 없어졌다.	3
13	나는 평소처럼 결정을 잘 내린다.	0
	나는 결정을 미루는 때가 전보다 더 많다.	1
	나는 전에 비해 결정 내리는 데 더 큰 어려움을 느낀다.	2
	나는 더 이상 아무 결정도 내릴 수 없다.	3
14	나는 전보다 내 모습이 나빠졌다고 느끼지 않는다.	0
	나는 매력 없어 보일까 봐 걱정한다.	1
	나는 내 모습이 매력 없이 변해 버린 것 같은 느낌이 든다.	2
	나는 내가 추하게 보인다고 믿는다.	3

번호	문항	표시
15	나는 전처럼 일을 할 수 있다.	0
	어떤 일을 시작하는 데 전보다 더 많은 노력이 든다.	1
	무슨 일이든 하려면 나 자신을 매우 심하게 채찍질해야만 한다.	2
	나는 전혀 아무 일도 할 수가 없다.	3
16	나는 평소처럼 잠을 잘 수 있다.	0
	나는 전만큼 잠을 자지는 못한다.	1
	나는 전보다 일찍 깨고 다시 잠들기 어렵다.	2
	나는 평소보다 몇 시간이나 일찍 깨고 한 번 깨면 다시 잠들 수 없다.	3
17	나는 평소보다 더 피곤하지는 않다.	0
	나는 전보다 더 쉽게 피곤해진다.	1
	나는 무엇을 해도 피곤해진다.	2
	나는 너무나 피곤해서 아무 일도 할 수 없다.	3
18	내 식욕은 평소와 다름없다.	0
	나는 요즈음 전보다 식욕이 좋지 않다.	1
	나는 요즈음 식욕이 많이 떨어졌다.	2
	요즈음에는 전혀 식욕이 없다.	3
19	요즈음 체중이 별로 줄지 않았다.	0
	전보다 몸무게가 2kg가량 줄었다.	1
	전보다 몸무게가 5kg가량 줄었다.	2
	전보다 몸무게가 7kg가량 줄었다.	3
나는 현재 음식 조절로 체중을 줄이고 있는 중이다 ----- 예(　) 아니요(　)		
20	나는 건강에 대해 전보다 더 염려하고 있지는 않다.	0
	나는 여러 가지 통증, 소화불량, 변비 등과 같은 신체적 문제로 걱정하고 있다.	1
	나는 건강이 너무 염려되어 다른 일을 생각하기 힘들다.	2
	나는 건강이 너무 염려되어 다른 일을 아무것도 생각할 수 없다.	3
21	나는 요즈음 성(sex)에 대한 관심에 별다른 변화가 없다.	0
	나는 전보다 성(sex)에 대한 관심이 줄었다.	1
	나는 전보다 성(sex)에 대한 관심이 상당히 줄었다.	2
	나는 성(sex)에 대한 관심을 완전히 잃었다.	3

청소년용 자살생각척도(Beck, 1979)[13)]

● 당신의 삶에 대한 태도에 대한 질문입니다. 현재 혹은 지난 한 달간의 기준에 의거하여 평가하여 주십시오. 다음 사항을 읽으신 후 현재 자신의 생각과 일치하는 곳에 √ 표 해 주십시오.

번호	내 용	전혀 그렇지 않다	별로 그렇지 않다	정말/ 자주 그렇다
1	나는 사는 것이 즐겁고 보람되게 느껴진다.	③	②	①
2	나는 사는 것이 지겹고 정말 죽어 버리고 싶다.	①	②	③
3	당신은 실제로 자살을 시도하려는 욕구가 있습니까?	①	②	③
4	당신은 자살에 대한 생각을 얼마나 자주 합니까?	①	②	③
5	당신에게 일단 자살에 대한 생각이 떠오르면 생각이 얼마나 지속됩니까?	①	②	③
6	당신은 자살하고 싶은 충동을 스스로 억제하거나 통제할 수 있습니까?	③	②	①
7	당신이 실제 자살을 시도하려고 할 때 당신의 주변 환경이 얼마나 도움을 줄 것 같습니까?	①	②	③
8	자살시도에 대해 구체적으로 계획해 보았습니까?	①	②	③
9	당신은 '정말로 내가 자살을 시도했으면' 하고 생각하십니까?	①	②	③
10	당신은 자살시도에 대한 생각을 실행하기 위해 어떤 사전 준비행동을 한 적이 있습니까?	①	②	③
11	당신은 단지 생각이 아니라 실제로 자살을 실행할 수 있다고 생각합니까?	①	②	③
12	자살시도 방법을 생각해 보았다면 그 방법을 사용하는 것이 현실적으로 가능하며 또 사용할 기회가 있다고 생각합니까?	①	②	③
13	당신은 '당신이 왜 자살을 하려고 하는지 주변 사람들에게 알리는 글'이나 이와 비슷한 글을 써 본 적이 있습니까?	①	②	③
14	당신은 죽음에 대한 준비로 어떤 행동을 해 본 적이 있습니까?	①	②	③
15	당신은 '당신이 자살에 대해 생각해 봤다'고 다른 사람에게 이야기를 합니까?	①	②	③

* 15문항의 체크한 숫자를 더한다(1, 6번은 역문항으로 주의하여 합산할 것). 높을수록 정도가 심함을 나타낸다.

13) 박광배, 신민섭(1991). 고등학생의 지각된 스트레스와 자살생각. 한국심리학회지: 임상, 10, 298-314.

점 수	평 가
30점 이상	자살생각이 위험한 정도이고 실제 자살행동에 대한 계획이 있을 수 있습니다. 심도 있는 상담이 요망됩니다.
21~30점	자살생각이 있는 편입니다. 주의하여 살펴볼 필요가 있습니다.
20점 이하	정신적으로 정상이며 건강합니다.

청소년용 자살생각척도(Reynolds, 1987)[14)]

척도내용	SIQ는 많은 청소년이 우울하지는 않지만 자살생각을 보인다는 관찰로부터 제작된 척도로, 자살생각을 측정하는 30문항으로 이루어진 자기보고형 척도
실시방법	자기보고식. 각 문항에 대해 7점 척도로 평정
채점방법	1) 각 문항을 0~6점으로 평정 2) 각 문항 점수를 합산하여 총점을 구함
해석지침	1) 점수의 범위는 0~180점 62~76점: 또래집단에 비해 자살생각을 하는 편임 (평균 한 달에 1회 이상) 77~90점: 또래집단에 비해 자살생각을 상당히 많이 하는 편임 (평균 한 달에 2~3회) 91점 이상: 또래집단에 비해 자살생각을 매우 많이 함 (평균 한 달에 3회 이상)

점 수	평 가
20점 이상	자살위험에 대해 좀 더 평가가 필요함

14) 신민섭(1993). 자살기제에 대한 실증적인 연구: 자기 도피 척도의 타당화. 연세대학교 대학원 박사학위논문.

● 다음에는 사람들이 때때로 할 수 있는 생각들이 제시되어 있습니다. 다음 문항들을 자세히 읽고, 지난 한 달 동안에 당신이 얼마나 자주 그런 생각을 했는지를 "거의 매일 그런 생각을 했다"에서 "전혀 그런 생각을 한 적이 없다"까지 해당되는 번호에 √ 표 해 주십시오.

0. 전혀 생각한 적 없다.
1. 전에 그런 생각을 한 적이 있지만, 지난 달에는 한 적이 없다.
2. 한 달에 1회
3. 한 달에 2~3회
4. 일주일에 1회
5. 일주일에 2~3회
6. 거의 매일 그런 생각을 했다.

문항	전혀 그런 생각을 한 적이 없다 ⟷ 거의 매일 그런 생각을 했다						
1. 내가 살아 있지 않는 편이 차라리 나을 것이라고 생각했다.	0	1	2	3	4	5	6
2. 자살을 할까 생각했다.	0	1	2	3	4	5	6
3. 어떻게 자살할 것인가에 대해 생각해 봤다.	0	1	2	3	4	5	6
4. 언제 자살할 것인가에 대해 생각해 봤다.	0	1	2	3	4	5	6
5. 사람이 죽어 가는 것에 대해 생각해 봤다.	0	1	2	3	4	5	6
6. 죽음에 대해서 생각했다.	0	1	2	3	4	5	6
7. 자살할 때 유서에 무엇이라고 쓸 것인가에 대해서 생각했다.	0	1	2	3	4	5	6
8. 내가 원하는 것을 유언장으로 만들어 둘 생각을 했다.	0	1	2	3	4	5	6
9. 사람들한테 내가 자살하려 한다는 것을 말할까 생각했다.	0	1	2	3	4	5	6
10. 내가 없으면 주위 사람들이 더 행복할 것이라고 생각했다.	0	1	2	3	4	5	6
11. 만일 내가 자살한다면 사람들이 어떻게 느낄까 생각했다.	0	1	2	3	4	5	6
12. 살아 있지 않기를 바랐다.	0	1	2	3	4	5	6
13. 모든 것을 끝장내 버리는 게 얼마나 쉬울까 생각했다.	0	1	2	3	4	5	6
14. 내가 죽어 버리면 모든 문제가 해결될 것이라고 생각했다.	0	1	2	3	4	5	6
15. 내가 죽는다면 다른 사람들이 더 편해질 것이라고 생각했다.	0	1	2	3	4	5	6

문항	전혀 그런 생각을 한 적이 없다	⟵		⟶			거의 매일 그런 생각을 했다
16. 자살할 수 있는 용기가 있었으면 좋겠다.	0	1	2	3	4	5	6
17. 나는 애초에 태어나지 않았으면 좋겠다.	0	1	2	3	4	5	6
18. 기회가 있다면 자살할 것이라고 생각했다.	0	1	2	3	4	5	6
19. 사람들이 자살하는 방법에 대해 생각했다.	0	1	2	3	4	5	6
20. 자살생각을 했지만, 실제 행동으로 옮기지는 않을 것이다.	0	1	2	3	4	5	6
21. 큰 사고를 당하는 것에 대해 생각했다.	0	1	2	3	4	5	6
22. 인생은 살 가치가 없다고 생각했다.	0	1	2	3	4	5	6
23. 내 인생은 너무 형편없이 엉망이어서 더 이상 살아갈 이유가 없다고 생각했다.	0	1	2	3	4	5	6
24. 내 존재를 알리는 유일한 방법은 자살하는 것이라고 생각했다.	0	1	2	3	4	5	6
25. 내가 자살하고 나면 사람들은 내게 무관심했던 것을 후회하게 될 것이라고 생각했다.	0	1	2	3	4	5	6
26. 내가 죽거나 살거나 아무도 관심을 가지지 않을 것이라고 생각했다.	0	1	2	3	4	5	6
27. 정말로 자살할 의도는 아니지만 자해하는 것을 생각했다.	0	1	2	3	4	5	6
28. 내가 자살할 수 있는 용기가 있을까를 생각했다.	0	1	2	3	4	5	6
29. 상황이 더 좋아지지 않으면 자살하겠다고 생각했다.	0	1	2	3	4	5	6
30. 자살할 권리가 있었으면 좋겠다.	0	1	2	3	4	5	6

제4장

학교폭력 가해 청소년의 공격성 감소를 위한 집단상담 프로그램

분노의 벽을 넘어

1 프로그램의 필요성

중학교 1학년인 상호는 초등학교 때부터 무리지어 다니며 저학년 아이들을 괴롭히는 것으로 악명 높았다. 상호 집은 아버지가 사업을 하시고 경제적으로 여유가 있는데도 아이들에게 천 원, 이천 원을 빌려 간다고 말하면서 갚지 않았으며, 수업시간에도 주의가 산만하고 수업 분위기를 흐려 계속 주의를 받아 왔다.

얼마 전에는 초등학교 후배가 자신과 마주쳤는데 보고도 인사를 제대로 하지 않았다는 이유로 이빨이 부러질 정도로 심하게 때렸다. 피해 학생 학부모의 고발로 경찰에 신고되었고 학교에서는 그동안 계속적으로 비슷한 문제를 일으켜 온 상호에게 강한 처벌을 고려하고 있다. 또 학교 상담실에 상담이 의뢰되었지만 상호는 잘못했다는 기색이 전혀 없고, 상담받는 것을 피한다. 아버지와 함께한 상담에서 상호가 상담교사에게 반항적인 행동을 하자 상호의 아버지는 "네가 이럴 줄 알았다"고 말하며 상호의 뺨을 때리고 욕설을 퍼부었다. 그때 이혼한 엄마가 뒤늦게 찾아와 상호를 끌어안고 자신의 탓이라며 울자, 상호의 아버지는 엄마와 상호에게 심한 욕설을 퍼붓고는 밖으로 나가 버렸다.

그동안 학교폭력을 예방하고 근절하고자 하는 노력에도 불구하고 최근 발생하는 학교폭력은 저연령화, 집단화, 폭력에 대한 인식 부족, 폭력의 잔인화로 피해 정도의 수준이 증가하여 계속적으로 심각한 문제로 나타나고 있다. 특히 폭력상황만으로 피해자와 가해자를 구분하기에 어려움이 있는 경우가 빈번하게 발생한다. 그 이유로 학교폭력 특성상 폭력상황을 알아도 신고를 하지 않으면 잘 발각되지 않고, 중복해서 피가해 경험을 한 학생이 많은 것 등을 들 수 있으며, 학급 내에 보이지 않는 학생들 간의 서열 그리고 재미와 장난으로 하는 괴롭힘 등의 증가에서도 그 이유를 찾을 수 있다. 또한 학생들은 학교에서 대부분의 시간을 보내기에 지속적인 폭력이 이어지기도 하는데, 그 피해로 심리적인 고통을 호소하는 청소년들은 자살충동을 느끼게 되고 자살사고로 발전한다. 이제 학교폭력은 학교 차원에서 예방하고 해결해야 할 문제를 훨씬 넘어 심각한 사회문제로 대두되고 있다.

위 사례의 상호도 초등학교 시절부터 해 오던 가해가 중학교에 가서도 계속 이어져

오고 있음을 보여 주고 있다. 또한 상호가 상담교사에게 반항적인 행동을 하자 상호의 아버지는 상호의 뺨을 때리고 욕설을 하고 뒤늦게 찾아온 어머니에게도 욕설을 하는 등 아버지가 가족에게 폭력적인 언어와 행동으로 대해 왔던 것으로 보인다. 이렇듯 상호처럼 가정에서 폭력을 경험하거나 부모 간 폭력을 많이 목격한 청소년일수록 학교폭력의 가해행동이 증가하고, 어린 시절 폭력 장면에 많이 노출된 청소년은 공격적인 방법으로 문제를 해결하며 대인관계에서도 적대적인 감정을 나타낼 수 있다[1]. 이는 가정폭력에 노출된 청소년이 학교폭력에 더 많은 영향을 미치고 있는 것으로 나타난다. 학교폭력 가해 청소년은 긍정적인 방법으로 화난 감정을 표현하는 것에 매우 미숙하고, 폭력이 근간이 되는 행위를 해결책으로 인지할 수 있음을 알 수 있다. 다른 누구보다도 가장 편안하게 도움을 요청할 수 있는 사람이 가족이라고 하는데, 가정 내에서 자신의 욕구와 정서가 받아들여지는 경험이 적을 경우 청소년에게 위축감과 부정적 분노감정은 쌓여 가고 이러한 것들이 학교 내에서 이유 없이 또래를 괴롭히고 불만을 표하는 것으로 나타난다고 볼 수 있다.

상호는 초등학교 후배가 인사를 제대로 하지 않았다는 이유로 이가 부러질 정도로 때려 경찰에 고발되었고 학교에서 강한 처벌을 고려하고 있는 상황에서 상담실에 오게 되었음에도 잘못했다는 기색이 전혀 없었다. 상호와 같은 학교폭력 가해 청소년은 학교규칙이나 도덕적 가치관들을 지키지 않으며, 학교폭력에 대한 인식이 점점 무감각하고 일상화되어 죄책감을 느끼지 못하고, 생활에 대한 불만과 좌절 및 학교생활에 대한 동기 부족으로 의욕이 없고 공격성이 높은 것이 특징이다. 학교폭력 가해 청소년은 폭력적인 행동을 함으로써 학교공부와 같은 가치에 대한 평가 기준에 열등했던 자신이 강해 보이고 우월해짐을 느끼고 이런 우월감을 맛본 뒤에는 불량한 또래들과 어울려 술을 마시거나 담배를 피우고, 집단 폭행을 하기도 하면서 폭력과 가해행동이 습관화된다. 더욱이 학교폭력 가해 청소년은 폭력 자체를 사소한 장난이나 피해 학생의 부적절한 행동에 대한 응징이었다고 자기 정당화를 시도하며 폭력 사건 직후에 영웅 심리에 젖어 있기도 한다.[2]

학교폭력 가해 청소년은 폭력의 피해자로 성장한 청소년일 경우가 많고 '폭력은 또

1) 김재엽, 이순호(2011). 청소년의 부모 간 폭력 목격경험이 학교폭력 가해에 미치는 영향과 공격성의 매개효과: 군산지역 청소년을 대상으로. **한국사회복지조사연구**, 26(1), 109-137.

2) 조정실, 차명호(2012). **폭력 없는 평화로운 학교 만들기**. 서울: 학지사.

다른 폭력을 낳는다'는 말처럼 자신도 모르게 폭력행동에 노출되어 폭력을 관찰하고 모방함으로써 문제해결을 위한 방법으로 폭력행동을 습득하고 사용하게 된다. 가정에서 자신이 표현하는 긍정적 · 부정적 정서가 부모에게 받아들여지는 경험이 부족하고, 그것으로 인하여 자신의 욕구를 억압하거나 좌절하면서 발생한 정서적 결핍과 불만이 학교폭력의 큰 원인이 된다. 가정에서 적절한 소통이 이루어지지 못한 학교폭력 가해 청소년은 자신의 감정을 인식하지 못하는 것은 물론이고, 타인을 배려하고 약자에 대한 동정심을 가지는 정서적 공감능력과 상대방의 표정과 말투, 태도 등으로 생각을 이해하고 상황을 인식할 수 있는 인지적 공감능력 등이 부족하여 자신의 분노를 충동적이고 폭력적인 행동으로 표출하는 것을 당연하게 여기는 것으로 볼 수 있다.

이러한 관점에서 보면 학교폭력에 가해자와 피해자가 따로 없고 궁극적으로 모두가 피해자다. 그러므로 학교폭력은 피해자를 위한 개입뿐만 아니라 학교폭력 가해 청소년이 폭력을 저지르게 된 원인을 찾아 해소하지 않으면 또다시 폭력이 반복될 수 있기에 학교폭력 가해 청소년이 왜 그런 행동을 했는지 그 과정과 사고방식 등의 결정 요인들을 근본적으로 파악하는 것이 해결 방안이라 할 수 있다. 그러므로 학교폭력 가해 청소년이 자신의 정서를 인식하고 표현하게 됨으로써 정서를 조절하는 능력을 키우고 인간관계의 상호작용과정에서 자신과 타인의 이해와 관련된 공감능력을 향상하는 것이 중요하다.

따라서 본 프로그램은 학교폭력 가해 청소년에게 폭력행동에 대한 훈계와 교육이 아닌 가정 및 학교와 사회적 관계에서 좌절되고 억압된 자신의 감정을 인식하고 표현할 수 있게 한다. 더불어 정서적으로 타인을 배려하고 약자에 대한 동정심을 가지는 정서적 공감능력과 타인의 표정과 말투, 태도 등으로 생각을 이해하고 상황을 인식할 수 있는 인지적 공감능력을 키우고 나아가 미래의 긍정적인 자기를 그려 봄으로써 폭력의 순환 고리에서 벗어날 수 있도록 한다.

2 이론적 배경

학교폭력은 그 정도나 양상이 갈수록 다양해지고 예측할 수 없는 상황에서 돌발적으로 발생하는 경우가 많아 원인을 정확하게 밝혀내기가 어렵다. 하지만 학교폭력에 영향을 미치는 요인으로 폭력행동을 하는 청소년에게 가장 많이 나타나는 특성은 공격성이다. 공격성에 관한 이론 중 첫 번째는 욕구좌절에 의해 공격성이 일어난다는 것이다. 욕구좌절은 정서적으로 안정되지 못하고 불안하거나 불만이 쌓여 생기고, 이로 인해 공격적이 되거나 열등감을 느끼게 되고 충동적이고 공격적인 행동을 하게 된다. 특히 욕구좌절의 원인이 자신이 아닌 타인의 고의에 의한 것이라 생각될 때에는 더 강하게 나타날 수 있다. 두 번째 사회학습이론에서의 공격성은 성장과정에서 관찰과 강화에 의해 습득되는 행동이다.[3] 즉, 인간은 폭력적인 가정에서 성장하면서 폭력행동을 학습하며 폭력이 타인을 지배하는 데 효과적인 도구라는 것을 내면화하게 된다고 설명한다.

공격성이 높은 사람은 사회 질서나 규범을 고려하지 않고 자기중심적으로 행동하는 경향이 있다. 가해 청소년의 대부분이 상대방의 권리와 감정을 무시하고 친구를 지배하려는 강한 욕구인 공격성을 가지고 있다. 연구에 의하면 정서조절능력이나 자기통제능력이 부족한 경우 공격적이고 난폭한 행동을 하는 경향이 강한 반면에 공감능력 등의 특성이 잘 발달된 경우 사회적으로 바람직하고 수용되는 적절한 방식으로 갈등을 해결하게 되어 학교폭력 발생이 억제된다.

1) 정서인식 및 정서표현능력과 학교폭력 가해 청소년

정서인식은 자신의 정서상태를 스스로 이해하고 정리하는 능력을 말한다. 청소년의 학교폭력 문제는 정서차단에서 발생한다. 자신이 경험하는 정서를 표현하였을 때 타인에게 거부되거나 받아 주는 사람이 없으면 정서를 인식하는 것부터 차단되어 정서를 느끼지 못하게 된다. 정서를 경험하지 않으면 정서를 변화시킬 수 없으므로 지금-여기 활동으로 자신이 느끼는 감정에 대해 명료하게 인식하기 위해 과거와 현재를 넘나들며 감정을 느끼고 재생한다. 이때 가족, 선생님, 친구 등 자신과 관련된 사람들과의 묵은 감정의 억압을 풀고 자연스럽게 노출할 수 있게 하고 받아들여지는 경험이 중요하다. 이때 묵은 감정은 충분히 표현되어 해소하는 것이 필요하다. 묵은 감정이 해소되지 않고 남아 있으면 조절하기 어렵고 충동적으로 표출될 수 있다.

3) Bandura, A., Ross, D., & Ross, S. A. (1961). Transmission of aggression through imitation of aggressive models. *Journal of Abnormal and Social Psychology, 63*, 575-582.

2) 공감능력과 학교폭력 가해 청소년

공감이란 다른 사람의 내적인 경험, 즉 주관적인 감정이나 심리상태를 '마치 나의 것처럼' 이해하고 느끼며 의사소통을 하는 것을 포괄하는 개념이다. 공감은 정서적 공감과 인지적 공감으로 나뉜다. 정서적 공감은 타인을 배려하고 약자에 대한 동정심을 가지는 능력으로 이 능력이 결여되면 타인을 지배하고 학대하려는 모습을 보인다. 주로 학교폭력 가해 청소년에게 부족한 부분이다. 인지적 공감은 타인의 표정과 말투, 태도 등으로 생각을 이해하고 상황을 인식하는 능력으로, 이 능력이 결여되면 상황에 따라 적절한 태도를 취하지 못해 따돌림의 표적이 되기도 한다. 특히 학교폭력 가해 청소년의 경우 정서적 공감능력 결여와 함께, 어린 시절 가정폭력 피해를 입거나 경제적 또는 사회적 환경에 의해 정서적 결핍이 생기면서 충동조절능력이 결여된 것이 그들에게 폭력성과 공격성이 생기는 주요 이유로 꼽혔다. 공감능력과 충동조절능력이 결여된 상태에서 청소년기에 급격한 변화가 찾아오면 학교폭력 가해행동이 발생할 수 있다.

공감능력의 발달을 살펴보면 자녀의 공감능력은 부모가 얼마나 공감적인가에 달려 있다고 한다. 부모의 공감은 자녀에 대한 다정함과 자녀의 욕구에 대한 예민함으로 나타난다.[4] 낮은 공감능력은 학교폭력 가해 청소년의 정서적 특성으로, 타인의 심리상태에 대한 이해 부족은 공격적이고 폭력적인 행동을 유발하는 요인이 될 수 있다. 가해 청소년의 낮은 공감능력은 '보복'하고자 하는 경향으로도 표출되는데 자신의 분노표현에 심리적 에너지를 많이 쏟음으로써 타인에 대한 진정한 관심을 보이기 어려워진다. 결국 학교폭력 가해 청소년은 자신의 분노감정에는 강하게 반응하지만 피해자의 정서상태는 무시하거나 회피함으로써 자신의 폭력행위를 정당화하는 태도를 유지하게 된다.

3) 정서조절능력과 학교폭력 가해 청소년

정서조절능력이란 대인관계에서 일어나는 문제상황에서 명확한 상황판단과 관계유지 및 개선을 위해 자신의 정서를 올바르게 인식하고(정서자각), 자신이 느끼는 감정과 기분을 상황에 적합하게 표현하고(정서표현), 적절한 정서조절전략을 선택하는 역량

---

4) Sullivan, H. S. (1953). *The interpersonal theory of psychiatry*. New York: Norton.

(정서조절)으로, 정서적 안녕감과 사회환경의 적응에 필요한 역량이라 할 수 있다. 정서조절능력이 높은 청소년은 뭔가 당황스러워도 일단 침착하게 문제를 해결하려 노력하며 타인의 감정을 잘 이해하고 공감을 잘하며 조그마한 일에도 행복을 느끼며 사물을 긍정적으로 바라보는 믿음과 신뢰감이 있다. 반면, 정서조절능력이 낮다면 자신의 정서에 대한 이해와 조절이 부족하여 충동적이고 기분 변동이 심하고 새로운 상황에 지나치게 위축되거나 과잉행동, 공격성 등 다른 사람을 비난하면서 남에게 의존을 하는 모습을 보이게 된다. 이것은 정서를 적절하게 조절하는 청소년은 내재화 · 외현화되어 행동문제를 겪을 가능성이 적음을 시사하고 정서와 학교폭력이 유의한 관계가 있음을 나타낸다.

학교폭력 가해 청소년은 정서조절능력이 부족하여 자신의 내면적인 문제나 스트레스를 효율적으로 다룰 수 있는 방법에 대해 잘 알지 못한다. 학교생활 적응에 대한 상대적인 공헌도는 정서조절, 정서활용 순이며, 정서조절을 잘하지 못하는 청소년은 주의력과 행동조절에 문제를 보이고 화를 잘 내며 충동적이므로 문제행동을 나타내는 경향성이 있다.

〈글상자 4-1〉 학교폭력 가해 청소년은 어떤 특징이 있는가

- 동급생, 특히 피해자보다 육체적으로 힘이 세다. 피해자와 나이가 같거나 더 나이가 많으며, 운동 면에서 신체적으로 더 유리하다.
- 다른 학생들을 지배하고 굴복시키고 힘과 위협으로 자기주장을 내세우거나 자기 뜻대로 하려는 욕구가 강하다.
- 성미가 급하고 화를 잘 내며, 충동적이고, 좌절에 대한 인내력이 약하다.
- 규칙을 지키기 어렵고 장애물과 지연을 참기 어려워 속임수를 써서라도 이익을 얻으려 한다. 충동을 통제하기 어려워하고 과잉반응하는 경향을 보인다.
- 어른에게 일반적으로 반대하고 무시하고 공격적이다. 어른에게도 겁을 준다. 난처한 상황에 닥쳐도 말로 잘 빠져나간다.
- 자신의 충동적 행동에 핑계를 잘 대면서 도리어 타인을 비난하는 행동을 한다.
- 피해자 학생에게 동정심을 전혀 보이지 않는다. 피해를 입은 학생에게 죄의식을 갖지 않으며, 감정이입이 잘 일어나지 않는다.
- 매사에 민감하고, 학교에 불평불만이 많다.

3 프로그램의 구성

1) 개입 원리

정서적 측면은 가정에서 부모와의 상호작용을 통해 이루어진다고 알려져 있다. 학교폭력 가해 청소년은 가정불화를 일으킨 부모에 대한 강한 원망과 복수심, 이에 대한 스트레스, 외로움, 좌절감, 우울감 같은 부정적인 감정을 지니고 있고, 이러한 감정은 자주 짜증을 내거나 흥분하게 만들어 분노를 조절하거나 감정을 적절하게 표현할 수 없게 한다. 이와 같이 또래보다 부정적인 정서를 더 많이 표현하는 것은 폭력적인 청소년이 외적으로 정서표현을 하는 것에 어려움을 겪고 있음을 알려 준다. 이는 특정 정서의 원인을 인식하는 데 덜 민감하고, 심사숙고하는 능력이 부족하기 때문이다. 이렇듯 정서적으로 불안정한 청소년들이 자신의 분노를 표출하지 못하고 내면에 축적함으로써 다양한 청소년 문제를 야기한다.

학교폭력 가해 청소년의 학교폭력을 줄이기 위한 첫 번째 개입요소인 정서인식 및 정서표현에서 가장 필수적이고 핵심적인 요소는 평소 자신이 느끼고 있는 정서에 대해 명료하게 인식하는 것이다. 자신의 감정을 정확하게 인식하기 위해 먼저 해야 할 것은 감정에 대한 억압을 풀고 적극적이며 자연스럽게 자기감정을 노출하는 것이다. 그러기 위해서는 평소 몇 개의 단어로만 표현하였던 감정에 대한 여러 가지 단어를 배우고 올바른 인식과 태도를 갖는 것이 필요하다. 그 후 상황에 맞는 적절한 감정단어를 배우고 사용해 보면서 감정이 일어날 때 신체상태를 자각하고 그 신체상태가 어떤 감정을 나타내는지 파악해야 한다. 이때 자신이 느끼는 신체적 · 심리적 정서경험은 개인적인 정신건강뿐만 아니라 상대방과의 원활한 소통을 위해서도 필요하다.

학교폭력 가해 청소년의 폭력행동에 관련된 두 번째 개입요소는 공감능력이다. 공감적인 사람은 자신의 정서를 명확히 이해하므로 타인의 정서를 이해하고자 노력하는 사람이라고 하였다. 자신의 정서를 자각하고 표현하는 것으로 정서를 조절하는 것은 상호 정서교류를 통해 타인을 이해하는 능력인 공감능력과도 긍정적 관계가 있다. 이는 자신의 정서를 자각하고 표현하는 것이 정서조절능력과 공감능력도 높여 주는 역할을 한다는 것을 의미한다.[5] 이처럼 공감은 자신의 생각이나 정서를 명확하게 이해하고 있음을 전제하고 그 후에 자기이해가 가능한 대상이 타인의 생각이나 정서를 이해할 수 있는 것이라고 볼 수 있겠다. 이러한 사실에 근거해 학교폭력 가해 청소년을 위한 집단상담 프로그램에서는 공감능력이 학교생활 부적응과 학교에서 발생하는 집단 따돌림과 같은 폭력행동을 낮추는 요인으로 또래 간의 갈등과 학교폭력을 감소시킬 수 있다고 보고 있다. 그러므로 학교폭력 가해 청소년의 폭력에 대한 태도를 교정하기 위해서는 자신의 이해와 피해자에 대한 공감능력을 향상시키기 위한 접근이 필요하다.

정서는 사람에게 자연스러운 기능이기에 표현을 하면 있는 그대로 수용 받는 경험을 해야 한다. 중요한 것은 이때의 정서표현은 무조건적인 것이 아니라 적절한 상황에 따라 정서조절이 이루어져 표현되어야 한다는 점이다. 정서는 내적으로 경험하는 과정과 외적으로 표현하는 과정 2가지로 나누어지는데, 정서경험은 수용되고 정서표현은 상황에 맞게 조절하는 것이 필요하다. 정서표현은 자신이 경험하는 정서를 외부로 드러내는 것으로 내적 경험과 외부세계를 이어 주는 역할을 한다. 즉, 정서표현은 의사소통 수단으로 이용되며 사회생활에서 적응적 기능을 할 만큼 중요하게 인정된다. 정서표현에 대한 많은 연구 결과를 살펴보면, 자신이 경험하는 정서를 표현하는 것은 신체적 · 심리적 효과와 함께 인간관계에 긍정적 효과를 가져다주고 정서표현은 정서억압의 부정적 결과를 극복하기 위한 대안으로 그 중요성이 더 높아지고 있다. 이는 정서를 억압하는 것보다 표현하는 것이 개인의 신체적 · 심리적 안녕감에 긍정적 영향을 준다는 것이다. 종합하면 정서에 대한 인식과 자각은 정서표현과 정서조절에 밀접한 관련이 있으며 생활의 적응이나 심리적 안녕에도 긍정적인 영향을 미칠 수 있다. 따라서 학교폭력 가해 청소년이 화, 분노 등의 부정적인 정서들을 적절하게 표현하지 못하여 발생하는 갈등상황에서 자신의 감정을 자각하고 표현하고 조절하게 된다면 학교폭력의 감소에 영향을 주어 또래집단과의 바람직한 사회적 관계도 증진될 것이다.

따라서 학교폭력 가해 청소년을 위한 집단상담 프로그램을 통하여 정서인식, 정서자각과 정서표현을 충분히 할 수 있는 기회를 제공한다면 정서조절능력의 향상과 함께 정서적 · 인지적 공감능력의 향상을 가져오므로 학교폭력 가해 청소년을 변화시킬 수 있는 원리가 된다.

---

5) 장정주(2012). 정서자각과 정서표현이 정서조절과 공감에 미치는 영향. 정서 · 행동장애연구, 28(1), 147-170.

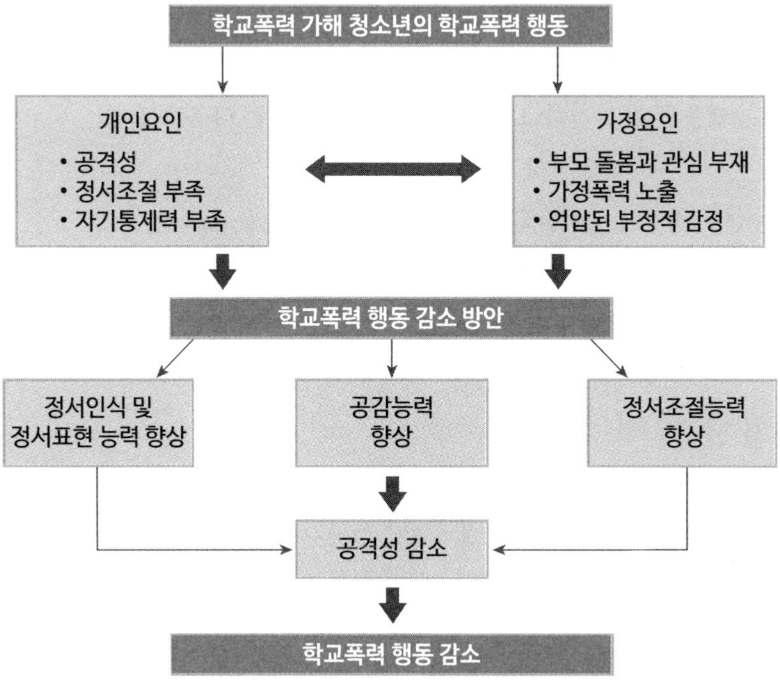

| 그림 4-1 | 학교폭력 가해 청소년의 학교폭력 행동 해결 방안

2) 프로그램의 목적과 목표

(1) 프로그램의 목적

앞에서 언급한 개인적 · 가정적 특성 때문에 학교폭력 가해 청소년들은 폭력의 피해자로 성장한 경우가 많았고 가정에서 자신이 표현하는 긍정적 · 부정적 정서가 부모에게 받아들여지는 경험이 적어 자신의 감정과 욕구를 적절하게 표현하거나 해소하지 못하고 오랫동안 억압해 왔다. 그러므로 본 프로그램은 학교폭력 가해 청소년이 자신의 정서를 인식하고 자각함으로써 가정과 또래관계에서 억눌러 왔던 부정적인 감정을 표현하게 하는 활동들을 통하여 자기를 드러내고 표현하며, 집단 구성원들에게 받아들여지는 경험을 통하여 부정적인 감정을 해소하고 회복하며 자신을 수용하여 심리적 안녕감을 가질 수 있도록 한다. 그 결과, 공감능력과 정서조절능력을 향상하여 학교폭력 가해 청소년의 학교폭력 행동을 감소시키는 데 목적이 있다.

(2) 프로그램의 목표

본 프로그램을 통해 달성하고자 하는 구체적인 목표는 다음과 같다.

첫째, 자신의 정서를 인식하고 표현하여 부정적 감정을 해소한다.
둘째, 자신을 수용하고 타인을 이해하는 공감능력을 향상한다.
셋째, 자신의 긍정적인 에너지를 찾아 미래를 소망하며 정서조절능력을 향상한다.

3) 개입 전략

프로그램의 목적과 목표에 따라 집단상담 프로그램을 3단계로 나누어서 구성하였으며, 각 단계의 하위 목표와 구체적 전략은 다음과 같다.

○ 제1단계: 정서인식 및 정서표현(1~4차시)

1단계에서는 비자발적인 집단 구성원들이 프로그램을 시작하면서 지금까지 살아 왔던 자신의 모습을 돌아보며 변화의 동기를 가진다. 감정단어를 배우면서 긍정적 · 부정적 감정을 표현해 보고 현재 자신에게 정서적으로 영향을 주는 가족과 주변 대인관계를 생각하고 표현하면서 부정적인 감정을 해소한다.

이 단계를 통해 자신의 정서를 자각하고 부정적인 감정을 해소하고 자신이 표현하는 감정이 집단 구성원에게 받아들여지는 경험을 함으로써 심리적 안녕감을 가질 수 있다. 이는 자극되는 상황에서 유연하고 전략적으로 대처하고 반응할 수 있도록 하는 정서조절능력을 함양하기 위해 준비하는 단계라 할 수 있다.

○ 제2단계: 정서적 · 인지적 공감(5~7차시)

2단계에서는 타인을 배려하고 약자에 대한 동정심을 가지는 정서적 공감능력과 타인의 표정과 말투, 태도 등으로 생각을 이해하고 상황을 인식하는 인지적 공감능력을 배울 수 있는 기회를 가진다. 모둠 구성원과 함께 시놉시스와 초단편 3분 영화를 만들면서 상대방의 비언어적인 모습과 언어를 인지하고 생각을 조율해 가며 상대방을 배려하고 이해할 수 있다.

이 단계에서는 다른 사람의 감정과 생각을 이해하고 자신과 다른 사람의 심리적 관점을 이해하면서 다른 사람의 정서를 자신이 대리적으로 경험함으로써 타인과 꼭 동일하지는 않지만 부합하는 정서를 경험하는 과정을 통해 공감능력 향상을 기대한다.

제3단계: 정서조절(8~10차시)

3단계에서는 지금까지의 프로그램을 통해서 자신의 감정과 욕구를 자각하고 표현함으로써 부정적인 감정을 해소하고 자신을 드러내고 상대방에게 받아들여지는 경험을 하였다. 정서조절능력은 또래관계에서 자신의 감정을 잘 관리하고 스스로 효율적으로 진정시킬 수 있는 활동을 포함한다.

이 단계는 부정적인 감정이 일어나는 상황에서 자신의 신체적 반응을 파악하고 마음먹는 것에 따라 조절할 수 있음을 경험하는데, 이로써 자신이 정서를 조절할 수 있다는 자신감을 가질 수 있다. 더불어 자신에게 있는 긍정적인 에너지를 찾아 미래를 소망함으로써 정서조절능력이 향상되기를 기대한다.

4 프로그램의 내용

1) 프로그램의 개요

프로그램의 차시별 목표와 구체적인 내용은 다음과 같다.

〈표 4-1〉 프로그램의 개요

구분	차시	주제	목표	활동 내용
정서 인식 및 정서 표현	1	만남, 그 시작	• 프로그램을 소개한다. • 프로그램 진행에서 지켜야 할 규칙과 서약서를 작성한다. • 지금까지의 자신을 돌아보며 변화를 위한 동기를 가진다.	• 프로그램 소개 • 우리의 약속 • 영화로 만들어진 My Life −내 인생을 영화로 만들어 자기소개하기

	2	우리 가족이 동물이라면?	• 찰흙(클레이)을 만지면서 몸과 마음을 이완시킨다. • 가족을 동물로 만들어 평소에 표현하지 못했던 감정과 느낌을 표현해 본다.	• 내 감정의 크기 알기 • 찰흙(클레이)을 이용해서 가족을 동물로 비유 만들기
	3	감정 메뉴판	• 다양한 감정단어에 대해 안다. • 상황에 따라 감정에 대한 표현이 서로 다를 수 있음을 알 수 있다.	• 핸드메이드 감정카드 만들기 • 감수성 왕을 찾아라! –감정의 표현이 서로 다름을 알기
	4	몸은 내 마음의 힌트	• 감정과 신체적 반응을 관찰한다. • 신체적 반응을 통한 정서를 경험하고 표현해 본다.	• 내 마음은 내 몸과 연결되어 있어요! • 몸은 내 마음의 힌트 –화가 났을 때 자신의 신체 반응 알기
정서적·인지적 공감	5	나의 감정 톱니바퀴	• 나에게 정서적으로 영향을 주는 가족과 주변 사람에 대해 안다. • 부정적인 감정이 일어나는 이유에 대해 탐색한다.	• 나에게 영향을 준 사람들과 나의 관계 알아보기 • 듣고 싶은 말, 하고 싶은 말 적어 보기
	6	나도 작가가 되다!	• 도미노 게임을 하면서 실수를 하여도 다시 시작할 수 있다는 경험을 한다. • 시놉시스 만들기를 통해 상황에 따라 사람들이 각자 문제를 다르게 볼 수 있음을 안다.	• 도미노 게임 • 나도 작가가 되다! –'학교에서 일어나는 갈등상황'이란 주제로 시놉시스와 스토리 보드 만들기
	7	관점을 바꾸면 미래가 바뀐다	• 초단편 영화 제작을 통하여 각기 다른 갈등상황과 대처유형을 알고 다른 선택을 할 수 있다.	• 초단편 3분 영화제 –영화제작 및 상영하기 –다양한 갈등상황과 그에 따른 대처방법이 다름을 알기
정서 조절	8	복닥복닥 내 마음	• 평상시 나를 화나게 하는 상황이나 말을 알아본다. • 나의 말과 행동이 주변에 어떤 영향을 미치는지 안다.	• 화가 난다 화가 나 Best 5! • 내가 다른 사람에게 영향을 준다고?

9	즐거운 상상	• 현재 자신이 가지고 있는 긍정적인 에너지를 발견할 수 있다. • 자신의 긍정적인 기억을 떠올려 스트레스 상황에 대처하고 부정적인 감정을 조절할 수 있는 힘을 기른다.	• 나만의 긍정 책 만들기 –화가 날 때 보면 기분을 좋게 하는 장면 상상하기 • 나만의 긍정 책 소개하기
10	내 인생의 주인공은 나!	• 긍정적인 자신의 미래를 다짐한다. • 서로에게 긍정적인 지지를 한다. • 프로그램을 통해 알게 되거나 변화된 점들을 확인한다.	• 브로드웨이 거리에 손도장을 찍다! –서로의 손도장에 긍정적인 말 적어 주기 • 너는 특별해! 나는 특별해! • 프로그램을 마무리하면서 소감 나누기

2) 프로그램의 내용

본 프로그램은 학교폭력 가해 청소년을 교육이나 훈육하기 위한 것이 아니라 자신이 폭력을 사용하게 된 이유와 과정을 알아 가면서 상처받은 마음을 찾아 스스로 자신의 상처를 어루만지고 긍정적인 에너지를 갖고 있는 자신을 발견할 수 있도록 구성되었다. 특히 지루한 것을 참지 못하고 흥미로운 자극을 추구하며 에너지가 넘치는 학교폭력 가해 청소년의 특성을 고려하여 영화 만들기 등 엔터테이먼트적인 활동으로 표현하면서 자신의 이야기를 할 수 있도록 하였다. 프로그램의 구체적 내용은 다음과 같다.

1차시: 만남, 그 시작

프로그램의 도입 단계로서 학교폭력을 가해한 청소년이 대상인 프로그램이므로 자신이 원하여 자발적으로 참여하지 않았을 경우 프로그램의 참여 동기를 조성한다. 프로그램과 프로그램 진행에서 지켜야 할 규칙에 대하여 설명하고 자신만의 약속도 정한다. 이어 '영화로 만들어진 My Life' 활동을 통하여 현재까지 자신의 생활에서 기억하는 것을 영화로 만든다고 상상하여 영화로 만들어진 자신의 인생으로 자기소개를 한다.

2차시: 우리 가족이 동물이라면?

지금 현재 느껴지는 자신의 감정 크기만큼 찰흙(클레이) 덩어리를 가져오는 활동을 통하여 자신의 감정 크기를 표면적으로 표현한 후에 찰흙(클레이)을 손으로 주무르면서 현재의 감정을 해소하는 경험을 한다. 다음으로 자신의 가족을 떠올리면서 가족의 특징이나 이미지와 비슷한 동물을 만들어 본다. 가족을 동물로 만드는 활동을 통하여 가족 소개와 함께 동물로 표현된 가족의 이미지로서 가족에 대한 자신의 감정을 은연중에 표현할 수 있다.

3차시: 감정 메뉴판

다양한 감정단어들을 알아보고 감정카드를 만들어 본다. 4명이 모둠이 되어 각자 6개의 핸드메이드 감정카드를 만들면 모둠에 24개의 핸드메이드 감정카드가 생긴다. 모둠별로 만든 감정카드를 집단상담자가 바구니에 넣어 섞은 후 카드를 6개씩 뽑는다. 뽑은 후에 한 사람씩 돌아가면서 다른 사람이 만든 감정카드의 그 감정을 최근에 느꼈던 상황에 연관시켜 말하거나 혹은 그 감정을 느낄 것 같은 상황을 설명하고 다른 사람들은 맞추어 보는 '감수성 왕을 찾아라!' 활동을 한다.

4차시: 몸은 내 마음의 힌트

감정과 신체반응의 관계를 안다. '내 마음은 내 몸과 연결되어 있어요!' 활동을 통해 나의 감정에 따라 달라지는 몸의 반응을 탐색하고, '몸은 내 마음의 힌트' 활동을 통해 내 눈으로 확인 가능한 몸의 반응과 행동을 보고 자신과 다른 사람의 감정을 잘 알아차리면 미리 대처할 수 있다. 또 친구나 가족의 어떤 행동으로 화가 났을 때 자신의 신체를 관찰해 보고 자신이 화가 많이 나 있는 상황이라는 것을 알아차리고 화를 내거나 남을 때리는 선택을 하지 않고 표현을 하되 충동적이지 않고 적절하게 표현할 수 있게 한다.

5차시: 나의 감정 톱니바퀴

현재 나를 둘러싼 관계, 즉 가족, 친구, 선생님 중에서 나에게 정서적으로 영향을 주는 주변 사람에 대해 알아본다. 〈단지〉라는 웹툰에서 주인공 '단지'의 가족이 '단지'에게 미치는 정서적인 영향을 본 후 자신과 가까운 사람들을 떠올리면서 ○는 여자를, □는 남자를 상징으로 사용하여 맵 방식으로 그려 본다. 그 사람에게 자주 들었던 말도 옆에 적어 본다. 완성된 작품을 소개하고 완성품에 적힌 사람들 중에서 듣고 싶은 말이 있는 사람이나 하고 싶은 말이 있는 사람이 있다면 포스트잇에 적고 발표한다.

6차시: 나도 작가가 되다!

본 활동에 들어가기에 앞서 도미노 게임을 통하여 모둠 구성원들의 협동력을 키우고 도미노를 세우면서 자신의 실수가 받아들여지고 다시 새롭게 시작할 수 있다는 경험을 한다. 모둠별로 '학교에서 일어나는 갈등상황'이라는 주제로 시놉시스와 스토리 보드를 만드는 활동을 한다. 시놉시스 활동에 모둠의 인원이 모두 역할을 맡아 참여한다.

7차시: 관점을 바꾸면 미래가 바뀐다

6차시에 모둠별로 만든 시놉시스와 스토리 보드를 활용하여 초단편 3분 영화를 제작한다. 모둠의 인원이 모두 참여하여야 하고 배우, 음향, 감독 등의 역할을 맡는다. 배우는 대사를 연습하여 대사 전달이 잘될 수 있도록 하고 휴대폰으로 동영상을 촬영한 후에 집단상담자의 이메일로 보내어 영화를 상영한다. 영화 상영 후에 모둠의 작품들을 보면서 '학교에서 일어나는 갈등상황'이 사람마다 다르고 대처하는 방법이나 보는 관점이 다름을 안다. 영화에 나오는 주인공 및 조연들이 원하는 것과 감정을 유추하며 사람마다 보는 시각이 다름을 안다.

8차시: 복닥복닥 내 마음

평상시 나를 화나게 하는 상황이나 말을 알아본다. 나를 화나게 하는 상황 5가지를 노란색 포스트잇에 적고 나를 화나게 하는 말 5가지를 분홍색 포스트잇에 적은 후에 앞으로 나와 우드락 판(또는 칠판)에 붙여 본다. 자신을 비롯하여 친구들의 화나게 하는 상황과 화나는 말에서 'Best 5!'를 선정한다. 이 활동을 통해 자신과 친구들이 어떤 상황에서 화가 나는지 알 수 있다. 그리고 신문 기사를 읽고 자신이 주변에 어떤 영향을 미치는지 생각한다.

9차시: 즐거운 상상

현재 자신이 가지고 있는 긍정적 에너지를 확인한다. '나만의 긍정 책 만들기' 활동에서 자신의 긍정적인 기억을 떠올려서 스트레스 상황에 대처하고 부정적인 감정을 조절할 수 있는 힘을 기른다. 완성한 '나만의 긍정 책 소개하기' 활동을 하면서 나의 긍정 책에는 없지만 다른 사람의 긍정 책에 있는 장면 중에서 자신이 부정적인 감정이 들 때 펼치고 싶은 페이지가 있다면 어떤 것인지 이유와 함께 소개한다.

10차시: 내 인생의 주인공은 나!

'브로드웨이 거리에 내 손도장을 찍는다'라고 상상을 한다. 내 인생의 주인공으로서 유명해진다는 가정을 하여 손바닥을 찍는 것이다. 짝지끼리 서로의 손을 도화지에 대고 손 모양대로 그려 준다. 손 모양을 그리면서 자신이 다른 사람보다 더 노력한 것이 있는지, 자랑할 만한 것이 있는지 생각한다. 손 모양을 그린 도화지에 자신의 이름을 사인한 후에 오른쪽으로 넘기면서 자신에게 돌아오는 손 그림의 주인공에게 긍정적인 메시지를 적어 준다.

3) 프로그램 운영 제안

(1) 사전 준비

첫째, 7차시에 예정되어 있는 초단편 3분 영화를 상영하기 위해 준비되어야 할 사항이 있다. 휴대폰의 동영상 촬영기능을 이용하여 제작한 모둠의 작품을 집단상담자의 메일로 보내어 바로 영화 상영이 가능해야 하므로 인터넷이 연결된 컴퓨터와 모니터가 필요하다.

둘째, 2차시, 3차시, 9차시, 10차시는 작품을 만들거나 그림으로써 자신을 표현하기 위해 도화지, 색연필, 사인펜, 크레파스, 잡지책 등 다양한 미술 재료들이 필요하다.

셋째, 적극적으로 활동할 수 있도록 사탕 및 초콜릿 등 작은 강화물을 준비하여 선물로 주면서 집단의 분위기를 돋울 수 있다.

(2) 본 차시 운영 지침

첫째, 전체 차시 구성은 10차시를 기본으로 하여 통상 1주에 1차시씩 진행되고, 학교나 기관의 사정상 일부 차시를 생략할 수 있다.

둘째, 본 프로그램의 1차시, 6차시, 7차시, 10차시 활동은 '영화'를 주제로 한다. 자신의 인생을 영화 작품으로 소개하는데, 학교에서 일어나는 갈등상황을 주제로 시놉시스를 만들고 초단편 3분 영화로 제작하여 상영하고, 유명해진다는 상상을 하며 브로드웨이 거리에서 손도장을 찍는 활동으로 마무리된다. 학교나 기관의 사정상 10시간이 확보되지 못하는 경우 4차시만을 사용할 수 있다.

셋째, 학교폭력 가해 청소년들 중에는 행동으로 자신의 욕구를 표현하는 것이 익숙하여 글을 적거나 언어로 표현하는 것을 어려워하는 아이들도 있기에 2차시, 3차시, 9차시의 찰흙(클레이)을 활용하여 가족을 동물로 표현하기, 핸드메이드 감정카드 만들기, 나만의 긍정 책 만들기 활동을 한다. 미술 재료를 손으로 만지면서 감정을 해소하고 자신의 정서를 인식하고 표현하면서 조절을 할 수 있다.

넷째, 학교폭력 가해 청소년의 특성상 쉽게 흥분하고 규칙을 잘 지키지 않는 행동을 하면 꾸지람을 하는 어른에게 익숙해져 있다. 그러므로 프로그램에 방해가 되는 행동을 하거나 활동에 무성의하게 대할 때 지적을 하기보다는 조그마한 활동을 하면 칭찬을 하고, 흥미를 느낄 수 있도록 재미있게 진행하여 자발적인 참여를 독려하고 격려한다. 집단상담자는 평소에 자신을 대하는 어른들과 다르게 청소년들을 대하는 것이 중요하며 '나를 존중한다'라는 느낌이 들도록 한다.

1차시 만남, 그 시작

활동지도안	
목 표	• 프로그램을 소개한다. • 프로그램 진행에서 지켜야 할 규칙과 서약서를 작성한다. • 지금까지의 자신을 돌아보며 변화를 위한 동기를 가진다.
준비물	활동지, PPT, 필기도구
단 계	진행절차
들어가기 (5분)	① 집단상담자를 소개하고 프로그램 참여 동기를 조성한다. "반갑습니다. 저는 여러분과 함께할 열 번의 만남 동안 진행을 맡은 ○○○입니다. 여러분은 아마 이곳에 스스로 원해서 오기보다는 어쩔 수 없이 왔을 거예요. 어쩌면 그래서 지금 별로 기분이 좋지 않은 친구도 있을 거라는 생각도 들어요. 사실 억지로 하는 일은 하기 싫고 재미도 없게 마련입니다. 그래서 저는 여러분이 조금이라도 더 재미있게 이 프로그램에 참여할 수 있도록 돕고자 애썼어요. 여러분, 영화 좋아하나요? 이 프로그램에서는 영화를 활용한 내용이 많이 포함되어 있는데 여러분이 재미있게 참여할 수 있기를 바랍니다. 저는 여러분이 이 프로그램에 참여하는 시간이 즐겁고 보람 있는 시간이 되도록 최대한 노력하면서 도울 것입니다."
프로그램 소개 (10분)	① 프로그램을 소개한다. "여러분 지금 기분은 어떠신가요? 지금 느껴지는 기분을 솔직하게 얘기해 보도록 합시다. 저의 지금 기분은 여러분을 처음 만나게 되어 설레기도 하고 여러분이 원해서 참석한 프로그램이 아니기 때문에 활동에 잘 참여해 주지 않으면 어쩌지 하는 걱정도 됩니다." "여러분 얘기 잘 들었습니다. 화나고 짜증나는 마음도 있고 기대되는 마음 등 여러분의 기분을 충분히 이해합니다. 이 프로그램에 함께하게 된 구성원들은 공통점이 있습니다. 학교에서 친구들을 괴롭히거나 친구에게 신체적·언어적 폭력을 가해서 이 프로그램에 참여하게 된 것입니다. 지금 여러분의 심정은 복잡할 것입니다. 부모님과 선생님이 사건을 알게 되어서 불안하고 걱정되는 마음도 있을 것이고, 또 장난으로 몇 대 때렸을 뿐인데 폭력을 가했다고 하여 억울한 마음이 있는 친구도 있을 겁니다. 또 피해 학생에게 미안한 마음이 있는 친구도 있을 거고요. 이렇듯 여러분은 자신의 행동에 어떤 결과와 책임이 있었을지 몰랐을 수 있습니

다. 그리고 자신의 행동이 조절되지 않거나 다른 곳에서 화가 났는데 친구에게 화풀이를 할 수도 있지요. 그래서 이 프로그램은 여러분의 성장을 위해서 자신의 감정과 정서를 알고 표현해 보면서 나를 이해하고, 다른 사람들과 나의 다른 점을 알아보면서 상대방을 이해하게 되어 나의 감정과 행동을 조절할 수 있도록 구성되어 있습니다."

② 우리의 약속: 프로그램에 참여할 때 지킬 규칙과 약속을 정한다. **활동지 1-①**

"여러 사람이 함께하는 프로그램이므로 지켜야 할 규칙이 있습니다. 활동지 '우리의 약속'을 보겠습니다. 프로그램에 참여하면서 서로에게 약속을 하자는 의미입니다. 먼저 1번 '지각이나 결석을 하지 않겠습니다'는 중간에 들어오거나 결석을 하면 프로그램에서 나왔던 말이나 활동들을 알지 못하기 때문에 그다음 활동을 할 때 방해가 될 수 있습니다. 또 함께해 왔던 친구가 없는 빈자리는 커서 집단 분위기에도 영향을 준답니다. 2번 '다른 집단원의 생각을 존중하며 잘 들어 주겠습니다'는 집단프로그램을 하면서 공평하게 말을 하고 표현하는 시간을 줄 것인데 자신의 얘기만 하고 다른 사람의 이야기를 듣지 않으면 안 되겠지요. 서로의 얘기를 잘 들어 주면 더욱 솔직하고 적극적인 표현이 된답니다. 3번은 '있는 그대로 솔직하게 자신을 개방하겠습니다'입니다. 예를 들면, 프로그램 중에 마음이 상하는 일이 있으면 자신의 감정을 표현하는 게 필요합니다. 프로그램 중에 자신의 감정을 표현하지 않고 집에 돌아가서 불편한 마음을 안고 있지 말고 여기서 일어난 일은 꼭 그날 얘기하고 풀기를 바랍니다. 다음 4번과 5번은 가장 중요한 항목입니다. 먼저 4번은 '프로그램에 참여하는 동안 학교폭력과 관련된 문제에 휘말리지 않겠습니다'인데, 프로그램에 참석하는 기간에는 누가 시비를 걸어와도 마음을 다스려서 시비에 휘말리지 않도록 노력하여 봅니다. 노력하는 것이 중요합니다. 5번 '집단원의 비밀을 남에게 알리거나 이용하지 않겠습니다'는 꼭 지켜야 합니다. 우리가 여기서 안 서로에 대한 이야기는 이 공간을 벗어나서는 절대 하지 않습니다. 저 또한 여러분이 여기서 한 말은 다른 곳에서 하지 않습니다. 이 약속을 지켜 주지 않는다면 3번 솔직한 자기개방이 어렵겠지요. 자신의 마음을 솔직하게 얘기하기 위해서는 이 프로그램의 구성원이 안전하다는 마음이 있어야 합니다. 그러므로 4, 5번은 꼭 지켜 주길 바랍니다. 자, 마지막 6번은 여러분이 지금까지의 제 얘기를 듣고 프로그램에 참석하면서 스스로 지키고 싶은 점을 적어 주시면 됩니다. 아주 사소한 것을 적어도 좋습니다."

"다 한 사람은 이름을 적고 사인을 합니다. 보증인 란에는 오른쪽 친구에게 이름과 사인을 받으세요. 여러분, 보증인은 어떤 역할을 하는지 아시나요? 보증인은 우리가 약속 5가지를 다 지킬 수 있도록 보증을 하는 사람입니다. 약속을 안 지키면 당사자에게도 보증인에게도 책임이 있는 거랍니다. 그러니 보증인은 신중하게 사인을 하셔야 합니다."

영화로 만들어진 My Life (25분)	③ 내 인생을 영화로 만들어 자기소개한다. 활동지 1-② "오늘은 첫 시간이니 서로 자신을 소개하는 시간을 가져야겠지요. 이번 활동은 나의 이야기가 영화로 만들어진다면 어떤 내용이 들어갈지를 생각하면서 내 인생을 영화로 만든다는 상상을 해 보도록 하겠습니다. 자신의 이야기를 영화로 만들 거예요. 여러분이 지금까지 살아오면서 기억나는 것들을 구체적으로 떠올려 보세요. 자, 눈을 감고 상상해 봅시다. 어느 날 저녁 영화관에 갔어요. 극장에 사람들이 꽉 차 있네요. 그런데 오늘 상영되는 영화는 바로 여러분의 이야기입니다. 여러분 인생의 현재까지의 모습과 미래의 모습을 생각하면서 물음에 답하세요." "다 하였으면 돌아가면서 자신의 스토리로 구성된 영화를 소개하면서 자신을 소개하는 시간을 가지겠습니다. '영화로 만들어진 My Life'를 친구들에게 발표합니다." **Tip** 현재까지의 이야기뿐만 아니라 현재와 미래를 함께 활용하여 '영화로 만들어진 My Life'를 만들 수 있다. 현재와 미래를 함께 활용한 경우 자신의 작품을 잘 보관하여 20년 후에 보고 어떤 차이가 있는지 비교해 볼 수 있다고 설명한다.
정리하기 (5분)	① 이 시간을 간단히 정리하고 느낀 점이나 깨달은 점을 나눈다. "첫 시간이 끝났습니다. 오늘은 프로그램의 목표와 내용에 대한 안내를 시작으로 프로그램이 진행되는 동안 지켜야 할 약속을 정했습니다. 또 '영화로 만들어진 My Life' 활동을 하면서 처음 만나는 구성원들에게 자연스럽게 자신을 소개하며 친밀해졌으리라 생각합니다. 프로그램을 하기 전과 마친 후의 소감이나 이 시간을 통해 새롭게 알게 되었거나 느낀 점이나 아쉽거나 바라는 점 등 어떤 것이든 좋습니다. 모두 돌아가면서 이야기하도록 하겠습니다." ② 다음 시간 활동을 알린다. "모두 수고 많으셨습니다. 다음 시간은 찰흙(클레이)을 이용하여 나와 가족을 만들면서 나의 감정을 표현하는 시간을 가지도록 하겠습니다."
유의사항	• '우리의 약속' 활동에서는 6번 자신만의 약속을 정하지 못하는 집단원에게 집단상담자가 몇 가지 팁을 주면서 적을 수 있도록 격려한다. 예를 들면, 활동에 적극적으로 참여하겠습니다, 욕하지 않겠습니다, 폭력을 쓰지 않겠습니다 등. • '영화로 만들어진 My Life' 활동에서는 충분히 자신에 대해 생각할 시간을 주면서 자신의 인생에서 중요한 사건들을 되돌아보며 진지하게 생각하도록 한다. 발표 시 다른 집단원이 웃거나 가볍게 넘어가지 않도록 한다.

활동지 1 - ①

우리의 약속

여러 사람이 함께하는 프로그램이므로 지켜야 할 규칙이 있습니다. 프로그램에 참여하면서 서로에게 약속을 하자는 의미입니다.

약속합니다!

나는 프로그램에 참여함에 있어서 다음 사항을 성실히 지킬 것을 약속합니다.

1. 지각이나 결석을 하지 않겠습니다.
2. 다른 집단원의 생각을 존중하며 잘 들어 주겠습니다.
3. 있는 그대로 솔직하게 자신을 개방하겠습니다.
4. 프로그램에 참여하는 동안 학교폭력과 관련된 문제에 휘말리지 않겠습니다.
5. 집단원의 비밀을 남에게 알리거나 이용하지 않겠습니다.
6.

년 월 일

이 름: (서명)

보증인: (서명)

활동지 1 - ②

영화로 만들어진 My Life

눈을 감고 상상해 봅시다. 어느 날 저녁 영화관에 갔어요. 극장에 사람들이 꽉 차 있네요. 오늘 상영되는 영화는 바로 여러분의 이야기입니다. 여러분의 인생에서 지금, 현재까지를 생각하면서 질문에 답해 보세요!

1. 첫 장면은?

2. 관객들을 가장 많이 웃게 만든 장면은?

3. 관객들을 눈물 흘리게 한 장면은?

4. 관객들에게 많은 박수를 받은 장면은?

5. 마지막 장면은?

6. 극장 밖에서 기자들이 사람들에게 영화를 본 소감을 묻고 있습니다. 사람들의 반응은 어떠합니까?

2차시 우리 가족이 동물이라면?

활동지도안	
목 표	• 찰흙(클레이)을 만지면서 몸과 마음을 이완시킨다. • 가족을 동물로 만들어 평소에 표현하지 못했던 감정과 느낌을 표현해 본다.
준비물	활동지, 찰흙(클레이), 신문지 또는 비닐
단 계	진행절차
들어가기 (5분)	① 지난 시간 내용을 간단히 정리하고, 이번 시간의 내용을 설명한다. "지난 시간에는 프로그램에 대한 소개와 함께 규칙도 정하였습니다. 또한 지금까지 자신의 인생을 영화로 만들어서 자기소개를 하면서 서로에 대해 많이 알 수 있는 시간이었습니다. 계속해서 자신을 소개하고 감정을 알아보고 표현하는 활동을 하도록 하겠습니다."
내 감정의 크기 알기 (10분)	① 찰흙(클레이)을 만지면서 몸과 마음을 이완시킨다. "눈을 한번 감아 보세요. 잠시 여러분의 현재 기분을 느껴 보도록 합니다. (1~2분 정도) 눈을 떠 보세요. 여러분 눈앞에 보이는 것은 찰흙(클레이)입니다. 여러분이 지금-여기에서 느껴지는 내 마음속의 감정 크기만큼 찰흙(클레이) 덩어리를 가져오세요. 원하는 만큼 가져오시면 됩니다. 다 가져오고 싶은 만큼 가져왔지요? 지금부터 찰흙(클레이)을 손으로 주물러 보세요. 제가 그만 할 때까지 계속 손으로 만지고 주무르고 느껴 주세요. (4~5분 정도) 이제 그만하겠습니다. 찰흙(클레이)을 만지고 주무르면서 어떤 느낌이었는지 발표하고 나누어 보도록 하겠습니다. 어떠한 것이든 자유롭게 말하면 됩니다."
우리 가족이 동물 이라면? (25분)	① 찰흙(클레이)을 이용해서 가족을 동물로 비유하여 만들어 본다. 활동지 2-① "내 손으로 주무른 찰흙(클레이)이 충분히 말랑말랑해졌을 겁니다. 이번 시간에는 찰흙(클레이)을 이용하여 우리 가족이 동물이라면 어떤 동물일지 상상하여 표현해 보겠습니다. 함께 살고 있지 않아도 나에게 영향을 많이 주는 사람이거나 또는 가족이 아니어도 가족이라고 생각이 드는 사람이 있다면 그 사람을 동물로 표현하여도 됩니다. 평소 우리가 채팅을 하거나 게임을 할 때 나를 대신하는 어떠한 것(아바타 또는 이모티콘)을 정하여 활동을 하지요? 여러분이 지금부터 만들 동물은 나와 가족을 대신할 수 있도록 표현하는 것입니다. 나를 포함하여 우리 가족과 비슷한 이미지이거나 어떤 특징이 닮아 있거나 그 동물의 어떤 점을 좋아한다거나 그 어떤 것이든 좋습니다. 다양한 동물을 떠올리면서 충분히 생각하여 만들어 주세요. 지금은

	미술 시간이 아니니까 잘 만드는 것에 신경을 쓰지 않아도 됩니다. (만드는 시간 10~15분 정도) **Tip** 조부모와 함께 살거나 부모의 이혼 등으로 한부모와 살고 있는 청소년이 집단원에 있을 경우 "아빠와 같이 살고 있지 않은데 만들어도 되나요?"라고 질문할 수 있다. 이때 집단상담자는 당황하지 말고 같이 살지 않아도 가족이라고 여겨지는 사람을 표현하면 된다고 말해 준다. 이제 우리 집단원들이 거의 다 자신과 가족을 나타내는 동물을 만든 것 같습니다. 주변을 정리하고 만든 작품을 자신의 앞에 놓아주세요. 지금부터 동물로 비유되고 표현된 가족을 소개하는 시간을 가지겠습니다. 한 사람씩 자기 작품을 보여 주면서 소개해 주세요."
정리하기 (5분)	① 이번 시간을 간단히 정리하고 느낀 점이나 깨달은 점을 나눈다. "이번 시간은 현재 내가 느끼는 감정의 크기를 찰흙(클레이)을 통하여 눈으로 확인해 보고, 감정 크기만큼의 찰흙(클레이)을 충분히 손으로 말랑말랑하게 만지고 주물러서 그 느낌을 느끼고 표현해 보았습니다. 그리고 그 말랑말랑해진 찰흙(클레이)으로 나를 포함한 가족을 동물로 만들기까지 하였습니다. 이 활동을 마친 후 소감을 한마디씩 발표하며 이번 시간을 마무리하겠습니다." ② 다음 시간 활동을 알린다. "다음 시간에는 다양한 감정을 알아보고 내가 자주 느끼는 감정에 대해 살펴보는 시간을 가지도록 하겠습니다."
유의사항	• 찰흙(클레이)을 충분하게 만지고 주무르는 과정에서 여러 가지 모양을 만들며 장난스럽게 할 수 있다. • 만들기 실력을 보려는 것이 아니라 표현된 것이 무엇인지에 초점을 두는 것임을 알린다. • 집단상담자는 만들기를 못하거나 어려워하는 집단원에게 도움을 원하는지 물어보고 도와줄 수 있다.

활동지 2 - ①

우리 가족이 동물이라면?

나를 포함한 우리 가족을 떠올리면서 특징이나 이미지가 비슷한 동물을 찰흙(클레이)을 이용하여 만들어 보세요.

동물 예시

1. 우리 가족을 어떤 동물로 표현했는지 이유와 함께 소개해 주세요!

2. 가장 표현하기 쉬웠던 가족과 그 이유는?

3. 가장 표현하기 어려웠던 가족과 그 이유는?

4. 평소에 생각하는 가족과 표현된 동물에 나타난 가족은 어떤 차이가 있나요?

5. 작업을 하면서 느낀 점을 적어 주세요.

3차시 감정 메뉴판

활동지도안	
목 표	• 다양한 감정단어에 대해 안다. • 상황에 따라 감정에 대한 표현이 서로 다를 수 있다는 것을 안다.
준비물	활동지, 도화지, 가위, 색연필, 사인펜, 스티커, 작은 상품(초코바 등)
단 계	진행절차
들어가기 (5분)	① 지난 시간 내용을 간단히 정리하고, 이번 시간의 내용을 설명한다. "지난 시간에는 나와 우리 가족을 찰흙(클레이)으로 동물을 만들어 표현하는 시간을 가졌습니다. 그러면서 그 동물과 외모가 비슷하다거나 성격이나 특징을 연관 지어서 가족에 대한 감정도 표현했습니다. 그날 집에 돌아가서 가족에 대한 느낌이 어땠는지 궁금하네요. 이번 시간에는 지난 시간에 예고한 대로 다양한 감정에 대해서 알아보는 시간입니다."
핸드 메이드 감정카드 만들기 (15분)	① 다양한 감정단어를 알아보고 감정카드를 만든다. 활동지 3-① "여러분은 언제 무서움을 느끼나요? 저는 아무도 없는 좁은 골목길을 걸을 때나 높은 곳에 올라가서 밑을 바라볼 때 무서움을 느낍니다. 무서워하고 불안해하고 겁을 먹는 것은 약한 걸까요? 창피한 걸까요? 아니에요. 부모님이나 선생님 같은 어른들도 무섭고 두려워하는 것이 있고 여러분 나이 때는 더 많을 수 있어요. 그런데 무서워하는 것도 사람마다 다르답니다. 어떤 사람은 개구리를 무서워하기도 하고 귀신이라는 단어만 말해도 울음을 터트리는 사람이 있어요. 무서워하는 것이 꼭 나쁜 것만은 아니랍니다. 이러한 감정은 우리가 살아가는 데 도움을 줍니다. 예를 들면, 낭떠러지 앞에서 두려워 조심하지 않으면 떨어질 수 있지요. 또 미래에 대한 불안감이 있기에 고3 학생들은 수능을 잘 치기 위해 공부를 열심히 할 수 있겠지요. 이처럼 정서는 우리가 어떠한 상황에 처했을 때 상황에 적절한 행동을 하도록 하여 자신을 보호하는 역할을 하기도 하고, 나 자신에게 혹은 내 주변 환경에서 중요한 일이 일어나고 있음을 알려 주는 신호가 되기도 합니다. 긍정적 감정이든 부정적 감정이든 사실 감정 자체는 옳고 그름이 없고 자연스럽고 소중한 것입니다. 그래서 이번 시간은 우리가 몰랐던 다양한 감정을 알아보는 활동을 하려고 합니다." "〈활동지 3-①〉에는 다양한 감정들이 있어요. 다양한 감정들의 메뉴판이에요. 음식처럼 감정도 이렇게 다양하답니다. 평소 여러분이 쓰는 감정단어는 몇 개인가요? (답을 듣고 나서 정리해서 말해 준다.) 아마 3~5개 정도밖에 안 될 수도 있

	습니다. 활동지에 있는 단어의 수가 많지요? 기쁨과 사랑 등 긍정적인 단어와 슬픔, 분노, 고통, 공포 등 부정적인 감정들을 표현한 단어들입니다. 각 모둠별로 각자 6개의 단어를 감정 메뉴판에서 골라 감정카드를 만듭니다. 4명인 모둠은 4명이 6개의 카드를 만드니까 24개의 카드가 나오겠지요. 모둠에서 만들 24개의 감정을 선택하세요. 모둠별로 의논하여 각자 자신이 표현하고 싶은 감정단어 6개를 선택하여 감정단어를 카드 모양 종이에 적습니다. 감정단어에 색깔로 표현해도 좋고 그림을 그려 넣어도 좋습니다. 완성된 카드 밑에 자신의 이름을 쓰세요. 예를 들면, 'by 천송이'로 써 주세요."
감수성 왕을 찾아라! (20분)	② 감정의 표현이 서로 다름을 안다. 활동지 3-② "자, 모둠별로 감정카드를 다 만들었습니다. 만들어진 카드는 이 바구니에 넣습니다. 우리가 만든 카드들이 마구 섞이네요. 누구한테 어떤 카드가 돌아갈지 모르겠는데요? 자, 한 사람씩 바구니에 손을 넣어 6개씩을 뽑습니다. 그런 뒤에 한 명씩 돌아가면서 자신이 가지고 있는 6개의 카드에 적힌 감정을 최근에 느꼈던 상황을 말하거나 또는 그 감정을 느꼈던 적이 없다면 자신이 추측하기에 어떤 상황에 있거나 어떤 말을 들을 때 그 감정을 느낄 것 같은지를 말해 주면 됩니다. 예를 들어, '화난다'라면 내가 먹으려고 아껴 둔 것을 동생이 먹었을 때라고 설명할 수 있습니다. 이렇게 말하면 다른 친구들은 이 친구가 말하는 감정이 무엇인지 맞추는 거예요." "이번 시간에 감정카드의 느낌을 생생하게 잘 표현하여 말하는 친구와 친구들이 내는 문제를 가장 많이 맞힌 친구에게는 상품이 있습니다."
정리하기 (5분)	① 이 시간을 간단히 정리하고 느낀 점이나 깨달은 점을 나눈다. "이번 시간을 통해서 감정의 종류가 다양하다는 것을 알았지요? 사실 이것보다 더 세밀하게 표현된 감정단어들이 많습니다. 우리는 평소에 몇 개 안 되는 감정단어들로 나의 마음을 표현하는데요. 구체적으로 자신의 감정을 표현하면 듣는 사람이 나를 이해하는 데 훨씬 도움이 됩니다. 오늘 활동 중에 가장 기억에 남는 것을 돌아가면서 이야기하도록 합니다." ② 다음 시간의 활동을 알린다. "다음 시간에는 나의 몸과 감정이 연결되어 있음을 알아보는 시간을 갖도록 하겠습니다."
유의사항	• 감정카드를 만들 종이는 집단상담자가 미리 카드 크기로 잘라서 준비한다. • 감정카드를 만들 때 집단상담자가 먼저 감정카드를 만들어서 학생들에게 샘플로 보여 준다. • 초등학생이나 여학생인 경우 얼굴표정이 나타난 스티커를 준비하여 감정카드 만들 때 사용하면 더욱 좋다.

	• '감수성 왕을 찾아라!' 게임에서 맞추기 어려운 감정은 집단상담자가 힌트를 줄 수 있다. • '감수성 왕을 찾아라!' 게임에서 게임이 과열되어 서로 감정이 상할 수 있으니 집단상담자가 중간에서 적절하게 중재하여야 한다.

활동지 3 - ①

감정 메뉴판

감정 메뉴판에는 다양한 감정이 많이 있습니다. 핸드메이드 감정카드 만들기 활동 시 참고하세요.

기쁨, 즐거움, 감사

날아갈 것 같다
가슴이 뭉클하다
짜릿하다 살맛 난다
기쁘다 만족스럽다
황홀하다 기분 좋다
근사하다 행복하다
흥분된다 유쾌하다

화, 미움

불쾌하다 신경질 난다
억울하다 불만이다
짜증난다 싫다
약 오른다 미치겠다
싫증난다 숨막힌다
괘씸하다 성질난다
무시당한 것 같다
귀찮다 지겹다

슬픔, 안타까움

우울하다 슬프다
울고 싶다 외롭다
불행하다 처량하다
서운하다 가슴 아프다
불쌍하다 허탈하다
고통스럽다 절망적이다
안타깝다

사랑스러움, 정

사랑스럽다 반했다
귀엽다 존경스럽다
감사하다 다정하다
매력을 느낀다
도와주고 싶다
달콤하다 감미롭다
친숙하다 따뜻하다
친근감을 느낀다

욕심, 욕구

욕심이 생긴다
부럽다 찝찝하다
질투 난다 약 오른다
후회스럽다 긴장된다
호기심을 느낀다
배 아프다 갖고 싶다
조급함을 느낀다
고집부리고 싶다

놀라움

놀랍다 당황스럽다
황당하다 충격적이다
정신이 번쩍 든다
골치 아프다
화끈거린다
몸 둘 바를 모르겠다
머리를 한 대 맞은 것 같다

의아스러움

의심스럽다 의아하다
혼란스럽다
이해할 수 없다
불확실하다 피곤하다
고민하다 곤란하다
괴로워하다 조심스럽다
불안정하다

두려움

걱정스럽다 무섭다
두렵다 공포감을 느낀다
몸이 떨린다
초조하다
벼랑에 선 느낌이다
큰일 날 것 같다
간이 콩알만 해졌다

그 밖에

그립다 감사하다
쓸쓸하다 부담스럽다
부끄럽다 창피하다
왕따가 된 것 같다
미안하다 쑥스럽다
뿌듯하다 희망적이다
담담하다 감동적이다
바보가 된 것 같다

활동지 3 - ② 핸드메이드 감정카드 만들기

모둠별로 의논하여 각자 자신이 표현하고 싶은 감정단어 6개를 선택하여 감정단어를 카드 모양의 종이에 적습니다. 감정단어에 색깔로 표현해도 좋고 그림을 그려 넣어도 좋습니다. 완성된 카드 밑에 자신의 이름을 쓰세요. 예를 들면, 'by 천송이'로 써 주세요.

〈예시 감정카드〉

따뜻하다

BY 천송이

무섭다

BY 천송이

감사하다

BY 천송이

우울하다

BY 천송이

귀엽다

BY 천송이

혼란스럽다

BY 천송이

4차시 몸은 내 마음의 힌트

활동지도안	
목 표	• 감정과 신체적 반응을 관찰한다. • 신체적 반응을 통한 정서를 경험하고 표현해 본다.
준비물	활동지, 필기구
단 계	진행절차
들어가기 (5분)	① 지난 시간 내용을 간단히 정리하고, 이번 시간의 내용을 설명한다. "지난 시간에는 다양한 감정단어에 대해서 배우고 여러분이 직접 감정단어로 카드를 만들었지요. 그 뒤에 그 감정카드에 나오는 감정을 자신이 느꼈던 상황을 설명하고 맞추는 게임에서는 다른 친구들이 처음부터 맞추기보다는 그 감정을 자신이 느끼는 상황과 다르게 느껴 몇 번이나 설명을 한 후에야 맞출 수 있었습니다. 이렇듯 감정이라는 것은 같은 상황이라도 내가 느끼는 것과 다른 사람이 느끼는 것이 같을 수도 있지만 다를 수도 있답니다. 이번 시간에는 내가 겪었던 기분 좋은 일과 화나는 일을 적으면서 나의 몸과 감정은 연결되어 있다는 것을 알 수 있을 거예요."
내 마음은 내 몸과 연결되어 있어요! (15분)	① 나의 감정에 따른 몸의 반응을 탐색한다. 활동지 4-① "먼저 내 마음과 내 몸이 연결되어 있는 것이 맞는지 확인해 봐야겠지요? 지금 보시는 활동지에 나의 기분을 좋게 하는 일을 적어 봅니다. 그 옆에는 라디오 볼륨처럼 감정의 크기를 조절할 수 있는 볼륨이 있습니다. 가장 기분이 좋을 때를 볼륨 10에 써야겠지요. 큰 볼륨 크기에 기분 좋은 일을 다 적어도 좋고 생각이 안 난다면 볼륨 크기에 맞게 몇 가지만 적어도 좋습니다. 예를 들면, 성적이 반에서 10등이 올랐습니다. 기분 좋음의 크기는 10으로 최고이고 내 몸의 반응은 머리가 가볍게 느껴집니다. 활동지의 신체 그림 머리에 '가볍다'라고 적어 줍니다. 기분 좋은 일을 회상하거나 상상하면서 적어 보세요." "작성을 다 한 것 같습니다. 그럼 돌아가면서 집단원에게 기분 좋은 반응과 신체적 반응이 어떻게 나타나는지 이야기해 주세요." "친구들의 얘기를 들으니 감정에 따라 신체는 반응을 하네요. 이와 같이 사람의 마음과 몸이 연결되어 있음을 알 수 있습니다. 그렇다는 것은 사람의 몸의 반응을 보면 그 사람의 감정을 알 수 있다는 말도 되는 거겠지요."

몸은 내 마음의 힌트 (20분)	② 화가 났을 때 자신의 신체반응을 안다. 활동지 4-② "이번에는 나를 화나게 하는 일을 적어 보도록 하겠습니다. 앞 활동과 마찬가지로 화나게 하는 일을 적고 내 몸의 반응이 나타나는 곳에 반응을 적으면 됩니다. 단, 먼저 한 활동과 다른 것이 있는데요. 내 몸의 반응을 적은 뒤 감정 말고 나를 화나게 하는 일에 대해 내가 했던 행동과 그 행동 뒤에 상대방의 반응을 적습니다. 예를 들면, 친구가 욕하면서 때리는 것은 화나는 기분 10점으로 가장 높고요. 내 몸의 반응은 뒷골이 땅기고 눈을 깜박이고 주먹을 쥐게 됩니다. 화가 난 나는 그 친구에게 더 심하게 욕을 하면서 때렸고 그 친구의 반응은 화를 내며 나를 더 심하게 때렸습니다. 이렇게 상황에 따른 반응들을 적으면 됩니다." "다 적었으면 자신이 적은 화나는 일과 내 몸의 반응 그리고 화날 때 하는 행동과 그 행동 후에 상대방의 반응 순으로 발표를 해 보도록 하겠습니다. 친구들이 얘기를 할 때 화가 나게 되는 상황과 각자 행동이 어떻게 다른지 관심을 갖고 들어 보세요. 여러분의 이야기를 잘 들었습니다. 친구들의 이야기를 들으면서 사람마다 화가 나는 상황이 다르다는 것을 알 수 있었습니다. 몸에 나타나는 반응도 같을 때도 있지만 다르기도 하고요. 이렇듯 화가 나면 우리 몸에 변화가 일어나고 행동이 달라지는 것을 확인할 수 있습니다. 이렇게 내 눈으로 확인 가능한 몸의 반응과 행동을 보고 자신과 다른 사람의 감정을 잘 알아차리면 미리 대처할 수 있겠지요. 나와 상대방의 감정과 행동이 서로 상호작용을 하는 거예요. 역시 친구나 가족의 어떤 행동으로 화가 났을 때 자신의 신체를 관찰해 보고 화가 많이 나 있는 상황이라는 것을 알아차리고 화를 내거나 남을 때리는 선택을 하지 않을 수도 있습니다. 표현을 하되 충동적이지 않고 적절하게 표현할 수 있습니다."
정리하기 (5분)	① 이 시간을 간단히 정리하고 느낀 점이나 깨달은 점을 나눈다. "여러분이 이 프로그램에 참여하게 된 것도 어쩌면 순간의 화를 참지 못해서 친구를 때렸거나 다른 친구들이 나의 행동이나 말 때문에 화가 났다는 것을 알아채지 못하고 계속해서 그 행동을 하였기에 생겼을 수도 있습니다. 내가 화가 났다는 것을 인식하는 것이 무엇보다 먼저겠지요. 그 후 상대방이 화가 났다는 것을 알아채는 것도 필요하고 내가 화가 났을 때 충동적이고 폭력적인 행동이 아니라 적절한 방법으로 표현하는 방법을 배워야겠습니다. 이 시간 활동을 통해 느낀 점이나 깨달은 점을 나누도록 하겠습니다. 또 긍정적인 감정일 때 신체적 반응이 잘 일어나는지, 부정적인 감정일 때 신체적 반응이 잘 일어나는지 생각해 보고 같이 말해 주세요." "잘 들었습니다. 어떤 학생은 특정한 상황이나 사람에게 부정적인 반응을 더 많이 나타내기도 하네요." ② 다음 시간의 활동을 알린다. "다음 시간은 나에게 정서적으로 영향을 주는 가족과 주변 사람에 대해 알고 부정적인 감정이 일어나는 이유에 대해서도 알아보는 시간을 가지도록 하겠습니다."

유의사항	• 청소년들이 감정과 신체적 반응을 혼돈할 수 있는데 어떤 사건이나 일을 경험했을 때 일어나는 마음(느낌)이 감정이며 감정이 일어나면 생기는 눈 깜박임, 미간 찡그림, 주먹 쥐기, 심장박동 빨라지기 등이 신체적 반응임을 알려 주고 구분하도록 한다. • 청소년들은 문제상황을 만났을 때 자신이 기존에 사용했던 방법을 자동적으로 사용하는 경우가 많고 또한 새로 익힌 방법을 적용하는 것이 익숙하지 않으므로 이번 차시에 익힌 전략들을 평소에 적절히 사용할 수 있도록 연습시킬 필요가 있다.

활동지 4 - ①

내 마음은 내 몸과 연결되어 있어요!

내 몸과 마음이 연결되어 있는지 확인해 봅시다. 볼륨의 크기가 높을수록 가장 기분이 좋았던 일을 적으세요. 그리고 그 일이 있을 때 내 몸의 반응을 신체 그림에 표시합니다(예: 머리에 '가볍다'라고 쓰기). 그 후 거기에 따른 감정을 적습니다.

기분 좋은 일	볼륨		내 몸의 반응	감정
(예) 성적이 10등 올랐다.	높음	10		행복하다
(예) 평소 갖고 싶어 했던 게임기를 아빠가 사 주셨다.		9		신난다
		8		
	중간	7		
		6		
		5		
		4		
	낮음	3		
		2		
		1		

* 감정단어가 생각이 안 나면 〈활동지 3-①〉의 감정 메뉴판을 참고하세요!

활동지 4 - ②

몸은 내 마음의 힌트

나를 화나게 하는 일을 적어 봅시다. 볼륨의 크기 10이 가장 화가 났을 때입니다. 화나게 하는 일이 생길 때 내 몸의 반응이 나타나는 것을 신체 그림에 표시합니다(예: 손에 '부들부들 떨린다'라고 쓰기). 그 후 나의 행동과 그 행동 뒤 상대방의 반응을 적어 보세요.

화나게 하는 일	볼륨		내 몸의 반응	화날 때 했던 행동	상대방의 반응
(예) 친구가 욕하며 때렸다.	높음	10		더 심하게 욕하며 때린다.	화를 낸다. 더 심하게 때린다.
(예) 엄마가 티비를 못 보게 한다.		9		화내면서 그래도 텔레비전을 계속 켜놓고 본다.	인상이 구겨진다. 마구 때린다.
		8			
	중간	7			
		6			
		5			
		4			
	낮음	3			
		2			
		1			

5차시 나의 감정 톱니바퀴

활동지도안	
목 표	• 나에게 정서적으로 영향을 주는 가족과 주변 사람에 대해 안다. • 부정적인 감정이 일어나는 이유에 대해 탐색한다.
준비물	활동지, 필기구, 포스트잇(노란색, 분홍색), A4(도화지)
단 계	진행절차
들어가기 (5분)	① 지난 시간 내용을 간단히 정리하고, 이번 시간의 내용을 설명한다. "지난 시간에는 감정과 신체적 반응은 연결되어 있다는 것을 알고 관찰하면서 우선 자신의 감정을 잘 아는 것이 무엇보다 중요하고 상대방 감정도 알고 자신의 행동을 적절하게 표현해야 한다는 것을 배웠습니다. 이번 시간에는 자신을 둘러싼 중요한 관계들을 이해함으로써 현재 모습의 형성과정과 원인, 영향을 미친 사람 등 좀 더 깊게 자신을 이해하는 경험을 할 것입니다. 또 내가 겪고 있는 현재의 어려움이 형성된 과정이나 원인에 대해 알 수 있는 기회도 될 수 있습니다. 이 활동으로 현재 나에게 가장 영향을 주는 사람에 대해서 알 수 있을 거예요."
나에게 영향을 준 사람들과 나의 관계는? (35분)	① 나의 감정에 영향을 주는 사람은 누구인지 알아본다. 활동지 5-① "〈단지〉라는 제목의 웹툰이 있습니다. 이 웹툰의 특이한 점은 작가 이름도 '단지'이고 주인공 이름도 '단지'이며, 작품 제목도 〈단지〉로 모두 같은 존재라는 것입니다. 웹툰의 한 스토리 중에 작가가 실제 상처받은 자신에 대한 이야기를 그린 것이 있는데요. 내용을 보면, 단지는 급히 아버지가 입원한 응급실에 달려가는데 오빠와 남동생이 집으로 돌아가고 응급실에 혼자 남아 있습니다. 12시가 다 되어 엄마가 도착하고, 엄마는 대뜸 "내일 아침에도 일찍 나와"라고 명령합니다. 집으로 돌아와 전화로 엄마와 다툰 단지는 마감을 하지 못합니다. 단지의 아빠는 '밖에 나가선 참 잘'하는데 집에서는 가부장적이었고 아빠와 똑같이 닮은 오빠는 단지를 통해 자신의 존재를 확인하였고 갈등의 핵심에 있는 엄마는 늘 아들 편만 들었습니다. 엄마는 '단지가 한 일을 칭찬하기보단 미처 못 한 일을 꼬집어 화를 낼 뿐'이었고 단지는 항상 폭력적 상황에 노출되어 있었습니다. 다음으로 현수와 엄마와 형의 대화 내용을 보세요. 현수는 형의 언어폭력과 물리적 폭력으로 힘든 상황을 겪고 있습니다. 그런데 엄마는 모른 척하며 현수의 보호자가 되지 못하고 있네요. 이와 같이 단지와 현수에게는 가족이 정서적으로 큰 영향을 주지요. 여러분도 자신과 가까운 관계인 가족이나 친구, 선생님이 여러분의 정서에 영향을 주고 있습니다."

	② 나에게 정서적으로 영향을 주는 주변 사람을 맵 방식으로 그려 본다. **활동지 5-②** "먼저 눈을 감고 현재 나에게 영향을 주는 사람들이나 사건들에 대해 생각합니다. 그리고 자신에게 의미 있는 주변 사람들을 떠올려 보세요." (1~2분 눈을 감고 생각하기) **Tip** • A4 용지 또는 도화지를 준비한다. • 반드시 정해진 선 안에 그려야만 하는 것이 아니며, 종이는 가로, 세로 어느 방향이어도 무관하다. • 설명하고 싶지 않은 부분은 하지 않아도 된다는 것을 미리 이야기한다. "자, 눈을 뜨고 활동지를 봅니다. ○는 여자, □는 남자입니다. 자신을 나타내는 ○ 또는 □를 그리고 싶은 위치에, 그리고 싶은 크기로 표시합니다. 자신에게 영향을 주었거나 의미 있는 사람들은 ○ 또는 □로 그립니다. 자신과 가깝다고 느껴지면 가깝게, 멀다고 느껴지면 멀게, 중요하다고 생각되면 크게, 별로 중요하지 않다고 생각하면 작게, 그리고 싶은 대로 그리면 됩니다. ○ 또는 □는 단순한 도형이 아니라 사람이라고 생각하고 감정을 담아서 표현해 보세요. 표현을 끝낸 후에는 ○ 또는 □ 옆에 그 사람을 생각하며 그 사람에게 자주 들었던 말도 적어 보세요." ③ 완성품에 대해 설명하고 활동하는 동안에 느낀 점을 이야기해 본다. "완성된 작품에 대해서 이야기해 보세요. 그리고 작품을 하는 동안이나 완성 후에 든 생각도 같이 이야기해 봅니다." ④ 완성품에 적혀진 사람들에게 듣고 싶은 말과 하고 싶은 말을 적어 본다. **활동지 5-③** "이번 활동으로 감정적으로 나에게 영향을 주는 사람들에 대해서 알아보았습니다. 나를 둘러싼 사람들이 긍정적인 감정이 일어나게도 하고 부정적인 감정이 일어나게도 하네요. 그럼 나의 작품 속에 나오는 사람들에게 듣고 싶은 말과 하고 싶은 말을 나눠 주는 포스트잇에 한 개씩만 적어 봅시다. 노란색 포스트잇에는 듣고 싶은 말이 있는 사람에게 듣고 싶은 말을 적고, 분홍색 포스트잇에는 하고 싶은 말이 있는 사람에게 하고 싶은 말을 적습니다." "다 적었으면 누구에게 어떤 말을 하고 싶고 듣고 싶은지 한 명만 골라서 발표해 보아요."
정리하기 (5분)	① 이 시간을 간단히 정리하고 느낀 점이나 깨달은 점을 나눈다. "이번 시간에는 현재 나를 둘러싼 관계 중 가까운 가족, 친구, 선생님에게 받은 영향 중에 정서적인 영향을 살펴보았습니다. 지금의 내가 있기까지 여러 가지 영향을 준 사람들이지요. 그중에서 단지처럼 가족이 자신에게 부정적인 영향을 주어 분가해서도 여전히 폭력적인 상황에 노출되어 있고 자신이 할 일을 할 수 없을 정

	도로 힘든 상황도 있을 수 있습니다. '단지'는 분가를 선택함으로써 피한다고 피했지만 아직 제대로 벗어나지 못한 것 같은데 여러분은 어떤지요? 오늘 활동을 하면서 느낀 점이나 깨달은 점에 대해서 이야기해 보도록 합니다." ② 다음 시간의 활동을 알린다. "다음 시간에는 도미노 게임과 시놉시스 만들기를 통해 상황에 따라 나와 사람들이 하는 생각이나 행동이 다를 수 있음을 이해하고, 여러 갈등상황을 살펴본 뒤 해결방법도 같이 찾아보도록 하겠습니다."
유의사항	• 진지하고 편안한 분위기를 조성한다. • 신뢰할 수 있는 분위기에서 자유롭게 표현하도록 한다. • 집단 안에서 어떤 특정한 학생이 발언권을 계속 잡지 않고 골고루 학생들이 돌아가면서 발표할 수 있도록 학생 개개인의 적극적인 참여에 신경 쓸 필요가 있다.

활동지 5 - ①

나의 감정 톱니바퀴

다음 내용을 보면서 나의 감정에 영향을 주는 사람들(가족, 친구, 선생님 등)에 대해 생각해 봅시다.

〈단지〉라는 제목의 웹툰이 있습니다.
이 웹툰의 특이한 점은 작가 이름도 '단지'이고, 주인공 이름도 '단지'이며, 작품 제목도 '단지'로 모두 같은 존재라는 것입니다.
웹툰의 한 스토리 중에 작가가 실제 상처받은 자신에 대한 이야기를 그린 것이 있는데요.

내용을 보면, 단지는 급히 아버지가 입원한 응급실에 달려가는데 오빠와 남동생이 집으로 돌아가고 응급실에 혼자 남아 있습니다. 12시가 다 되어 엄마가 도착하고, 엄마는 대뜸 "내일 아침에도 일찍 나와"라고 명령합니다. 집으로 돌아와 전화로 엄마와 다툰 단지는 마감을 하지 못합니다.

단지의 아빠는 '밖에 나가선 참 잘'하는데 집에서는 가부장적이었고 아빠와 똑같이 닮은 오빠는 단지를 통해 자신의 존재를 확인하였고 갈등의 핵심에 있는 엄마는 늘 아들 편만 들었습니다. 엄마는 '단지가 한 일을 칭찬하기보단 미처 못 한 일을 꼬집어 화를 낼 뿐'입니다.

다음은 현수(12세)와 엄마, 형(16세)이 나누는 대화 내용입니다.

형: 야! 오늘 내 숙제 네가 대신 좀 해라. 안 하면 얻어 터질 줄 알아.
현수: 형, 나도 오늘 할 일이 많아. 그리고 형 숙제니까 형이 해야지.
형: 이게 어디서 형한테 말대답이야! ××놈아~ 지금 형한테 대드냐? (뺨을 때리고 발로 찬다.)
현수: (울면서) 아니 형… 형 숙제잖아….
엄마: (모르는 척하며 부엌에서 저녁밥을 하고 있다.)
현수: 엄마, 형이 나 때렸어요.
엄마: 형이 괜히 그랬을라고….
현수: 아니야. 형이 먼저….
형: 병신. 머저리. 바보 같은 놈.

가족은 '단지'와 '현수'에게 어떠한 영향을 주었을까요? 자신의 생각을 적어 보세요.

활동지 5 - ②

나에게 영향을 준 사람들과 나의 관계는?

눈을 감고 현재 나와의 관계에 영향을 주는 사람들이나 사건들에 대해 생각합니다. 그리고 자신에게 의미 있는 주변 사람을 떠올려 보세요.

- ○는 여자, □는 남자입니다.
- 자신을 나타내는 ○ 또는 □를 그리고 싶은 위치에, 그리고 싶은 크기로 표시합니다. 그리고 자신에게 영향을 주었거나 의미 있는 사람들은 ○ 또는 □로 그립니다.
- 자신과 가깝다고 느껴지면 가깝게, 멀다고 느껴지면 멀게, 중요하다고 생각되면 크게, 별로 중요하지 않다고 생각하면 작게 등 그리고 싶은 대로 그리면 됩니다. ○ 또는 □는 단순한 도형이 아니라 사람이라고 생각하고 감정을 담아서 표현해 보세요.

예시

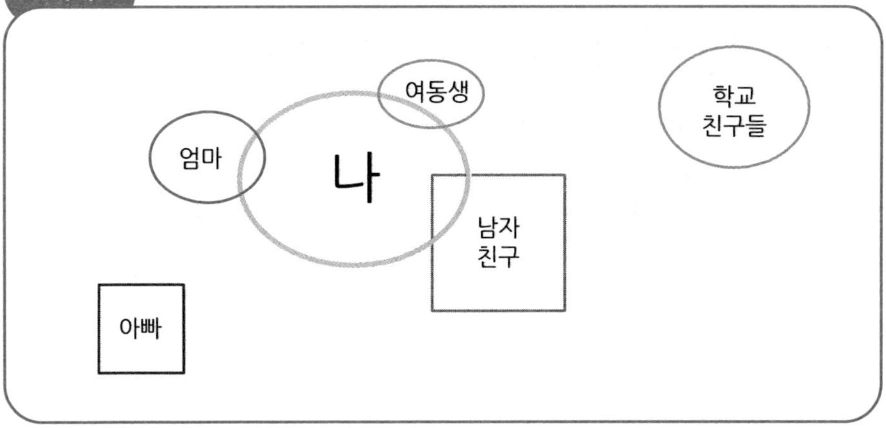

- 나에게 가장 가깝고 영향을 크게 미치는 사람은 누구인가요? (   )
- 나와 가깝지만 영향을 주지 않는 사람은 누구인가요? (   )
- 나와 가장 거리가 멀고 영향을 주지 않는 사람은 누구인가요? (   )

▶ 작품을 하는 과정이나 완성 후에 든 생각이나 느낌을 적어 보세요.

활동지 5 - ③

듣고 싶은 말, 하고 싶은 말 적어 보기

듣고 싶은 말과 하고 싶은 말을 각각의 포스트잇에 적어 보세요(Tip. 듣고 싶은 말, 하고 싶은 말을 다른 색상 포스트잇을 사용하세요).

듣고 싶은 말	하고 싶은 말

6차시 나도 작가가 되다!

활동지도안	
목 표	• 도미노 게임을 하면서 실수를 하여도 다시 시작할 수 있다는 경험을 한다. • 시놉시스 만들기를 통해 상황에 따라 사람들이 각자 문제를 다르게 볼 수 있음을 안다.
준비물	활동지, 필기구, 도미노
단 계	진행절차
들어가기 (5분)	① 지난 시간 내용을 간단히 정리하고, 이번 시간의 내용을 설명한다. "벌써 프로그램의 반을 지나와 여섯 번째 시간입니다. 처음 시작할 때는 서로가 어색하고 잘 몰랐지만, 처음 만나 자신의 지금까지 있었던 일들 중 기억에 남는 것들을 영화로 만들어 각자 자신을 소개하였고 찰흙(클레이)으로 가족을 표현하면서 서로의 가족에 대해서도 알게 되었습니다. 또 다양한 감정에 대해서 배우면서 자신의 가까운 관계에서 받게 되는 영향과 나를 화나게 하는 상황과 말들에 대해서도 알게 되었지요. 그런 것들에 나만 영향받는 것이 아니라 나도 다른 사람들에게 영향을 준다는 것도 알게 되었고요. 지금까지는 자신에 대해 이해하는 시간이었다면 이번 차시와 다음 시간 7차시는 나와 다른 생각과 행동을 하는 상대방에 대해 알아보면서 다양한 갈등상황을 살펴보고 이해하면서, 시놉시스를 만들어 보고 초단편 영화를 만들어 보며 해결방법을 찾아보도록 하겠습니다."
도미노 게임 (15분)	① 도미노 게임을 한다. "먼저 본 활동에 들어가기에 앞서 모둠별 게임을 하도록 하겠습니다. 여러분, 도미노 게임을 아시나요? 여기 보이는 이 도미노를 일정한 간격을 두고 길게 세워 두고 마지막 막대를 건드리면 도미노는 쓰러지면서 다른 하나를 건드려야 쓰러지게 됩니다. 여기에 도미노 막대가 있습니다. 제한 시간은 5분입니다. 모둠별로 5분 동안 이 막대들을 창의적으로 세워 보세요. 물론 도미노는 쓰러지면서 다른 하나를 건드리도록 해야겠지요? 그런데 이게 함정이 되기도 합니다. 세우다가 잘못 건드리면 지금까지 세워 둔 것이 다 쓰러져서 처음부터 시작해야 한답니다. 모둠별로 잘 의논하여 협동하면서 멋진 도미노를 완성하시기를 바랍니다. 자, 시작합니다. 시작!" (5분) "여러분의 멋진 도미노 잘 보았습니다. 이번 게임의 위너는 ○○모둠이네요. 축하

	드립니다. 승리의 소감을 들어 보겠습니다. 힘들었던 점이나 느꼈던 점들을 말해 봅시다. 다음은 비록 실패는 했지만 열심히 하였던 ○○모둠의 소감을 들어 보겠습니다." "도미노 게임을 통해서 모둠별 협동력이 상승했을 듯합니다. 도미노 게임은 재미도 있지만 많은 것을 느끼게 하는 것 같습니다. 정성을 들여서 세웠지만 친구의 한순간의 실수로 쓰러져 화가 나기도 하였지요. 하지만 다시 세우고 마지막에 도미노가 멋지게 쓰러지는 모습을 보면서 뿌듯함도 느끼고 즐겁기도 하고요. 이렇게 게임을 통해서 갈등상황을 경험한 모둠도 있었을 거예요. 이 경험을 통해서 자신과 모둠원들을 새롭게 이해하는 기회도 되었을 것이라 여겨집니다."
나도 작가가 되다! (20분)	② '학교에서 일어나는 갈등상황'이라는 주제로 시놉시스와 스토리 보드를 만든다. 활동지 6-① "다음은 모둠별로 '학교에서 일어나는 갈등상황'이라는 주제를 가지고 시놉시스를 만드는 활동을 하도록 하겠습니다. 시놉시스(synopsis)란 작가가 생각하는 주제를 다른 사람에게 알리기 위해 쉽고 간단하게 정리한 스토리 해설을 말합니다. 흔히 우리가 쓰는 말로는 줄거리, 글의 개요 등이라고 부르기도 하지요. 모둠별로 활동지에 나와 있는 시놉시스 양식에 맞게 작성해 주면 됩니다." "작품의 장르는 학원물이고 주제는 학교에서 일어나는 갈등상황에 대한 것입니다. 완결코드를 해피엔딩으로 할지 새드엔딩으로 할지도 여러분이 정해야겠지요. 등장인물의 이름, 나이, 성격, 말버릇, 과거 있었던 일, 신분, 등장인물과 관계도 설정하여 주세요. 그러고 나서 제목을 정해 주세요. 이 시놉시스는 다음 시간에 초단편 3분 영화로 제작됩니다. 시놉시스와 스토리 보드를 작성할 때도 초단편 영화를 제작할 때도 모두 참여하도록 합니다. 모둠의 인원이 모두 역할을 맡아 참여할 수 있도록 합니다. 예를 들어, 연출, 해설, 주인공 등 모든 역할을 나누어 맡도록 합니다."
정리하기 (5분)	① 이 시간을 간단히 정리하고 느낀 점이나 깨달은 점을 나눈다. "이번 시간은 모둠별로 도미노 게임을 하면서 협동하여 도미노 작품을 완성하였고 시놉시스 만들기를 통해서도 서로 의견을 나누고 협력하는 활동을 하였습니다. 서로의 의견이 같을 수는 없지요. 사람들이 모두 나와 같은 생각을 하고 상황을 보는 것이 아니랍니다. 학교에서 일어나는 갈등상황을 주제로 시놉시스를 만들었지만 아마도 도미노 게임을 할 때도, 시놉시스를 만들 때도 모둠에서 크고 작은 갈등이 있었을 것입니다. 어떤 일들이 있었는지 말해 보는 시간을 가지도록 하겠습니다." ② 다음 시간의 활동을 알린다. "다음 시간에는 이번 시간에 만든 시놉시스를 가지고 모둠별로 초단편 3분 영화 제작을 하고 발표하는 시간을 가지겠습니다. 혹시 소품이 필요하면 다음 시간에

	가지고 오세요."
유의사항	• 도미노 게임을 할 때 모둠이 서로 공간을 넓게 자리 잡도록 하여 충돌이 생기지 않도록 한다. 도미노가 없는 경우 크기가 비슷한 물건, 예를 들면 책을 이용할 수 있다. • 시놉시스 만드는 활동에 참여하지 못하는 청소년에게 모둠원들과 함께할 수 있도록 집단상담자가 역할을 부여하는 등 도움을 줄 수 있다. 모둠원들이 모두 함께 활동할 수 있도록 좀 더 주의를 기울여 준다.

활동지 6 - ①

나도 작가가 되다!

모둠별로 '학교에서 일어나는 갈등상황'이라는 주제를 가지고 시놉시스를 만듭니다. 시놉시스는 초단편 3분 영화로 다음 시간에 제작됩니다.

작품정보	제목:	
	장르: 학원물	완결 코드: 해피 또는 새드
	주제: 학교에서 일어나는 갈등상황	
	기획의도 또는 집필의도:	
등장인물	(주조연의 나이, 성격, 말버릇, 과거 있었던 일, 신분, 등장인물과 관계도 등 설정)	
줄거리		
본문 내용	시작:	
	전개:	
	절정:	
	마무리:	

시놉시스 내용에 따라 촬영할 영상을 여섯 개의 장면으로 스케치하여 스토리 보드를 만들어 보세요.

제목: ____________________

#1

____

#2

____

#3

____

#4

____

#5

____

#6

____

7차시 관점을 바꾸면 미래가 바뀐다

활동지도안	
목 표	• 초단편 영화 제작을 통하여 각기 다른 갈등상황과 대처유형을 알고 다른 선택을 할 수 있다.
준비물	활동지, 시놉시스, 스토리 보드, 각종 소품, 휴대폰
단 계	진행절차
들어가기 (5분)	① 지난 시간 내용을 간단히 정리하고, 이번 시간의 내용을 설명한다. "이번 시간은 예고한 대로 지난 시간에 만든 '학교에서 일어나는 갈등상황' 시놉시스를 가지고 초단편 3분 영화를 만들도록 하겠습니다."
초단편 3분 영화 제작하기 (20분)	① 초단편 3분 영화를 제작한다. **활동지 7-①** "모둠별로 자유롭게 제작하면 됩니다. 3분짜리 초단편 영화라도 영화이니까 영화를 찍는 감독이 있고 배우들이 있겠네요. 배우를 하면 연기를 해야 하는데 스스로 못한다고 생각하는 학생이 있을 수도 있어요. 하지만 모두 할 수 있어요. 한번 상상해 보아요. 내 손에 레몬이 있어요. 이제 칼로 레몬을 반으로 잘라 봅니다. 냄새를 맡아 보아요. 그다음 레몬을 입으로 가져가 봅니다. 어때요? 상상만 하여도 입에 침이 고이고 얼굴이 찡그려지지요. 방금 여러분은 연기를 한 거예요. 레몬을 직접 보고 냄새 맡고 먹어 보지 않았어도 여러분의 입안에 침이 고인 것같이 느낀 것처럼 연기할 수 있습니다. 여러분은 그런 능력이 있습니다. 초단편 3분 영화를 만들면서 나는 아니지만 역할에 몰입하여 그 역할이 나인 것처럼 리얼하게 연기하여 작품을 멋지게 완성해 주세요. 작품을 찍을 때 주의할 점은 전원이 모두 참여하여야 하고, 즐기면서 서로 협동해야 합니다. 배우는 대사를 알아들을 수 있도록 연습을 충분히 하고 촬영에 들어가 주세요. 감독은 휴대폰 카메라 동영상 기능을 활용하여 영화를 찍고 완성되면 제목을 붙여 제 메일로 보내 주세요."
초단편 3분 영화제 (15분)	① 완성된 초단편 3분 영화를 상영한다. "자, 이제 작품이 모두 제게 들어 왔습니다. 제1회 ○○중학교 영화제를 시작하겠습니다. 먼저 작품 감상부터 하겠습니다." (영화 상영) "모두 훌륭합니다. 이렇게 짧은 시간에 초단편 영화를 완성한 것도 대단하고 연기와 연출 등 배우와 감독 역할을 하느라고 모두 수고 많으셨습니다." ② 다양한 갈등상황과 그에 따른 대처방법이 다름을 안다. "지금 상영된 작품들에는 주제가 있지요. 학교에서 일어나는 갈등상황인데요. 사

	람들이 만나고 생활하면 기본적으로 갈등이 있는 것은 자연스러운 것입니다. 가정에서도 학교에서도 어디에서나 마찬가지이지요. 적절한 갈등과 해결하는 경험은 생활을 활력 있게 하고 자신을 발전시킨답니다. 하지만 갈등이 생겼을 때 대처하는 방법이 상황이나 사람마다 다르겠지요." ③ 작품 속 등장인물의 욕구 및 감정을 나눈다. "모둠별 작품에 대한 질문을 하도록 하겠습니다. 그럼 먼저 ○○모둠의 작품에서 '○○이는 그때 어떤 생각이었을까요?' '○○이는 상황을 어떻게 보았을까요?' '○○이가 원하는 것은 무엇이었을까요?' '○○이는 어떤 느낌이었을까요?'" "배우들의 소감도 들어 보겠습니다. 연기하면서 어떤 감정을 느꼈는지 말씀해 주세요." "모둠별로 돌아가면서 소감을 말하고 나누어 보도록 하겠습니다." **Tip** 소감을 나눈 후에 영화제처럼 남우 · 여우 주연상과 조연상, 인기상, 액션 배우상, 촬영상, 감독상 등을 선정하여 상과 상품을 준다.
정리하기 (5분)	① 이 시간을 간단히 정리하고 느낀 점이나 깨달은 점을 나눈다. "여러분이 보았던 것처럼 원하는 것을 제대로 알려 주지 않으면 원하는 것을 얻지 못합니다. 그래서 상대방에게 자신이 원하는 것을 제대로 알려 주는 것이 참으로 중요합니다. 원하는 것을 잘 알려 주려면 먼저 자신의 지금 감정과 무엇을 원하는지를 알고 있어야 하겠지요. 갈등상황이 생겼을 때 대처하는 방식은 여러 가지가 있지만 가장 이상적인 것은 너도 좋고 나도 좋은 방법입니다. 둘 다 윈윈하고 만족하는 결과를 얻는 것입니다. 학교에서 다툼이 생기는 갈등상황에서 나도 만족스럽고 상대도 만족스러운 방법으로 선택을 할 수 있도록 최선을 다해야겠습니다." ② 다음 시간의 활동을 알린다. "다음 시간에는 나의 분노감정을 잘 알아채고 조절할 수 있는 방법을 찾고 배워 보는 시간을 가지도록 하겠습니다."
유의사항	• 영화가 상영될 수 있도록 인터넷과 TV 모니터가 준비된 공간에서 프로그램이 진행되어야 한다. • 모둠별로 만든 초단편 3분 영화를 상영할 때 장난스럽지 않고 진지하게 시청할 수 있도록 한다.

활동지 7 - ①

초단편 3분 영화제

지난 시간에 만든 '학교에서 일어나는 갈등상황' 시놉시스와 스토리 보드를 이용하여 초단편 3분 영화를 제작합니다. 제작 후에 영화제가 있습니다.

초단편 3분 영화 제작하기

1단계. 모둠별 각자 역할을 정한다.

2단계. 배우는 대사와 액팅 연습을 한다.

3단계. 리허설을 한다.

4단계. 휴대폰 카메라를 이용하여 촬영을 한다.

초단편 3분 영화제

작품을 보며 생각해 봅시다!

1. 갈등상황이 일어나는 이유는 무엇이었나요?
2. 주인공의 생각과 기분은 어땠을까요?
3. 작품과 같은 갈등이 생겼을 때 대처하거나 해결할 수 있는 방법을 자유롭게 말해 보세요.

8차시 복닥복닥 내 마음

활동지도안	
목 표	• 평상시 나를 화나게 하는 상황이나 말을 알아본다. • 나의 말과 행동이 주변에 어떤 영향을 미치는지 안다.
준비물	활동지, 필기도구, 포스트잇(노란색, 분홍색), 스티커, 우드락 판
단 계	진행절차
들어가기 (5분)	① 지난 시간 내용을 간단히 정리하고, 이번 시간의 내용을 설명한다. "지난 시간에는 모둠에서 만든 시놉시스를 가지고 초단편 3분 영화를 제작하면서 학교에서 일어나는 다양한 갈등상황을 사람마다 다르게 본다는 것을 알게 되었습니다. 그리고 다양한 대처유형도 알게 되어 평소와 다른 선택을 할 수도 있다는 것을 배웠습니다. 오늘은 감정 중에 '화' '분노'에 대한 활동을 하려 합니다." "전에 감정카드를 만들었었죠? 감정에는 긍정적 감정도 있고 부정적 감정도 있는데, 감정 자체는 옳고 그름이 없고, 나에게 뭔가 중요한 일이 있음을 알려 주는 신호라고 했던 것을 기억하고 있나요? 감정 자체는 좋거나 나쁜 감정이 없고, 모든 감정은 자신의 마음을 나타내 주기 때문에 다 소중한 거예요. 그런데 특별히 부정적 감정, 그중에서도 분노와 같은 감정은 종종 그 감정 자체에 압도당하듯이 느껴질 수 있답니다. 자신이 감정을 다스릴 수 없고 감정이 자신을 다스리는 것처럼 느껴지는 것이지요. 감정을 다스릴 수 없다고 생각되기 때문에 그러한 기분에서 벗어나려는 노력도 거의 하지 못하게 된다고 해요. 하지만 감정을 아는 것과 행동하는 것은 별개의 일이에요. 감정은 느끼더라도 행동은 다르게 할 수 있고, 사람은 누구나 그 감정을 바꿀 의지와 능력도 가지고 있답니다. 문제는 자신이 어떤 이유 때문에 어떤 감정을 느끼는지를 깨달을 수 있어야 하는 것이지요. 그래서 오늘은 나의 분노감정에 대해 살펴보는 시간을 가지려고 합니다. 언제 어떤 상황에서 내가 분노를 느끼는지를 살펴보다 보면 그때 내가 느낀 감정이 분노였다는 것을 알 수 있을 거예요. 그리고 분노도 하나의 감정이니 충분히 벗어나고 조절할 수 있다는 것을 앞으로 배우게 될 것입니다."
화가 난다 화가 나 Best 5! (25분)	① 나를 화나게 하는 상황과 말을 적어 본다. **활동지 8-①** "평소 생활하다 보면 여러 가지 감정들이 일어났다가 잠잠해졌다가를 반복합니다. 지금 이 시간에는 그중에서 나를 화나게 하는 상황이나 말들을 생각해 봅니다."

<table>
<tr>
<td></td>
<td>
"화가 나는 상황은 내가 궁금한 게 있어서 친구에게 물었을 때 대답을 안 해 줄 때라든지, 관심도 없는 일을 억지로 시켜서 어쩔 수 없이 해야 할 때라든지, 잔소리를 오래 듣고 있을 때라든지 하는 것을 말합니다. 화가 나는 말은 어떤 게 있을까요? 예를 들어, 재 머리 진짜 크다, 재 빼고 가자, 너는 그렇게밖에 못하냐는 등의 말로, 들었을 때 화가 나는 말입니다."
"지금 여러분께 나눠 준 활동지에 화가 나는 상황 5가지와 들었을 때 화가 나는 말 5가지 이상 적어 봅니다. 화가 나는 상황은 노란색 포스트잇에, 들으면 화가 나는 말은 분홍색 포스트잇에 옮겨 적습니다. 다 적은 친구는 앞으로 나와 우드락 판(또는 칠판)에 색깔별로 붙여 주세요. 다 붙였으면 우드락 판(또는 칠판)에 전시된 목록들을 보고 자신이 가장 화가 나는 상황이나 말 또는 친구들이 가장 화가 날 것 같은 상황이나 말을 5가지 골라 스티커를 붙여 봅니다."

Tip
• 화가 나는 상황
- 나갈 준비를 하고 있는데 이것저것 시킬 때, 혼자 할 것도 없을 때
- 싸울 때 말을 잘 못할 때, 뭐 뺏어 먹을 때, 약속 안 지킬 때
• 화가 나는 말
- 니가 알아서 좀 해라, 한번 말하면 제발 좀 들어라, 정신 차려라.
- 전부 너 때문이다, 그것도 못하냐, 눈이 썩었냐?

"자, 드디어 이 중에 화나게 하는 상황과 말 Best 5가 결정되었습니다. 그럼 이것을 돌아가면서 실감나게 읽어 보겠습니다." (집단 구성원들이 돌아가면서 상황과 말 연기를 하면서 읽기)
"와! 대단하네요. 실제 감정이 실려 있는 거 같아요. 지금 말한 친구는 말을 할 때 어떤 감정이었는지 소감을 말해 주세요. 다른 친구는 그 말을 들었을 때 느낌을 말해 보도록 합시다."
</td>
</tr>
<tr>
<td>내가 다른 사람에게 영향을 준다고? (10분)</td>
<td>
① 내가 다른 사람에게 어떤 영향을 주는지 생각한다. 활동지 8-②
"지금 보여 드리는 활동지는 2014년에 국민일보에 실린 한 기사를 발췌한 것입니다."
"이 기사를 보면 학교폭력으로 빚어진 법적 분쟁에서 법원은 상당히 엄격한 원칙을 적용하였습니다. '장난이었다'라고 말하면서 가해 사실을 인정하지 않는 학생이 있다면 다시 한 번 생각해 봐야 할 것 같습니다."
"앞 활동에서 내가 화나는 상황과 말들을 적어 보았지요. 다른 사람들이 나에게 무심코 했던 말이나 행동인데 그 상황이 되면 나는 화가 나고 기분이 안 좋아집니다. 내 감정에 영향을 미칩니다. 마찬가지로 여러분도 자신의 마음에 안 든다고 지속적으로 지적하거나 생각 없이 했던 말과 행동들이 상대방의 감정에 아주 큰 영향을 미치게 됩니다. 이 기사를 읽으면서 나의 행동과 말이 다른 사람들에게
</td>
</tr>
</table>

	어떤 영향을 미치는지에 대해 생각해 보길 바랍니다. 혹시 지금 친구나 가족에게 내가 부정적인 영향을 미치고 있다면 안 하도록 해야겠지요?"
정리하기 (5분)	① 이 시간을 간단히 정리하고 느낀 점이나 깨달은 점을 나눈다. "이번 활동을 통하여 평상시 나를 화나게 하는 상황이나 말을 알아보았습니다. 어떤 점이 인상적이었는지 느낀 점이나 새롭게 알게 된 점에 대해 이야기해 봅시다." (나누기) "참 다양한 점을 느낀 것 같습니다. 다른 친구들은 어떤 상황에서 화가 나는지도 알게 되었지요. 나는 별로 화나지 않는 상황이나 말인데 다른 친구들은 화가 날 수도 있다는 것을 알게 되었으니 이제부터 서로를 좀 더 이해할 수 있겠지요? 이렇듯 사람마다 화가 나는 상황은 다를 수 있습니다. 그리고 신문기사를 보면서 나는 장난으로 상대방의 반응이 재미있어서 한 행동이나 말과 내가 화가 났을 때 했던 행동이나 말이 주변에 어떤 영향을 미치는지도 알게 되었습니다. 사람과 사람 사이의 관계에서 일방적인 관계는 없습니다. 항상 상호작용하며 영향을 주고받는답니다. 오늘은 평소 불만이었던 나에게 있어 화가 나는 말이나 상황에 대해 알아보고 표현해 보았습니다. 자신에 대해 표현하는 것이 그리 어렵지 않지요?" ② 다음 시간의 활동을 알린다. "다음 시간은 행복하고 즐거운 나만의 책 만들기 활동을 하도록 하겠습니다."
유의사항	• '화가 나는 말과 상황 Best 5!'를 발표하는 시간에 한 명에게만 시키지 않고 집단원들이 모두 돌아가면서 할 수 있도록 독려한다. 발표를 한 후에는 무조건 칭찬과 격려를 해 준다.

활동지 8 - ①

화가 난다 화가 나 Bset 5!

화가 나는 상황

우리는 가끔 화가 납니다. 어떤 상황에서 화가 나는지 자신의 경험을 적어 봅시다.

잔소리를
오래 듣고 있을 때

화가 나는 말

상대방으로부터 어떤 말을 들을 때 화가 나는지 자신의 경험을 적어 봅시다.

재 빼고 가자

활동지 8 - ②

내가 다른 사람에게 영향을 준다고?

다음 글을 읽고 생각해 보세요.

'학교폭력' 피해자 감정이 중요… 때리고 "장난이었다" 안 먹힌다!

학교폭력으로 빚어진 법적 분쟁에서 법원은 상당히 엄한 원칙을 적용하고 있다. '친구끼리 싸우면서 크는 법'이라며 학교폭력을 대수롭지 않게 여기는 학부모나 '장난이었다'면서 가해 사실을 인정하지 않는 학생이라면 다시 생각해 봐야 할 일이다. 법원은 언어폭력과 사이버 공간의 욕설도 학교폭력으로 인정했다.

중학교 1학년 A군은 지난해 7월 '격투 기술을 가르쳐 주겠다'며 같은 반 친구 귀를 때리거나 눕혀 놓고 멱살을 잡았다. A군은 학교로부터 서면사과 및 특별교육 처분을 받은 후 "장난으로 싸움 흉내를 냈을 뿐 학교폭력이 아니었다"며 소송을 냈다. 하지만 법원은 "피해 학생은 팔에 멍이 들었고 쉽게 회복하기 어려운 정신적 피해를 받았을 것으로 보인다"고 판단했다. 또 "A군이 교사로부터 수차례 지적을 받았으면서도 장난이라고 치부하고 행동을 고치지 않았다"며 "A군의 장래만을 고려해 비행을 불문에 부친다면 학교폭력 행위에 대한 선도를 포기하는 것과 다름없다"고 밝혔다.

서울의 한 부장판사는 "가해자가 장난이라고 주장해도 당시 피해자의 상황 등을 종합적으로 고려해 판단한다"며 "성폭력 사건에서 피해자가 느꼈던 감정을 중요하게 보는데 학교폭력 소송도 크게 다르지 않다"고 말했다.

법원은 또 학생들이 무심코 내뱉은 언어폭력과 사이버 공간에 남긴 욕설 댓글에도 관대하지 않았다. 언어 · 사이버 폭력 등으로 징계받은 학생들이 낸 소송 10건 중 7건에서 패소 판결이 나왔다. 초등학교 6학년 B양은 자신의 카카오스토리에 같은 반 친구를 향해 "나가 뒈져. 꼴불견" "그러니까 왕따 당하지" "장기 다 빼고, 뇌 빼고 버릴 거다" 등의 글을 올렸다가 학급 교체 및 특별교육 처분을 받았다. 소송을 낸 B양 측은 "일반적인 학생들 사이에 쉽게 발생하는 갈등"이라고 주장했다.

국민일보(2014. 10. 6.). 나성원 기자
출처: http://news.kmib.co.kr/article/view.asp?arcid=0922805777&code=1113

- 위 글을 읽고 기억에 남는 부분에 줄을 그어 봅시다.

- 내가 다른 사람에게 영향을 미친 긍정적인 말이 있다면 적어 보세요.

- 내가 다른 사람에게 영향을 미친 부정적인 말이 있다면 적어 보세요.

- 내가 겪었던, 상대방은 장난이라고 이야기하지만 나는 폭력으로 받아들였던 경험이 있다면 적어 봅시다.

9차시 즐거운 상상

활동지도안	
목 표	• 현재 자신이 가지고 있는 긍정적인 에너지를 발견할 수 있다. • 자신의 긍정적인 기억을 떠올려 스트레스 상황에 대처하고 부정적인 감정을 조절할 수 있는 힘을 기른다.
준비물	활동지, B4용지, 잡지, 풀, 가위, 사인펜, 색연필, 연필, 지우개, 조용한 음악, 카세트
단 계	진행절차
들어가기 (5분)	① 지난 시간 내용을 간단히 정리하고, 이번 시간의 내용을 설명한다. "지난 시간에 나에게 있어 화가 나는 말과 상황을 적어 보고 서로 연기하면서 평소 불만이었던 것을 많이 표현하였을 것입니다. 부정적인 감정이 마음에 쌓여 있으면 나도 모르게 불쑥 튀어나올 수 있어요. 이번 시간은 여러분이 가지고 있는 긍정적인 에너지를 발견해 보도록 하겠습니다. 나만의 즐거운 상상이 가득 들어간 긍정 책을 만들 거예요. 이 책은 앞으로 여러분의 부정적인 감정이나 스트레스 상황에 대처하면서 자신의 의지대로 생각과 행동을 조절하는 경험을 할 수 있도록 도와줄 것입니다."
나만의 긍정 책 만들기 (20분)	① 화가 날 때 보면 마음이 즐거워지는 나만의 긍정 책을 만든다. **활동지 9-①** "여러분, 눈을 감아 보세요. 바람이 산들산들 부는 들판 위에 누워 있는 자신을 상상해 봅시다. 코 끝에서는 싱그러운 나무 냄새가 납니다. 자, 눈을 떠 보세요. 이렇게 기분 좋게 만드는 어떤 행동, 장소, 물건, 사람, 장면, 행복했던 기억들을 떠올리면 마음과 몸의 기분이나 상태가 좋아진답니다." (자연을 연상할 수 있는 음악을 틀어 주어 분위기를 조성해 줍니다.) "이번 시간에는 이렇게 자신을 기분 좋게 하는 장면이 들어가 있는 책을 만들어 보겠습니다. 자신이 좋아하는 것을 생각하면 기분이 좋아지지요? 나를 힘나게 하는 말이나 나에게 힘을 주는 장소나 공간, 힘을 주는 물건이나 내가 보물처럼 아끼는 것, 나에게 힘을 주는 나의 명언들로 구성하면 됩니다." **Tip** • 긍정적 장면 예시 아이스크림을 먹으면서 좋아하는 만화책을 보는 것, 내가 제일 아끼는 옷, 친한 친구와 재미있게 노는 것, 친구들과 함께 산 정상에서 외치는 메아리, 돈, 소리를 내는 것, 롤러코스트, 가족이나 선생님의 칭찬 등…….

	"먼저 B4용지에 책 도안을 그린 후 책 모양으로 접습니다. 제일 앞면과 뒷면을 제외하고 두 번째 면부터 2~7쪽까지 쪽 번호를 적습니다. 제일 앞면에 자신의 이름과 자신을 상징하는 사물을 잡지에서 찾아 붙인 뒤에 2~7쪽까지 자신에게 에너지를 주는 것들이 무엇이 있는지 생각해 본 후, 각 장에 맞추어 적고 그림이나 색깔로 표현합니다. 그리고 제목을 붙이고, 제일 뒷면에 감사한 사람들과 책을 만든 날짜, 출판사 등을 적어서 마무리합니다."
나만의 긍정 책 소개하기 (15분)	① 나만의 긍정 책을 소개한다. "책을 보면서 자신에게 힘이 되는 긍정적인 에너지에는 어떤 것들이 있는지 확인하고 그것들이 어떻게 힘이 되는지 이야기 나누어 보겠습니다." "여러분이 만든 나만의 긍정 책에 대해 잘 들었습니다. 여러분의 얘기를 들으면서 저도 힘을 얻습니다. 자신에게는 없지만 친구들의 긍정 책 페이지에서 내가 화가 났을 때 활용하고 싶은 것이 있었다면 어떤 것이었는지, 그리고 이유는 무엇인지 말해 주세요. 그리고 지금까지의 활동 후 느낀 점에 대해서 이야기해 봅시다."
정리하기 (5분)	① 이 시간을 간단히 정리하고 느낀 점이나 깨달은 점을 나눈다. "이번 시간은 지금 내가 가지고 있는 긍정적인 에너지를 발견할 수 있었습니다. 내가 좋아하고 즐거운 기분을 느낄 수 있는 기억을 떠올리고 상상하면서 스트레스 상황에 대처하고 자신의 감정을 조절하는 힘을 기를 수 있게 됩니다. 하루를 보내면서 화가 나거나 스트레스를 받을 때 이번 시간에 만든 나만의 긍정 책을 꼭 펼쳐 보세요! 평소에 기분 좋고 행복하고 편안함을 주는 장면에 대한 즐거운 상상을 통해 긍정적인 장면을 찾는 연습을 꾸준히 할 수 있도록 합니다." ② 다음 시간의 활동을 알린다. "프로그램이 이제 끝마쳐 가네요. 처음 시작할 때는 10차시가 길게 느껴졌는데 벌써 아홉 번째 만났고, 다음은 마지막 차시인 열 번째 시간입니다. 다음 시간 마무리를 잘하도록 합시다."
유의사항	• 단순히 누가 더 즐거웠던 상상을 많이 했고, 누가 더 좋은 책을 만들었는지 평가하려는 것이 아니라는 것을 알려 준다. • 즐거웠던 것에 대해 없다거나 모르겠다고 말하는 청소년에게는 자신이 스스로 즐거움을 얻을 수 있는 것은 무엇이든 할 수 있도록 한다. 예를 들면, 남학생의 경우 야한 옷을 입은 여성의 사진을 붙이고 싶어 하면 자유롭게 할 수 있도록 허용한다. • 학생들이 긍정 책을 소개하는 활동을 할 때 각자가 발표한 내용에 대해 다른 친구들이 부정적인 반응을 보인다거나 비판을 하는 경우가 발생할 때, 학생들에게 처음의 규칙을 상기시키며 다른 사람의 말을 잘 경청하고 자신의 생각과 다른 의견에 대해서도 수용하는 분위기를 잘 조성할 필요가 있다.

활동지 9 - ①

나만의 긍정 책 만들기

나의 기분을 좋게 하는 장면이 들어 있는 책을 만들어 봅시다. (예: 친한 친구와 재미있게 노는 장면, 좋아하는 아이스크림을 먹으며 만화책을 보는 장면 등)

MY

즐거운

상상

감사한 사람:

날짜:

출판사: ○○○ 학교

저자:

Tip

활동지는 B4용지를 사용합니다. 굵은 실선을 가위로 자르고 책 모양으로 접습니다.

10차시 내 인생의 주인공은 나!

활동지도안	
목 표	• 긍정적인 자신의 미래를 다짐한다. • 서로에게 긍정적인 지지를 한다. • 프로그램을 통해 알게 되거나 변화된 점들을 확인한다.
준비물	활동지, 도화지, 색연필, 사인펜, 스카치 테이프
단 계	진행절차
들어가기 (5분)	① 지난 시간 내용을 간단히 정리하고, 이번 시간의 내용을 설명한다. "이번 시간은 프로그램의 마지막 시간입니다. 지금까지 여러분은 자신에 대해 이해하고 다양한 감정을 알아보고 내 감정을 잘 알아야 상대방의 감정을 알 수 있으며 내 감정을 적절하게 표현해야만 조절할 수 있다는 것을 알았습니다. 그 과정에서 내 마음과 몸은 연결되어 있어서 몸이 내 마음을 알 수 있는 힌트를 제공하고 있고, 사람마다 상황을 이해하고 받아들이는 것이 참으로 다르다는 것도 알게 되었지요. 혹시 처음에 제가 했던 말이 기억나시는지요. 자발적으로 이 프로그램에 참여하지는 않았지만 피할 수 없으면 즐길 수 있기를 바란다고요. 지금까지 프로그램을 하면서 여러분이 즐기면서 활동하였는지 궁금하네요."
브로드 웨이 거리에 손도장을 찍다! (15분)	① 브로드웨이 거리에 손도장을 찍는다. 활동지 10-① "여러분은 혹시 브로드웨이를 아시나요? 미국의 할리우드에 있는 유명한 거리지요. 이 거리에는 스타들의 손도장과 발도장을 찍는 곳이 있다고 합니다. 브로드웨이 거리에 손도장을 찍을 수 있는 기회는 누구라도 최고 스타라고 인정하는 사람들에게 오기에 그곳에 손도장을 찍을 수 있다는 사실만으로도 개인에게는 무척이나 명예로운 일이라고 합니다. 프로그램 첫 시간에 자신의 인생을 영화로 만들어 보았던 활동이 기억나는지요? 여러분이 만든 영화가 드디어 유명해져 주인공인 내가 브로드웨이 거리에 손도장을 찍게 되었습니다. 지금 나눠 드리는 도화지가 손도장 찍는 바닥이라고 생각하고 도화지 위에 손바닥을 대면 짝지가 손 모양대로 그려 줍니다. 한 사람은 손바닥을 도화지에 대고 한 사람은 손 모양대로 그려 보세요." "자신의 손 모양을 다 그린 사람은 손바닥 밑에 자기 이름을 멋지게 써 주시면 됩니다."

	"활동을 하면서는 나의 어떤 특별한 점 때문에 이런 곳에 내 손도장을 남길 만했는가를 생각해 보아야 하겠지요. 다른 사람보다 조금이라도 더 노력한 것이 어떤 것이 있는가, 자랑할 만한 것이 어떤 것이 있는가, 남들 앞에서 이야기해도 부끄럽지 않은 것이 무엇이 있을까요?"
너는 특별해! 나는 특별해! (20분)	① 서로의 손도장에 긍정적인 말을 적어 준다. "자, 이제 손도장을 찍었습니다. 이제 내가 손도장을 찍을 만큼 잘하거나, 좋은 점이나, 특별한 점을 적을 차례입니다. 나의 이런 긍정적인 면은 내가 아니라 여기에 있는 집단 구성원들이 하나씩 적을 거예요. 자신의 손도장을 오른쪽으로 넘겨 보세요. 그러면 내 왼쪽 친구의 손도장이 자신의 앞에 왔을 겁니다. 손도장 밑에 이름 사인을 보면서 평소에 보았던 그 친구의 장점을 적어도 좋고 이 프로그램을 하면서 새롭게 알게 된 것, 또는 프로그램을 하면서 도움을 받았던 점 등 긍정적이고 칭찬하는 내용을 적어 줍니다. 손가락에 적어 주세요. 다 적은 친구는 계속 오른쪽으로 넘깁니다." "계속 오른쪽으로 넘기다 보면 자신의 것이 오겠지요. 자신의 손도장을 받은 친구는 친구들이 적어 준 긍정적이고 칭찬하는 말들 중에 가장 마음에 드는 것을 골라 봅니다. 그리고 다른 친구들에게 그 말을 소개해 주세요. 그리고 그 글을 보고 좋았던 이유를 말해 주세요. 지금의 느낌도 알려 주세요." **Tip** 발표하는 학생의 마음에 들게 적어 준 친구가 누구인지 찾아서 상대방의 좋은 점을 잘 찾는 세심함과 친구의 마음을 알아준 것에 대해 언급하며 칭찬을 듬뿍 해 준다. "상대방이 나에게 긍정적이고 칭찬의 말을 해 주면 내 기분도 좋아지고 자신이 다른 사람과 다르고 특별하게 느껴지는 경험을 하게 됩니다. 여기 있는 친구들이 적어 준 이 말은 여러분이 특별하다는 것을 알려 주네요. 다른 사람을 칭찬하고 긍정적인 메시지를 주는 것은 기쁨을 느끼게 하는 것 같습니다."
정리하기 (5분)	① 프로그램을 정리하고 느낀 점이나 깨달은 점을 나눈다. "이제 프로그램을 마무리하겠습니다. 프로그램을 마무리하면서 마지막 소감을 나누도록 하겠습니다. 프로그램을 통하여 배우게 된 점이나 느낀 점, 깨달은 점 어느 것을 말해도 좋습니다." "여러분은 특별합니다. 그리고 세상에 하나밖에 없는 존재입니다. 아직 자신과 상대방에 대해 이해하는 것이 서툴 뿐입니다. 여러분은 자신의 감정을 잘 조절할 수 있고 다른 사람의 마음을 이해하고 공감합니다. 이 프로그램을 마치면서 여러분이 느끼고 깨달은 점을 마음속에 새기어 여러분의 인생에서 주인공으로 사시길 바라겠습니다."

	② 마무리하며 프로그램 전체를 마친다. "모두 긴 시간 동안 수고 많으셨습니다."
유의사항	• 손도장 찍기를 어려워하면 다른 학생에게 도움을 요청할 수 있도록 한다. • 브로드웨이 손도장 찍기 작품은 학생들의 동의를 얻어 게시판에 걸어 둘 수 있다. • 집단상담자는 집단원들이 작은 부분이라도 자신이 성장한 것을 찾도록 돕는다. 또한 서로에 대해 막연히 좋은 느낌만을 전달하지 않도록 하고 보다 구체적인 행동이나 특성을 적어 줄 수 있도록 한다.

활동지 10 - ①

브로드웨이 거리에 손도장을 찍다!

브로드웨이 거리에는 유명 스타들이 자신의 손도장을 찍는 곳이 있습니다. 첫 시간에 자신의 인생으로 영화를 만들었던 여러분이 드디어 성공하여 주인공으로서 손도장을 찍게 되었다고 상상해 보세요. 함께 활동했던 친구들이 주인공의 긍정적인 점이나 칭찬 등을 손도장의 손가락에 적어 주세요.

<예시>

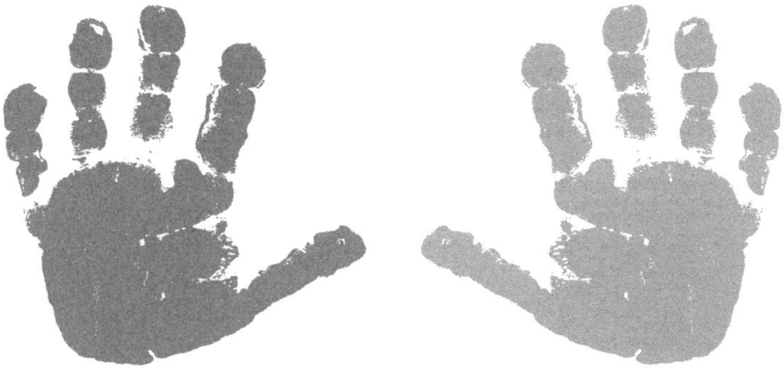

날짜: 년 월 일

이름:

사인:

친구들이 적어 준 긍정적이고 칭찬의 글 중에서 가장 마음에 드는 것을 고르세요.

친구의 글이 마음에 든 이유를 적어 봅시다.

지금의 느낌은 어떠한가요?

프로그램을 마치면서 마지막으로 하고 싶은 말이 있다면 적어 봅시다.

제5장

스마트폰에 과몰입된 청소년의 자기조절력 향상 집단상담 프로그램

손! 자유를 찾다

1 프로그램의 필요성

민혁이는 조용하고 마른 체격 탓에 학교 친구들 사이에서 위축될 때가 많다. 하지만 스마트폰 세상에서는 다르다. 스마트폰 세상에서 민혁이는 '1진'으로 통한다. SNS(소셜네트워크서비스)나 커뮤니티에 거친 은어를 섞어 연예인이나 친구의 험담을 늘어놓으면 또래들은 민혁이의 글에 폭발적 반응을 보낸다. 이제 민혁이는 친구나 가족과 얼굴을 보며 어울리는 것보다 스마트폰 속 세상이 더 즐겁다.

은영이는 스마트폰 알람 소리에 눈을 뜨자마자 스마트폰부터 본다. 혹시라도 답장을 놓친 날은 욕설 수십 개가 쌓여 있기 때문이다. 걸어서 10분쯤 걸리는 등하굣길에도 카톡은 절대 쉴 수 없다. 자신이 올린 톡에 친구들의 답이 없으면 혹시 왕따가 된 건 아닌지 살짝 불안해져 스마트폰을 내려놓을 수 없다. 스마트폰이 없는 세상은 생각할 수도 없다. 놓친 TV 프로그램은 유튜브 동영상으로 봐야 친구들 사이에서 얘기할 거리가 생긴다. 쉬는 시간에는 음악도 들어야 하고 인터넷 검색도 하고 쇼핑도 할 수 있다. 스마트폰만 있으면 친구들의 눈치를 안 봐도 되고 혼자 있어도 심심할 틈이 없다.

현빈이는 하루 종일 자기 방 안에서 지내며 이제는 문밖으로 나오지도 않는다. 며칠 전 스마트폰으로 수십만 원짜리 게임 아이템을 샀다가 요금 폭탄을 맞아 스마트폰을 빼앗겼다. 스마트폰을 줄 때까지 방에서 나오지 않겠다고 지금 버티고 있다. 현빈이도 처음부터 스마트폰만 보며 지내지는 않았다. 공부하라는 부모님의 잔소리를 들으며 열심히 한다고는 했지만 성적은 항상 제자리였다. 자신도 잘하고 싶은데 뜻대로 되지 않아서 미칠 지경이었다. 하지만 현빈이의 고민을 들어줄 사람은 없었다. 스트레스를 풀 곳은 스마트폰밖에 없었다. 스마트폰 게임은 시간을 들인 만큼 쑥쑥 랭킹이 올라간다. 기분이 짜릿짜릿하다. 이제는 자신도 마음대로 멈출 수가 없다.

위의 세 아이들은 모두 스마트폰 사용 전수조사에서 잠재적 위험군과 고위험군으로 분류된 아이들로 스마트폰에 과몰입되어 있는 전형적인 모습을 보이고 있다.

스마트폰 과몰입이란 스마트폰의 과도한 사용으로 인해 내성과 금단증상이 생겨 수면, 학업, 건강 등 일상생활에 장애를 경험하며 스마트폰에 의존하고 집착하여 일상생활에 문제를 초래하는 상태를 말한다.

아이들이 스마트폰에 과몰입하게 되는 이유는 다양하다. 학교에서 금지하고 있는 두발이나 패션 등을 사이버 공간에서 적극적으로 표현하고 셀카를 찍어 올리면 다른 사람들의 피드백을 통해 자기만족을 느끼는 것과 같이 자기과시나 인정에 대한 욕구도 크게 작용한다. 스마트폰에 집착하는 이유 중에는 여가를 활용하여 건전하고 다양하게 즐기는 것에 대한 경험이 부족한 점도 포함된다. 학교가 끝마치면 딱히 할 것은 없지만, 공부를 하거나 책 읽기는 싫고, 옛날 같으면 친구들이나 형제자매들과 밖에서 뛰어놀았겠지만 지금은 학원으로 가기 바빠서 함께 놀 친구가 없다. 스마트폰이 나오기 전까지는 형제들끼리 서로 컴퓨터를 하겠다고 싸우며 사용시간이라도 나누어 썼겠지만, 요즘은 모두 스마트폰을 가지고 있으니 다른 놀이를 굳이 찾지 않아도 심심할 틈이 없다. 어느새 충동적이고 조절력이 부족한 아이들은 손에 들려 있는 스마트폰을 잠시도 내려놓지 못하게 되고 해야 할 일을 미룬다. 친구관계에서도 불편한 일이 생기면 하고 싶은 말만 카톡으로 남기고 회피해 버리며 주로 게임이나 오락, SNS 같은 웹 기능을 통해서 스트레스를 풀려고 한다. 이러한 모습 때문에 스마트폰을 사용하는 청소년은 부모나 교사로부터 부정적인 피드백을 받게 되고 이는 가정 및 학교 부적응 문제로 이어져 더 큰 스트레스 상황을 맞게 되는 악순환을 반복한다.

물론 아이들 자신도 스마트폰에 과몰입하는 것을 걱정하지 않는 것은 아니지만, 스마트폰 과몰입에 대해 스스로 자각하기는 쉽지 않다. 대체로 청소년은 스마트폰을 과도하게 사용하여 신체적인 이상이 나타나거나 스마트폰을 쓰지 못하게 되어 불안과 초조를 경험할 때, 또는 친구들하고 같이 있을 때도 계속 스마트폰을 확인하는 정도까지 가서야 스마트폰 과몰입은 아닐까 걱정하게 된다. 하지만 스마트폰은 즐길 수 있는 기능이 너무 많고 카스나 카톡상에서 친구들과 소통하고 우정도 확인하며 관계에서 소외되지 않기 위해서는 스마트폰에서 손을 뗄 수가 없다. 재미와 즐거움을 얻기 위해서, 또는 스트레스를 해소하고 외로움을 느끼지 않기 위해서, 그리고 대인관계 유지를 위해 아이들은 점차 스마트폰에 과몰입하게 된다. 그 결과, 아이들은 금단, 내성, 의존, 불안, 강박적 사용, 생활 장애 등의 문제를 겪게 되고 이러한 문제는 일상생활과 학교생활에 부정적인 영향을 미쳐 심각한 사회문제로까지 확산되고 있다.

반면, 최근에는 청소년의 스마트폰 사용을 하나의 문화현상으로 받아들여야 하며 과몰입과 관련하여 사용을 제한하거나 빼앗는 것이 아니라 건전하게 사용할 수 있도록 돕는 프로그램이 필요하다는 목소리도 커지고 있다. 스마트폰 과몰입 청소년들은 조절능력이 부족하고 또래관계에서의 문제나 스트레스 조절에 대처하는 기술도 부족하다. 또한 그동안 받았던 부정적인 피드백으로 감정이 억눌려 있고 무엇인가를 해 보고자 하는 동기와 성공경험도 부족하다. 그러므로 스마트폰 과몰입 청소년에게는 자신이 스마트폰에 과몰입하게 된 원인이 무엇인지 이해하게 하고 스마트폰을 조절해야 할 필요성과 성공적인 경험을 통해 스마트폰 사용을 조절하고자 하는 동기를 불러일으켜 줄 활동이 필요하다. 그러므로 스마트폰 속 온라인 세상에서 빠져나와 오프라인 세상에서 즐길 수 있는 다양한 신체활동과 표현활동으로 스트레스를 조절하고 관계형성 기술과 자신감 회복으로 스스로 자기조절력을 향상할 수 있도록 돕는 프로그램이 활성화되어야 한다.

2 이론적 배경

1) 스마트폰 과몰입 청소년의 심리사회적 특성

스마트폰 과몰입에 영향을 미치는 요인들에 관한 연구는 그렇게 많지 않지만, 인터넷 중독과 유사한 특징을 가지고 있다.[1), 2)] 청소년의 중독현상에는 심리적이고 성격적인 요인이 크게 작용하는데 청소년의 충동성, 불안, 스트레스 등이 중독 예측인자로 작용하고[3)], 중독 정도가 높을수록 학생들의 자기조절력과 자아존중감이 낮아지는 경향을 보이는 것으로 나타났다.[4)]

또한 스마트폰 과몰입은 개인과 그 개인을 둘러싼 환경과의 복합적인 상호작용에 의해 유발된다. 따라서 청소년들의 스마트폰 과몰입은 특정 영역의 문제로 인해 발생하는 것이 아니라 청소년기의 발달특징 및 발달과업과 관련한 취약성이 청소년들의 스마트폰 과몰입에 영향을 미친다고 보아야 할 것이다.

---

1) 김남선, 이규은(2012). 대학생의 자기통제력과 생활스트레스가 스마트폰 중독에 미치는 영향. 한국보건정보통계학회: 한국보건정보통계학회지, 37(2), 72-83.

2) 김병년, 최홍일(2013). 과보호적 부모양육태도가 스마트폰 중독에 미치는 영향에 대한 자기통제력의 매개효과-대학생을 중심으로. 경성대학교 사회과학연구소: 사회과학연구, 29(1), 1-25.

3) 이해정, 김명수, 손현경, 안숙희, 김정순, 김영혜(2007). 중학생의 휴대폰 중독적 사용에 대한 인구사회적 · 심리적 변인들의 판별예측력. 대한간호학회지, 37(6), 957-965.

4) 장성화, 박영진(2010). 청소년의 자아정체감, 학교생활적응, 스트레스가 인터넷 중독에 미치는 영향. 경성대학교 인문과학연구소: 인문학논총, 15(2), 195-226.

(1) 높은 충동성과 스마트폰 과몰입

청소년기는 성인으로부터 독립하려는 성향이 강해지는 시기로 부모와 교사의 통제권에서 벗어나려 하고 즉각적이고 더 큰 만족을 추구하며, 자신의 욕구를 참지 못하여 충동적인 행동을 나타내는 특징이 있다.

충동성은 주의 깊은 생각이나 목적 없이 발생하는 행동으로, 반응하기 전에 생각하지 않고 기분에 따라 행동하여 부적절하고 부정확한 반응을 나타내며, 디지털 매체에의 몰입과 중독에 가장 큰 영향을 미친다. 따라서 청소년들의 스마트폰 과다시간 사용과 과다요금 부과 또는 학업을 방해하고 집중력을 떨어뜨리는 부적절한 사용, 공공장소나 상황에 맞는 스마트폰 에티켓의 부재와 같은 문제들은 충동성과 밀접한 연관이 있다고 볼 수 있다. 또한 청소년의 경우 충동조절능력이 부족하여 각종 청소년 문제가 발생하기도 한다. 충동조절장애는 약물이나 게임 등 특정 행동에 대한 집착이나 내적 공격충동의 즉각적인 행동화로 비행 등의 문제로 표출될 수 있다. 충동적인 사람은 반항적이고 화를 잘 내고 타인에 대한 우호성과 책임감이 적고 자기통제력이 부족하여 청소년기의 부적응과 비행에도 영향을 미친다. 이처럼 높은 충동성은 청소년기 전반에 걸쳐 다양한 문제를 발생시킬 수 있어 스마트폰에 노출될 경우 과몰입으로 연결될 수 있음을 예측할 수 있다.

(2) 높은 스트레스와 스마트폰 과몰입

스트레스란 적응하기 어려운 환경에 처할 때 느끼는 심리적 · 신체적 긴장상태로 이러한 스트레스가 장기적으로 지속되면 신체질환이나 우울증 등을 일으킨다. 스트레스는 성인들의 문제로 취급하였으나, 청소년의 경우에도 스트레스가 매우 심각하거나 스트레스를 적절한 방법으로 대처하거나 조절하지 못할 경우 자살 위험요인으로 작용하게 되었다. 이에 청소년들의 스트레스에 대해 관심이 모아지고 있다. 청소년기는 신체적 성장뿐만 아니라 심리적 · 사회적 발달이 급격하게 이루어지는 시기로 주변 환경과의 빈번한 상호작용 속에서 많은 심리적 어려움과 문제를 경험하게 되는데, 이 시기에 부모나 주변 사람들에게 적절한 조력을 받지 못하면 성인기에 악화된 형태로 나타나 더 큰 사회문제를 일으키는 원인이 된다.

청소년은 부모 및 친구와의 관계에서 겪게 되는 여러 가지 갈등이나 학업성취와 관련된 문제들로 많은 스트레스를 경험한다. 또한 스트레스의 강도는 학년이 올라가면서 더욱 심해지고, 학업성적, 생활 스트레스, 대인관계나 사회불안, 가족갈등 등과 같이 스트레스를 발생시키는 원인도 다양해진다. 하지만 청소년들은 질풍노도의 시기에 놓여 있어 자신의 스트레스에 대한 명확한 이해나 스트레스를 일으키는 원인에 대한 자각이 부족하고 스트레스를 스스로 조절하거나 대처할 전략과 효과적인 발산능력 또한 부족하다. 그래서 손쉽게 찾을 수 있는 스마트폰을 이용하여 스트레스를 해소하려고 하는데, 이것이 스마트폰 과몰입으로 이어져 결국 이차적인 문제를 발생시키는 경우가 많다. 스마트폰 과몰입은 현실인식능력이 현저하게 떨어져 밤낮이 바뀌고 일상생활이 원활하게 이루어지지 않으며 스트레스를 주는 현실로부터 도피하여 은둔생활을 하게 한다. 또한 공격적인 게임에 과도하게 노출될 경우, 스트레스 상황에서 가상 세계와 구분이 어려워져 현실 세계에서 폭력적인 행동을 저지르기도 하고, 심각할 경우 타인의 고통을 인식하지 못하여 자신의 잘못을 느끼지 못하는 경우까지 발생한다.

(3) 낮은 또래관계와 스마트폰 과몰입

청소년기는 발달과업상 건강한 자아개념을 형성하고 다양한 사회기술을 습득해야 하는 중요한 시기다. 특히 청소년기의 또래관계는 심리적인 성장과 사회적인 성숙으로 나아갈 수 있도록 하는 중요한 매개체로서, 안정적인 또래관계는 가족관계가 나빠서 생기는 불안정감을 극복하고 아동기에 가졌을 수 있는 대인관계 문제 치유에도 도움이 된다. 그러나 청소년기에 또래관계 형성 과업을 적절히 성취하지 못하면 자기비하감과 불안, 우울 등의 부정적 정서를 경험하게 되고 성적 하락, 등교 거부, 정신질환, 더 나아가서는 자살이라는 심각한 결과를 가져오는 등 여러 가지 심리사회적 부적응 현상이 나타난다. 또래관계란 나이가 같거나 비슷한 둘 이상의 청소년들 간에 느끼는 애정이나 호감, 관심 등으로 또래관계에서의 어려움은 또래집단으로부터 거부, 소외, 고립 등을 초래하여 새로운 대인관계를 형성하는 것을 더 어렵게 만든다.

또한 청소년기에는 자신이 겪고 있는 다양한 문제와 갈등을 또래관계에서 해결하려는 경향이 강하므로 친구를 통하여 자기 자신을 비추어 보고 비교 · 비판해 보려고 하며, 자신이 지닌 감정, 비밀 등을 은밀히 털어놓을 대상으로서 또래를 가장 많이 이용하기에 또래관계는 무척 중요하다. 청소년기는 발달특성상 자신과 타인을 긍정적으로 인식하는 능력이 부족하고, 다양한 사회적 기술능력과 문제해결능력이 부족하여 원활한 소통에 어려움을 겪기 마련이다. 이 시기에 스마트폰에 과몰입될 경우 대인 간의 접촉기회가 줄어들어 또래관계, 가족관계로부터 정서적인 단절을 경험하게 되고, 자기효능감이 떨어지며 열등감을 가지게 되어 은둔형 외톨이가 되기 쉽다. 또한 스마트폰 SNS를 통해 단체로 한 친구를 따돌린다거나 친구의 비밀을 공개해 버리는 경우, 문제해결능력이 부족한 청소년의 특성과 맞물려 자살을 선택하게 하는 등 스마트폰 과몰입은 또래관계에서 심각한 문제를 일으키는 주범이 될 수 있다. 이처럼 스마트폰은 또래집단에 소속되기 위해 가상 접촉을 쉴 수 없는 청소년과 또래관계에서 좌절되어 스마트폰 세상에 빠진 청소년을 공존하게 만들므로 대상의 특징을 고려한 개입이 필요하다.

〈글상자 5-1〉 스마트폰 과몰입 청소년은 어떤 특징이 있는가

- **집에서는**
  - 스마트폰만 들여다본다고 잔소리를 듣지만 상관하지 않으며 가족과 보내는 시간이 줄어든다.
  - 다른 취미생활에 무관심해지고 게임 아이템을 구하기 위해 부모님께 거짓말을 하며 스마트폰 사용에 방해를 받으면 화를 내고 반항하며 학교도 가기 싫어한다.
- **학교에서는**
  - 수면시간이 줄어들어 수업시간에 집중하지 못하고 스마트폰을 수시로 만지고 하고 싶은 충동을 참지 못해 몰래 하다 벌점을 받거나 빼앗긴다.
  - 일상에서는 대화를 잘 이어 가지 못하고 주로 SNS를 통해 대화한다.
  - 카톡에 답을 하지 않으면 친구들이 왕따 시킬 것 같아 불안해한다.
  - 학습부진, 관계의 파괴, 등교 거부 등으로 인해 학교 부적응 문제가 발생한다.
  - 스마트폰을 하기 위해 친구의 데이터를 뺏거나 아이템을 훔치는 절도를 한다.
- **신체 · 정신건강 면에서는**
  - 거북목증후군, 손목증후군이나 시력저하와 같은 신체적인 문제가 발생한다.
  - 주의력 결핍, 충동조절장애, 과수면, 짜증, 과식 등 우울증상과 은둔형 외톨이와 같이 회피성 성격장애 등으로 이어진다.
- **사회적인 면에서는**
  - 문제가 발생하면 현실과 가상을 구별하지 못해 비행이나 범죄를 저지르게 되는 경우도 있어 사회문제로 이어진다.

3 프로그램의 구성

1) 개입 원리

청소년들에게 스마트폰은 어떤 의미일까? 청소년들은 가족보다 또래들과 더 많은 시간을 보내며 공감대를 형성하기 위한 수단으로 스마트폰을 사용한다. 청소년들은 자신의 욕구에 따라 미디어 기기를 선택적으로 사용하며 사회적 커뮤니케이션 도구로 활용하고 있어 스마트폰은 청소년들의 놀이 공간이자 스트레스 해소 수단이며 자신을 표현하는 활동의 장으로 자리매김하고 있다. 하지만 청소년기의 특징으로 인해 자신의 욕구 조절 및 표현, 적절한 스트레스 해소, 건강한 또래관계 형성 등의 능력이 부족하여 스마트폰 사용에 더 집착하는 경향이 있으므로 자기조절력을 향상시킬 수 있는 개입이 필요하다.

스마트폰 과몰입 청소년의 경우 중독의 핵심 증상인 강박적 집착(compulsive craving), 조절의 실패(loss of control)와 부작용에도 불구하고 계속하기(continuation)와 같은 증상이 나타나므로 스마트폰 과몰입 청소년에게도 중독 상담의 주요 이론적 배경이 되는 동기강화상담(motivational interviewing: MI) 원리를 적용하고자 한다. 동기강화상담은 행동 변화를 목표로 변화를 위한 동기를 가장 중요한 핵심 요소로 보고 있다. 특히 "내담자의 양가감정을 탐색하고 해결함으로써 그 사람의 내면에 있는 변화동기의 강화를 목적으로 하는 내담자 중심적이면서도 지시적인 상담"을 표방한다[5]. 집단상담자는 내담자의 판단이 타당하다는 관점에서 공감적으로 반영하여 스마트폰 과몰입 청소년이 자신이 가지고 있는 어려움과 양가감정을 탐색하고 이를 기반으로 내면에 갖고 있는 변화 동기를 형성시킬 수 있도록 한다. 그리고 내담자의 자율성을 통해 선택의 변화에 대한 책임감을 가지고 변화를 일으킬 수 있는 능력을 자각할 수 있도록 내적 동기를 형성하고 의지를 다지도록 한다.

충동적이고 집중력과 인내심이 부족한 스마트폰 과몰입 청소년의 치료적 개입과 관련하여 체험중심 프로그램의 효과가 입증되고 있다. 그중 본 프로그램에서는 통합예술치료기법과 신체를 활용한 대안활동을 활용하고자 한다. 통합예술치료 프로그램은 현

5) Miller, W. R., & Rollnick, S. (2002). *Motivational Interviewing, Preparing People for Change* (2nd ed). [신성만, 권정욱, 손명자 역(2006). 동기강화상담. 서울: 시그마프레스.]

장에서 적용할 수 있고 흥미를 유발할 수 있는 예술적 매체들을 창의적 방법으로 활용할 수 있어 청소년들에게 치유적 경험을 체험하게 하고, 오감을 자극할 수 있는 흥미로운 놀이를 통하여 자신을 표출할 수 있도록 돕기 때문에 스마트폰 중독 경향성이 있는 학생들에게 효과적이다. 또한 다양한 통합적 접근은 흥미와 호기심을 유발해 프로그램에 능동적인 참여를 유도함으로써 참여 동기를 높일 수 있고, 자신의 좌절감을 표출하는 공간으로 공격성을 표출할 수 있어 청소년들의 내외적인 어려움에서 오는 문제들에 대해 부정적인 정서 감소와 자기조절력 향상에 도움을 줄 수 있다. 그리고 신체를 활용한 대안활동은 다양한 신체 움직임으로 욕구 불만을 해소해 주고 대인 간의 접촉을 통한 여가시간 활용을 경험하게 하므로 자발성과 친밀성, 정서적인 카타르시스로 정서적 안정감을 제공하여 자기조절력 향상에 도움을 줄 수 있다.

스마트폰을 손에서 놓지 못하는 과몰입 청소년의 자기조절력을 향상시키기 위해 앞의 개입 원리에 근거하여 프로그램을 구현하기 위한 개입 방향은 [그림 5-1]과 같다.

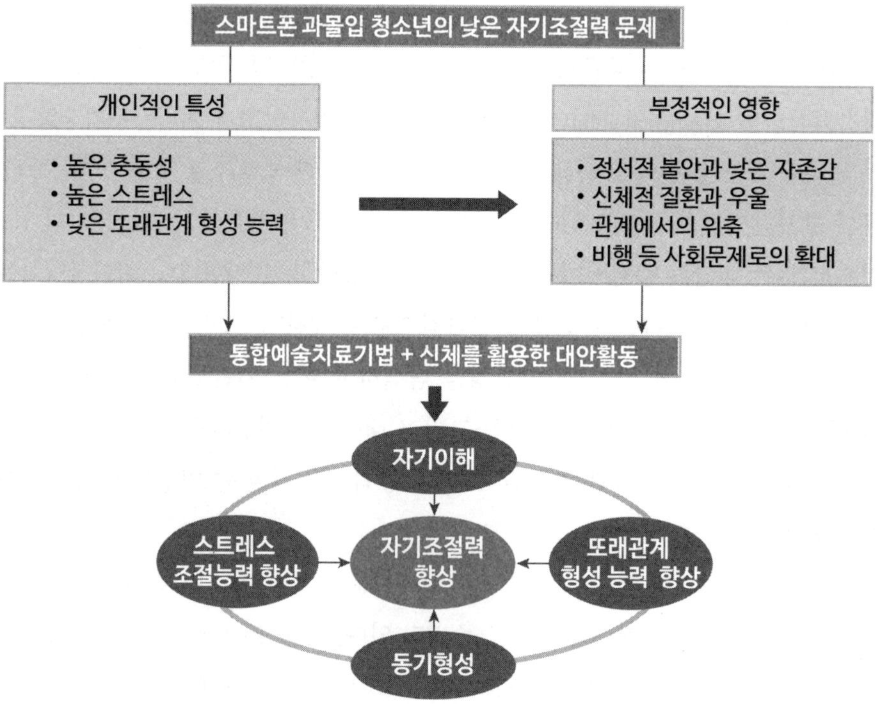

| 그림 5-1 | 스마트폰 과몰입 청소년의 자기조절력 향상 개입 방향

2) 프로그램의 목적과 목표

(1) 프로그램의 목적

스마트폰 사용에 대한 자기이해 및 스마트폰 사용 조절과 긍정적인 관계형성에 대한 동기 형성을 기반으로 다양한 통합예술치료기법과 신체를 활용한 대안활동을 통해 욕구 조절과 스트레스 조절을 경험하고 또래관계 형성에 대한 성공경험으로 자기조절력을 향상시키고자 한다.

(2) 프로그램의 목표

본 프로그램을 통해 달성하고자 하는 구체적인 목표는 다음과 같다.

첫째, 스마트폰 사용에 대한 점검을 통해 자기이해의 기회를 가진다.
둘째, 스마트폰 사용으로 겪고 있는 어려움을 나누며 조절에 대한 동기를 형성한다.
셋째, 자신의 욕구를 탐색해 보며 스트레스의 원인을 알아보고 적절한 대처방법을 찾으며 조절능력을 기른다.
넷째, 또래관계에서의 어려움을 나누고 다양한 신체활동을 통하여 또래관계 형성에 대한 성공경험을 체험한다.
다섯째, 조절능력을 지속적으로 유지하기 위한 자신만의 조절방법을 선택해 본다.

3) 개입 전략

프로그램의 목적과 목표에 따라 집단상담 프로그램을 4단계로 나누어 구성하였으며, 각 단계의 하위 목표와 구체적 개입 전략은 다음과 같다.

○ 제1단계: 자기이해(1~3차시)

청소년들은 자신의 스마트폰 사용 패턴에 대한 인식이 부족하고 스마트폰 과몰입이 자신의 미래에 어떠한 영향을 미칠지에 대한 예측능력이 부족하다. 특히 높은 충동성은 부정적인 피드백을 불러일으켜 자존감에 손상을 입히는 결과를 가져온다.

1단계에서는 프로그램에 대한 전반적인 안내와 함께 충동성을 조절할 수 있는 능력을 길러 주기 위해 먼저 자신의 현재 상태를 인식하고 미래의 모습을 예측하며 자신을 이해할 수 있는 요소를 포함하였다.

제2단계: 동기형성(4~5차시)

청소년들은 스마트폰 사용에 대해 긍정적인 감정도 있지만, 부정적인 감정도 가지고 있다. 이러한 양가감정의 혼란에서 벗어나기 위해서는 스마트폰 사용으로 인한 이득과 손실을 살펴보며 상황에 맞게 조절해야 할 필요성을 인식해야 한다.

2단계에서는 스마트폰 과몰입이 자신의 생활에 미치는 영향을 알아보며 조절의 필요성을 인식하도록 하였다. 이를 위해 스마트폰을 사용하지 않고 활동을 해 보며 스마트폰 사용 조절에 대한 고민을 나누고 해결책도 찾아보며 조절 동기를 형성할 수 있는 요소를 포함하였다.

제3단계: 스트레스 조절능력 향상(6~7차시)

스마트폰 과몰입 청소년의 경우 수면습관의 변화, 성적부진, 또래관계에서의 부정적 피드백과 학교생활에서의 부적응으로 인해 많은 스트레스를 경험하지만, 스마트폰에 빠져 시간을 보내는 소극적이고 환상적인 대처를 주로 사용하고 있다.

3단계에서는 자신이 겪고 있는 스트레스의 원인과 패턴을 살피고 긍정적인 해소법의 필요성을 인식할 수 있도록 하였다. 이를 위해 예술치료기법과 신체를 활용한 대안활동을 통하여 자신의 스트레스에 대해 알아보고 자신만의 긍정적인 대처방법을 탐색해 보며 스트레스 조절능력을 향상시킬 수 있는 요소를 포함하였다.

제4단계: 또래관계 형성 능력 향상(8~10차시)

스마트폰 과몰입 청소년은 자신의 가치에 대한 충분한 신념을 지니지 못하여 또래의 평가와 비난에 민감하므로 또래집단에서의 소외는 큰 상처가 된다. 남학생은 게임을 통해 자신의 힘을 과시하려는 경향이 많고, 여학생은 SNS를 통해 집단을 형성하는 경우가 많아 현실 세계에서의 또래관계 효능감은 계속 떨어진다.

4단계에서는 긍정적인 자기 이미지를 발견하고 현실 세계에서 관계를 형성하는 경험을 나누고 함께 즐길 수 있도록 하였다. 이를 위해 통합예술치료기법을 통하여 관계 형성의 동기를 일깨우고 신체를 활용한 다양한 대안활동을 통해 일상생활에서 또래관계 형성에 도움을 줄 수 있는 요소를 포함하였다.

4 프로그램의 내용

1) 프로그램의 개요

프로그램의 차시별 목표와 구체적인 내용은 다음과 같다.

〈표 5-1〉 프로그램의 개요

구분	차시	주제	목표	활동 내용
도입 (OT)	1	뭐지? 손! 자유를 찾다	• 프로그램의 목적과 목표 및 내용을 알고 이해한다. • 집단원 상호 간에 공감대를 형성하고 친밀감을 나눈다.	• 프로그램의 목적 및 내용 소개 • '손! 자유를 찾다' 집단 참여 매뉴얼 –집단 참여 매뉴얼 작성과 별칭 짓기 –인증의 시간 및 별칭 소개하기 • 소개하기 –나의 별칭 너의 별칭
자기 이해	2	지금 여긴? 나는 어디?	• 긴장감을 이완하고 집단원들과 친밀감을 형성하여 개방적인 분위기를 조성한다. • 스마트폰 사용으로 인한 자신의 현재 위치를 확인하며 자기이해 시간을 가진다.	• 아이엠 그라운드 스마트폰 소개하기 –스마트폰하면 떠오르는 것을 이야기하기 • Famy 나의 위치는? –자신의 스마트폰 사용을 점검, 위험 정도 표현하기 –스마트폰 사용으로 겪고 있는 경험 나누기 • 4자 토크: 지금의 기분은?

	3	스마트폰! 지금처럼 써도 괜찮을까?	• 스마트폰 사용 패턴 점검을 통해 자신의 사용 패턴을 확인한다. • 스마트폰 사용으로 인한 문제점을 이야기 나누고 변화의 필요성을 인식한다.	• 줄을 서시오 –키, 발, 얼굴 크기, 스마트폰 사용시간대로 줄 서 보기 • 스마트폰! 넌 어떻게 쓰니? –둘씩 짝을 지어 자신이 사용하는 스마트폰 시간, 앱의 종류, 사용 장소, 스마트폰과 관련한 경험 나누기 • 나의 미래 색깔은? –1년, 3년, 5년, 7년, 10년 후 모습을 색으로 표현하기
동기 형성	4	미션! 지킬 앤 하이드를 찾아라	• 스마트폰 사용이 나의 생활에 미치는 영향을 알아본다. • 스마트폰을 상황에 맞게 조절해야 할 동기를 인식한다.	• 몰입 게임으로 즐겨요 –눈싸움, 빨대 축구, 티슈 공중에 오래 띄우기 • 몰입 kill me heal me –스마트폰 사용에 대한 양가감정, 득과 실 알아보기 –조절의 필요성 나누기 –스마트폰 사용을 줄이기 위한 구체적인 계획 세워 보기 • 그래! 결심했어!
	5	초청코드: 똑똑 閑 스마트폰	• 동영상을 보며 자제력을 길러야 할 필요성을 인식한다. • 스마트폰 사용시간을 조절하기 힘들었던 고민을 나누며 함께 조절해 보려는 동기를 형성한다.	※ 집단 시작 전 스마트폰을 한곳에 모은다. • 난 할 수 있어 –글자 보고 색깔 말하기 • 동영상 시청 –〈마시멜로 실험〉을 보고 자제력에 대해 이야기 나누기 • 똑똑 閑 스마트폰 –스마트폰을 조절하기 힘들었던 고민을 나누고 해결책을 찾아보며 조절 의지 다지기 –긴 시간 동안 스마트폰을 보지 않은 스스로를 칭찬하기

스트레스 조절	6	출동! 스트레스 원정대	• 자신의 욕구를 알아보며 스트레스 원인을 살펴본다. • 스트레스 상황에서 떠오르는 감정과 행동패턴을 알아본다. • 스트레스를 긍정적으로 해소해야 할 필요성을 인식한다.	• 스마트폰 봉인을 해제하라! – 스마트폰을 봉인 해제해야 하는 이유를 주장하며 자신의 욕구 파악하기 • fMRI 스트레스 – 스트레스 상황을 생각하며 떠오르는 것, 느껴지는 것 표현하기 • 마음속 빨간불을 꺼 주세요 – 인정받지 못한 욕구와 그때의 행동패턴 알아보기 – 스트레스의 긍정적인 해소 필요성 인식하기
	7	크래쉬 오브 스트레스!	• 스트레스를 해소할 수 있는 대체방법에 관심을 가진다. • 자신만의 대처방법을 선택해 보고 실천의 의지를 나눈다.	• 무엇에 쓰는 물건인고? – 카드에 있는 물건을 몸짓이나 말로 표현하기 • 스트레스! 하이패스! – 스트레스를 스마트폰으로 해소했던 경험을 나누고 다른 대체방법 알아보기 – 자신의 대처방법 2가지 선택해 보기
또래 관계 형성	8	발견! 참 괜찮은 우리	• 게임을 통해 현실에서의 존재감을 경험한다. • 자신의 강점을 찾아보며 있는 그대로 소중한 자신을 발견하고 긍정적인 자기 이미지를 가진다.	• 요런 매력 덩어리! – 매력 찾기를 통하여 상대방과 자신에게 관심 가지기 • 구글 플레이, 나의 인기는? – 친구를 통해 자신의 매력 찾기 – 친구 사이에서 나의 인기를 예측하며 긍정적인 자기 이미지 형성하기
	9	탈출! 가면 속의 나	• 현실 세계에서의 만남의 필요성을 인식하고 현실에서의 친구관계를 점검한다. • 가면 만들기를 통해 자신감 있는 자신을 표현하고 서로 격려한다.	• 눈가리개 너머의 세상! – 눈을 가리고 상대를 예측한 후 알아맞히기 • 동영상 시청 – 〈스마트폰보다 나의 친구가 소중해요〉 • 가면 속의 나 – 자신만의 가면을 만들어 가면 속 주인공이 되어 친구들에게 하고 싶은 이야기 전하기 – 가면을 벗고 소감 나누기 – 가면 속의 친구에게 응원되는 메시지 전하기

마무리	10	득템~ 손! 자유를 찾다	• 변화와 성장에 대한 희망을 나누며 자존감을 회복한다. • 스마트폰 사용 조절 계획을 세워 보고 집단원들에게 받은 긍정적 피드백에 대한 고마움을 전한다.	• 업데이트: '미운 오리 새끼 백조 되다' –알에서부터 백조 단계로 업데이트하는 게임방식 소개하기 • 스마트폰이 없는 나의 하루 –스마트폰 조절에 대한 계획과 유혹을 이겨 낼 방법 생각하기 • 넌! 감동이야. 축! 봉인 해제 –집단원들에게 고마움과 격려의 말 전하기 –집단활동을 마무리하며 소감 나누기

Tip

도입 부분은 친밀감 형성을 위하여 신체활동으로 시작한다.

2) 프로그램의 내용

프로그램의 구체적인 내용은 다음과 같다.

1차시: 뭐지? 손! 자유를 찾다

프로그램의 도입 단계로서, 프로그램의 목적과 전반적인 내용을 안내한다. '손! 자유를 찾다' 집단 참여 매뉴얼 작성과 인증을 통해 공감대와 친밀감을 형성한다. 별칭을 짓고 별칭에 얽힌 에피소드와 집단에서 도움받고 싶은 내용과 집단 참여에 대한 자신과의 약속을 소개한다. 신체활동 '나의 별칭 너의 별칭'을 통해 집단원들이 서로에게 관심을 가지는 기회를 경험한다.

2차시: 지금 여긴? 나는 어디?

스마트폰 하면 떠오르는 생각을 나누며 집단원 간에 친밀감을 형성하여 개방적인 분위기를 조성한다. 스마트폰을 하는 자신의 모습을 점검하고 현재 놓여 있는 위치를 확인하며 자신이 상담실에 오게 된 이유를 자각한다.

스마트폰 사용으로 인해 겪고 있는 경험을 이야기 나누고 스마트폰이 자신에게 주는 의미를 되새기며 자기를 이해하는 시간을 가진다.

3차시: 스마트폰! 지금처럼 써도 괜찮을까?

스마트폰 사용 패턴을 점검하기 위해 스마트폰 사용시간, 주로 사용하는 앱의 종류, 사용 장소, 사용 시간대 등을 점검하고 스마트폰과 관련한 에피소드를 나눈다.

지금의 모습으로 살아갈 경우 자신의 미래가 어떻게 될지 예측하여 색깔로 표현해 보며 자기이해를 돕고 변화의 필요성을 인식하도록 격려한다.

4차시: 미션! 지킬 앤 하이드를 찾아라

스마트폰 사용이 나의 일상생활에 미치는 긍정적인 면과 부정적인 면을 점검해 보며 양가감정을 살펴본다. 스마트폰 사용으로 인한 손실과 이득에 관해 이야기 나누며 상황에 맞게 충동성을 조절해야 할 필요성을 인식하고 구체적인 계획을 세울 수 있도록 돕는다.

5차시: 초청코드: 똑똑 閑 스마트폰

집단활동 시작 전 스마트폰을 한곳에 모아 두고 집단활동 시간만이라도 스마트폰을 보지 않도록 하고 조절하려고 노력한 자신을 칭찬하는 경험을 가진다.

〈마시멜로 실험〉 동영상을 보며 충동성을 조절할 수 있는 능력을 길러야 할 필요성을 느낀다. 스마트폰을 조절하기 힘들었던 고민을 이야기 나누며 함께 해결책을 찾아보고 조절 의지를 가질 수 있도록 지지한다.

6차시: 출동! 스트레스 원정대

스트레스 상황을 떠올리며 그 상황에서 자신이 느껴지는 감정과 신체반응, 그때의 행동패턴을 점검한다. 자신이 주로 받는 스트레스를 확인하고 그것이 스트레스가 된 이면에 있는 자신의 욕구를 인식한다. 지금까지의 스트레스 해소방법으로 인해 생긴

문제점 등을 이야기 나누며 긍정적 해소의 필요성을 인식하는 시간을 가진다.

7차시: 크래쉬 오브 스트레스!

비밀주머니에서 카드를 선택한 후 카드에 적힌 물건을 집단원들에게 몸짓이나 말로 설명하고 맞히는 게임을 하며 직접적인 만남의 시간을 가진다.

스트레스를 해소하기 위해 스마트폰을 어떻게 사용하고 있는지 자신의 사용패턴을 점검하고 스마트폰을 대체하여 스트레스를 해소할 수 있는 방법들을 찾아보며 자신만의 대처방법을 선택해 본다.

8차시: 발견! 참 괜찮은 우리

신체활동 '요런 매력 덩어리!'를 통하여 상대방과 자신에게 관심을 가지고 상대방을 통해 자신의 매력을 인정받고 있는 그대로 소중한 자신을 수용하는 경험을 한다. 현재 친구들 사이에서 자신의 인기를 예측해 보며 긍정적인 자기 이미지를 형성할 수 있도록 격려하여 자기존중감을 향상시킨다.

9차시: 탈출! 가면 속의 나

신체활동 '눈가리개 너머의 세상!'을 통해 현실에서의 만남의 필요성을 인식한다. 동영상 〈스마트폰보다 나의 친구가 소중해요〉를 함께 보며 스마트폰만 보는 친구를 만난다면 어떤 마음일지 생각해 본다.

SNS에서의 대인관계와 학교에서의 또래친구들과의 관계를 점검해 보고 가면을 만들어 쓰고 친구들과 함께한 즐거웠던 이야기, 친구관계에서의 어려웠던 경험을 이야기한다. 가면 속의 친구를 응원하는 집단원들의 메시지 중 자신에게 가장 힘이 되는 말을 선택하여 크게 외치며 또래관계 증진의 기회를 가진다.

10차시: 득템~ 손! 자유를 찾다

업데이트 게임을 하며 변화와 성장에 대한 희망을 나눈다. 활동지 '스마트폰이 없는 나의 하루'를 통해 스마트폰 없는 하루를 상상하며 스마트폰 사용 조절에 대한 계획과 유혹을 이겨 낼 방법을 생각해 본다. 활동지 '넌! 감동이야. 축! 봉인 해제'를 통해 함께 한 집단원들에 대한 고마움과 격려의 인사말을 전하며 자존감을 회복하고, 스마트폰으로부터 자유로울 수 있도록 지지와 격려를 나눈다.

3) 프로그램 운영 제안

프로그램 차시 운영과 관련된 제안은 사전 차시와 본 차시로 구분되며, 운영 지침은 다음과 같다.

(1) 사전 · 사후 차시 운영 지침

연구나 프로그램의 효과 여부를 측정하고자 할 경우, 프로그램의 사전 · 사후 검사활동을 포함할 수 있다. 이때 사전 검사는 참여 학생들의 심리적 불편감을 해소한 후 실시하기 위해 1차시 프로그램에 대한 안내를 받은 후 실시한다. 사후 검사는 10차시 본 프로그램 운영 직후 별도의 시간을 확보하여 실시하도록 한다. 본 프로그램에서는 충동성 척도(BIS-II)의 활용을 권한다(이 장 끝의 부록 참조).

〈글상자 5-2〉 충동성 척도(BIS-II) 사용 시 주의사항

- 진단보다는 스마트폰 과몰입 청소년의 충동적인 특성을 파악하는 도구로 사용한다.
- 척도에서 제시된 점수는 절대적인 기준이 아니라 대상 집단의 특성에 따라 다양한 수준으로 활용될 수 있다.

(2) 본 차시 운영 지침

첫째, 본 프로그램은 10차시로 구성되어 있으나 집단원의 특성을 고려하여 차시 구성을 탄력적으로 운영할 수 있다. 자발적인 참여자일 경우 자기이해를 돕는 2~3차시 활동 중에서 3차시를, 동기형성을 돕는 4~5차시 활동 중에서 5차시를 활용하여 8차시 집단상담 프로그램으로 운영할 수 있다.

또한 각각의 차시에는 개입 전략과 구성요소가 제시되어 있어 필요한 요소를 선택하여 4차시 집단상담으로 활용할 수 있다. 충동성이 강한 집단원일 경우 1, 2, 4, 6차시를, 또래관계에 어려움이 많은 경우 1, 5, 8, 9차시를 적용하여 집단상담 프로그램을 운영할 수 있다.

둘째, 성별에 따라 스마트폰 사용의 주된 목적이 다르므로 집단원이 여학생일 경우에는 1, 3, 6, 9차시를 활용하여 SNS 사용으로 인한 관계적인 면에서의 어려움을 돕는 집단을 운영할 수 있으며, 남학생일 경우 1, 4, 7, 8차시를 활용하여 충동적인 욕구를 조절하고 해소할 수 있도록 집단을 운영할 수 있다.

셋째, 스마트폰은 현실에서 도피할 수 있는 수단이며 자신이 인정받을 수 있는 공간이므로 집단상담자는 스마트폰 사용에 대하여 편견 없는 태도로 건전하게 활용할 수 있는 방법을 찾도록 함께하며 변화동기가 생기도록 긍정적인 격려자의 역할을 한다.

넷째, 스마트폰은 청소년 사이에서 중요한 소통의 수단이다. 무조건 제한하는 것이 아니라 현실 공간에서 만날 때 소통할 수 있는 능력이 필요함을 느끼고 함께 즐기는 경험을 나누는 것이 중요하다. 그리고 스트레스의 자각과 대처방법에 관심을 가지도록 격려하고 발산의 기회가 적은 환경적 특징을 고려하여 다양하고 재미있는 신체활동과 표현활동을 준비한다. 이때 청소년들이 자신이 원하는 신체놀이를 제안할 경우 집단원들의 요구에 따라 신체놀이 시간을 더 부여할 수도 있다.

1차시 뭐지? 손! 자유를 찾다

활동지도안	
목 표	• 프로그램의 목적과 목표 및 내용을 알고 이해한다. • 집단원 상호 간에 공감대를 형성하고 친밀감을 나눈다.
준비물	활동지, 사인펜, 색연필
단 계	진행절차
들어가기 (10분)	① 집단상담자 및 프로그램의 목적 및 내용을 소개한다. "반갑습니다. 저는 오늘부터 여러분과 함께 '손! 자유를 찾다' 프로그램을 진행할 상담자 ○○○입니다. 여러분이 스마트폰을 사용하는 이유는 다양할 것 같습니다. 여러분은 어떨 때 스마트폰을 사용하나요?" "그중에는 개인적으로나 학업에 도움이 되도록 잘 활용하는 경우도 있겠지만 사용이 지나쳐서 일상생활과 학업에 지장을 주거나 심하게는 건강을 해치는 경우도 있을 것 같습니다. 여러분, 스마트폰을 나름대로 조절하려고 노력도 많이 해 보았지요? 그렇지만 조절한다는 것이 쉽지 않아 힘든 때가 많았죠! 그래서 '손! 자유를 찾다' 프로그램을 통해서 조절할 수 있는 힘을 함께 길러 보고자 합니다. 왜 스마트폰을 사용하게 되었는지, 스마트폰을 얼마나 많이 사용하고 있는지, 스마트폰 사용으로 생활에서 겪고 있는 어려움은 어떤 것이 있는지, 스마트한 스마트폰 사용자가 되려면 어떤 방법이 있는지 등을 함께 이야기 나누며 스마트폰으로부터 손이 자유로울 수 있는 건강한 스마트폰 사용자가 되기를 기대합니다." ② 프로그램 진행방식을 소개한다. "'손! 자유를 찾다' 프로그램은 총 10차시로 구성되었고 ○월 ○일부터 ○월 ○일까지 매주 ○요일 ○○○에서 활동을 진행할 것입니다. 매 차시 활동시간은 45분이고 각 차시는 신체활동으로 시작되고 활동 내용에 따라 개별활동, 짝활동, 전체활동으로 다양하게 운영될 것입니다. 진행과 관련하여 더 궁금한 점 있나요? 그럼 스마트한 사용자가 될 수 있다는 마음으로 함께 출발해 볼까요?" "제가 '손! 자유' 라고 외치면 여러분은 '찾다' 라고 크게 외치며 본 프로그램을 시작해 보겠습니다." "손! 자유"(집단상담자), "찾다"(집단원).

'손! 자유를 찾다' 집단 참여 매뉴얼 (10분)	① '손! 자유를 찾다' 집단 참여 매뉴얼을 작성한다. **활동지 1-①** "처음 스마트폰을 사면 잘 사용하기 위해서 열심히 사용 매뉴얼에 따라 작업을 준비하죠? 마찬가지로 '손! 자유를 찾다' 프로그램을 원활하고 즐겁게 진행하기 위해서도 지켜야 할 집단 참여 매뉴얼이 있습니다." "우리는 즐겨 사용하는 스마트폰을 좀 더 올바르게 사용할 수 있는 방법을 알아보기 위해 여기에 모였습니다. 자신과 친구들의 모습을 보고 생각을 나누며 서로 공통되는 모습에서 즐거움과 위안도 느끼겠지만 때로는 짜증나거나 화가 나는 일도 생길 수 있습니다. 그럴 때 어떻게 하면 좋을까요?" "네, 우리가 서로 잘할 수 있다고 믿으며 끝까지 활동에 참여한다면 좀 더 나은 자신의 모습과 가능성을 찾을 수 있으리라 확신합니다. 그러기 위해서는 프로그램을 진행하는 동안 집단원들끼리 지켜야 할 규칙이 있습니다." (손! 자유를 찾다 집단 참여 매뉴얼 활동지를 한다.) "함께 집단 참여 매뉴얼을 읽어 볼까요? 첫째, 집단에 참여하는 마음자세를 형용사나 동사로 표현해 보세요. 예) 집단 시간을 잘 지키고 **즐겁게** 참여하겠습니다. 둘째, 셋째, 넷째는 함께 읽어 보겠습니다. 다섯째는 여러분이 '손! 자유를 찾다' 프로그램을 통해 도움받고 싶은 내용을 적어 주세요. 여섯째는 '손! 자유를 찾다' 프로그램 참여를 위해 여러분이 자신과 할 수 있는 약속을 정해 보세요." ② 별칭을 정한다. "여러분 중에 이름 말고 친구나 가족에게 불리는 별명이 있는 친구 있나요?" "이번에는 별명처럼 집단에서 사용할 별칭을 정해 보겠습니다. 집단 프로그램에 참여하는 동안 우리는 손의 자유를 찾기 위해 함께 나눔을 하는 새로운 공동체가 될 것입니다. 지금까지는 각자의 이름으로 불렸지만 이 공간에서만큼은 자신을 가장 잘 나타낼 수 있다고 생각되거나 평소에 불리고 싶었던 별칭 중에서 한 가지를 정하여 별칭으로 정한 이유를 소개하며 집단원들과 새롭게 만나는 시간을 가져 보겠습니다." "별칭을 정한 친구는 매뉴얼에 자신의 별칭과 오늘 날짜를 적어 주세요." ③ 매뉴얼에 인증을 한다. "우리가 스마트폰에 앱을 다운받을 경우 인증을 받지요. 지금부터는 '손! 자유를 찾다' 프로그램 참여를 확인하는 자신의 인증번호를 설정해 주시고 저의 오른편에 앉은 친구부터 둘씩 짝을 지어 짝지의 매뉴얼을 인증해 주는 시간을 가지겠습니다." (모두 함께 매뉴얼을 읽는다–각자 스마트폰에 녹음하기) "프로그램에 성실하게 참여하겠다는 마음으로 각자 스마트폰에 '손! 자유를 찾다' 집단 참여 매뉴얼을 읽으며 녹음하겠습니다."

소개하기 (20분)	① 별칭과 도움 받고 싶은 부분, 지키고 싶은 약속을 소개한다. "차례대로 자신이 정한 별칭과 도움 받고 싶은 부분, 지키고 싶은 약속을 1분 정도 소개하는 시간을 가지겠습니다. 먼저 시작할 친구 있나요?" "그럼 제가 먼저 소개해 보겠습니다. 저는 별칭을 ○○이라고 정했습니다. ○○은 ○○게임에 나오는 캐릭터인데 점프를 너무 잘하는 모습이 닮고 싶어서 ○○이라고 정했습니다. '제가 도움 받고 싶은 부분은 ○○○○이고 집단에서는 ○○○○ 약속을 꼭 지키겠습니다.' 이렇게 하시면 됩니다. 쉽지요? 그럼 제 얘기에 고개를 끄덕이며 잘 들어 준 ○○를 초대하고 싶습니다. ○○이도 자신의 소개를 마치면 한 친구를 초대해 주세요." "각자의 특징을 알 수 있는 별칭과 프로그램에 대한 기대, 지킬 약속들을 나누어 보았습니다." ② '나의 별칭 너의 별칭' 게임을 한다. "이번에는 우리가 얼마나 다른 사람에게 관심을 가지고 있는지를 알아보기 위해 별칭 외우기 게임을 해 보겠습니다. 처음에는 돌아가며 자기 별칭을 소개하고 모두 마치면 저부터 시작해서 차례대로 앞에서 소개한 친구의 별칭을 순서대로 이야기하는 '나의 별칭, 너의 별칭' 게임을 시작하겠습니다." "이번에는 별칭 외우는 것을 목표로 진행하는 게임이기 때문에 틀리면 벌칙을 주는 대신 틀린 친구 앞의 친구가 다시 별칭을 이야기해 주는 것으로 하겠습니다. 다음부터는 여러분이 자유로이 벌칙을 정할 수 있는 기회도 드리겠습니다. 자, 저부터 시작하겠습니다." **Tip** ① 네 박자 박수(무릎치기, 손뼉치기, 왼손 엄지 척, 오른손 엄지 척)에 맞추어 집단상담자부터 별칭을 소개한다. ② 다음 사람은 앞 사람인 집단상담자의 별칭을 말하고 자신의 별칭을 말한다. ③ 이어지는 사람은 집단상담자의 별칭부터 차례대로 말하고 자신의 별칭을 말한다. ④ 틀릴 경우 앞 사람이 다시 별칭 소개를 해 주어 순서를 이어 간다.
정리하기 (5분)	① 이 시간을 간단히 정리하고 느낀 점을 나눈다. "이번 시간에는 '손! 자유를 찾다' 프로그램에 대한 전반적인 안내가 이루어졌습니다. 오늘 활동을 통해 집단에 참여하게 된 기분이나 느낀 점을 저의 왼쪽부터 둘씩 짝을 지어 짝지끼리 나누어 보는 시간을 가지겠습니다." ② 이번 시간을 마무리하고 다음 시간을 안내한다. "오늘은 '손! 자유를 찾다' 프로그램의 첫 시간이었습니다. 아직은 서먹하고 어떤 활동을 할지 낯설고 불편한 마음이 있을 수도 있지만, 서로 공통되는 고민을 나누면서 친근감도 느끼게 되고 도움도 주고받으며 서로에게 힘이 되는 집단으로 만

	들어 갈 수 있으리라 생각합니다." "다음 시간에는 우리가 스마트폰을 어떻게 사용하고 있는지를 이야기 나누는 '지금 여긴? 나는 어디?' 활동을 진행하겠습니다. 다음 시간에도 잊지 않고 꼭 참석할 수 있겠지요! 처음과 마찬가지로 제가 '손! 자유' 라고 외치면 여러분은 '찾다' 라고 크게 외치며 프로그램을 마무리하겠습니다." "손! 자유"(집단상담자) "찾다"(집단원).
유의사항	• 집단상담자가 솔선수범하는 모습을 보여 집단원들이 적극적으로 참여할 수 있도록 한다. • 자연스럽고 자율적인 분위기를 조성하여 집단원들이 편안하게 자기를 개방할 수 있도록 한다. 그리고 발표 순서를 정할 때에는 집단원의 의사를 먼저 물어보며 존중하는 분위기에서 집단을 운영한다.

활동지 1 - ①

'손! 자유를 찾다' 집단 참여 매뉴얼

오늘 우리는 우리가 사용하고 있는 스마트폰을 좀 더 올바르게 사용할 수 있는 방법을 알아보기 위해 여기에 모였습니다. 서로를 존중하고 도와줄 수 있는 '손! 자유를 찾다' 집단 참여 매뉴얼을 함께 만들어 보겠습니다.

첫째, 집단 시간을 잘 지키고 ________ 참여하겠습니다.

둘째, 내 마음을 솔직하게 이야기하겠습니다.

셋째, 여기서 나눈 이야기는 비밀로 하며 집단 밖에서 말하지 않겠습니다.

넷째, 활동에 참여하는 동안 스마트폰 사용을 조절하려고 노력하겠습니다.

다섯째, 도움받고 싶은 내용

____

여섯째, 자신과의 약속

____

별칭:____________는(은) '손! 자유를 찾다' 프로그램에 참여하기 위해

위의 내용을 집단 참여 매뉴얼로 인증합니다.

20 년 월 일

(인증암호:)

(인증확인암호:)

2차시 지금 여긴? 나는 어디?

활동지도안	
목 표	• 긴장감을 이완하고 집단원들과 친밀감을 형성하여 개방적인 분위기를 조성한다. • 스마트폰 사용으로 인한 자신의 현재 위치를 확인하며 자기이해 시간을 가진다.
준비물	활동지, 알칩 개인별 3개
단 계	진행절차
들어가기 (10분)	① 지난 시간 내용을 간단히 정리하고, 이번 시간의 내용을 설명한다. "반갑습니다. 지난 시간에는 자신을 나타낼 수 있는 별칭을 짓고 함께 지내는 동안 지켜야 할 규칙과 프로그램에 성실하게 참여할 수 있도록 스스로 다짐하는 '손! 자유를 찾다' 집단 참여 매뉴얼을 인증하는 시간을 가졌습니다. 모두 스마트하게 기억하고 있지요?" ② '아이엠 그라운드 스마트폰 소개하기' 활동을 한다. "이번 시간에는 여러분이 즐겨 사용하는 스마트폰에 대한 이야기를 나누어 보려고 합니다. 스마트폰 하면 떠오르는 생각들이 있지요? 어떤 것들이 떠오르나요? 네, 각자 다양한 생각이 떠오를 것 같습니다." "여러분이 가지고 있는 스마트폰에는 어떤 앱들이 깔려 있나요? 지금부터 돌아가면서 스마트폰 하면 떠오르는 앱이나 생각들에 대해 소개하는 시간을 가지겠습니다. 각자 알칩을 3개씩 나누어 가진 후 '아이엠 그라운드 스마트폰 소개하기' 박자에 맞추어 오른쪽으로 돌아가며 스마트폰 하면 떠오르는 앱이나 생각을 소개하며 알칩을 반납합니다. 다른 친구가 한 것을 이야기하거나 통과를 외치면 알칩을 한 개 더 받아야 합니다. 받은 알칩 모두를 먼저 반납한 친구가 이기게 됩니다. 그럼 지금부터 소개를 시작하겠습니다." **Tip** 게임 방식 ① 참여자에게 알칩을 3개씩 나누어 준 후 '아이엠 그라운드 스마트폰 소개하기' 박자에 맞추어 집단상담자를 기준으로 오른쪽 방향으로 진행한다. ② 차례대로 돌아가며 스마트폰 하면 생각나는 것을 이야기하면서 알칩을 1개씩 내어놓는다. ③ 다른 친구가 한 이야기나 '통과'를 외칠 경우 집단상담자가 벌칙으로 알칩을 1개씩 더 준다. ④ 알칩을 모두 반납한 친구가 나오면 게임을 마무리한다. ※ 참여 인원에 따라 알칩 수를 조정할 수 있다.

	"참 다양한 앱과 스마트폰 사용 경험들을 알 수 있었습니다. 소개를 해 보니 어떤가요? 네, 스마트폰은 우리에게 도움을 주는 다양한 기능이 있고 또한 우리에게 즐거움을 주는 앱도 많이 있는 것 같습니다."
Famy 나의 위치는? (30분)	① 스마트폰 사용 정도를 알아보며 자신의 위치를 확인해 본다. **활동지 2-①** **Tip** Famy(패미): 위치 추적, 위치 찾기, 안전 귀가와 관련된 앱이다. "지금까지 스마트폰 하면 생각나는 것들을 함께 나누어 보았습니다. 각자 스마트폰에 대한 생각, 사용하는 어플, 스마트폰 사용으로 생긴 경험 등 다양한 이야기들이 소개되었습니다. 이번 시간에는 여러분의 스마트폰 사용 정도를 알아보며 현재 우리의 위치는 어디인지 점검해 보는 시간을 가지겠습니다." "활동지 1번, 2번 문항을 보고 해당되는 사항에 체크해 주세요." ② 위치 추적 앱 Famy와 함께 각자의 위치를 확인해 본다. "지금부터 각자 자신의 스마트폰 사용 정도에 따라 위치를 확인해 보겠습니다. 먼저 스마트폰을 사용하고 있는 자신의 모습에 해당되는 개수를 체크하고 체크된 문항 수를 모두 합해 주세요. 다음으로 스마트폰을 사용하는 자신의 모습에 대한 생각에 체크된 점수를 세로로 더한 후 총점을 내어 주세요. 두 점수를 합한 뒤 암벽 타기 그래프에 표시해 주세요. 스마트폰 사용에서 나는 어떤 위치인가요?" ③ 돌아가며 자신이 파악해 본 위치를 소개한다. "여러분은 암벽 타기 그래프 어디쯤에 위치해 있나요? 3번 문항에 체크해 보세요. 그래프를 들어 친구들에게 보여 줄까요? 네, 그래프를 보니 비교적 안전한 곳에 위치한 친구도 있지만 아주 위험한 곳에 위치한 친구들도 있군요. 차례대로 자신의 위치를 확인해 본 느낌을 나누겠습니다." **Tip** 질문 예시 • 각자 자신의 위치를 확인해 보니 어떤가요? • 다른 친구들의 위치를 보니 어떤가요? • 위치를 확인해 보면서 집단에 참여하게 된 이유가 무엇인지 느껴지는 친구 있나요? 어떤 점이 자신을 위험하게 만들고 있나요? "여러분에게 스마트폰은 어떤 의미인가요? 4번 문항에 적어 주세요."

정리하기 (5분)	① 이번 시간을 마무리하고 다음 시간을 안내한다. "이번 시간에는 스마트폰을 사용하고 있는 우리의 모습을 통해 자신의 위험 정도를 확인해 보는 시간을 가졌습니다. 오늘 활동을 통해 느낀 점이나 깨달은 점을 둘씩 짝을 지어 나누어 보는 시간을 가지겠습니다. 오늘 활동은 느낀 점을 4자 토크로 돌아가며 이야기하며 마무리하겠습니다." (예: 시원통쾌, 찌릿찌릿, 기가 막혀) "다음 시간에는 '스마트폰! 지금처럼 써도 괜찮을까?' 라는 주제로 각자의 스마트폰 사용 패턴을 점검해 보는 시간을 가지겠습니다."
유의사항	• 스마트폰 중독 관련으로 집단에 참여하게 되는 학생들은 대체로 자신이 위험군에 속한다는 것을 인정하지 않으려는 경향이 있다. 그러므로 참여 학생들의 마음을 이해하고 공감해 주며 집단을 이끄는 태도가 필요하다. • 나의 문제점을 발견하기에 앞서 나를 돌아보는 시간을 갖고 스스로 점검해 보는 능력을 기를 수 있도록 돕는다.

활동지 2 - ①

Famy 나의 위치는?

1. 문항을 차례로 읽으며 스마트폰을 사용하고 있는 나의 모습에 해당되면 □에 체크해 주세요.

- □ 난 친구를 만나서도 수시로 스마트폰을 만지고 확인해요.
- □ 난 문자 채팅 메시지가 오면 바로 확인하거나 바로 답 문자를 보내지 않으면 초조해지고 불안해져요.
- □ 난 게임 경쟁 순위에 스트레스를 받아요.
- □ 난 밥 먹을 때도, 화장실에 갈 때도 스마트폰을 손에서 놓지 못해요.
- □ 난 스마트폰을 너무 많이 사용해서 손목과 목, 어깨가 뻐근해요.
- □ 난 공부나 과제를 할 때에도 스마트폰을 꼭 책상에 올려놓아요.
- □ 난 한 가지 목적으로 스마트폰에 접속하지만 결국 이것저것 다 이용해요.
- □ 난 댓글의 '좋아요' '싫어요' 등의 반응에 그날 기분이 좌우되어요.
- □ 잠자리에 들어서도 스마트폰을 한동안 만지작거리다가 잠이 들어요.
- □ 직접 대화하는 것보다 문자와 이모티콘으로 대화하는 것이 훨씬 편해요.

체크된 문항 수: _____개

2. 스마트폰을 사용하고 있는 나의 모습을 점검해 보니 어떤가요? 다음 문항의 내용에 해당하는 점수를 체크해 보세요.

번호	내 용	그렇다	보 통	아니다
1	나의 스마트폰 **사용 정도**는 적절합니다.	①	②	③
2	스마트폰 사용은 **나에게 유익**합니다.	①	②	③
3	스마트폰 사용은 **나에게 꼭 필요한 활동**입니다.	①	②	③
4	현재 스마트폰 사용 정도에 대해 **만족**합니다.	①	②	③
5	현재 스마트폰 사용으로 **문제되는 일**이 생깁니다.	③	②	①
계	**체크된 부분을 세로로 더해 주세요.**			

총: _____점

3. 1번에 체크된 문항의 수와 2번의 점수를 더한 후 암벽 타기 그래프에 표시해 주세요.

위치 추적장치 Famy가 바닷가 암벽에서 여러분을 찾았습니다. 점수가 낮으면 물도 얕고 사다리도 있어 금방 위험에서 빠져나올 수 있지만 점수가 높으면 높을수록 암벽에 물이 높이 차오르고 사다리는 물속으로 가라앉게 되어 위험해집니다. 여러분은 어디에 있나요?

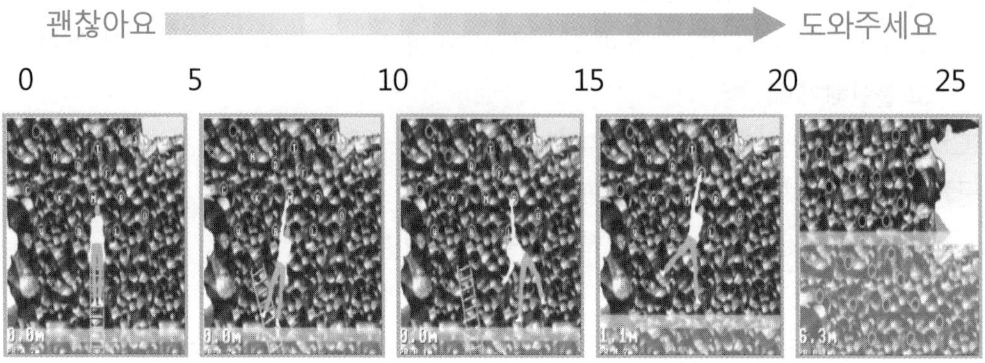

● 나의 위치를 보니 어떤 생각이 드나요?

4. 나에게 스마트폰이란 어떤 의미인가요?

3차시 스마트폰! 지금처럼 써도 괜찮을까?

활동지도안	
목 표	• 스마트폰 사용 패턴 점검을 통해 자신의 사용 패턴을 확인한다. • 스마트폰 사용으로 인한 문제점을 이야기 나누고 변화의 필요성을 인식한다.
준비물	활동지, 메달(인사왕, 집중왕), 선물(얼굴 마사지기, 12색 색연필)
단 계	진행절차
들어가기 (10분)	① 지난 시간 내용을 간단히 정리하고, 이번 시간의 내용을 설명한다. "반갑습니다. 지난 시간에는 스마트폰을 사용하고 있는 자신의 모습을 통해 자신이 처한 위치를 점검해 보았습니다. 그리고 지금까지 나에게 스마트폰은 어떤 의미였는지 되돌아보았습니다. 이번 시간에는 스마트폰을 어떻게 사용하고 있는지에 대한 자신의 사용 패턴을 알아보겠습니다." ② '줄을 서시오' 활동을 소개한다. "본 활동에 앞서 서로 친밀감을 형성할 수 있도록 간단한 신체활동을 하겠습니다. 순서대로 줄을 서는 활동이므로 공간을 넓혀 주세요. 제 이야기를 잘 듣고 집단원들과 서로 비교하여 줄을 서 주시면 됩니다." –키(발, 얼굴)가(이) 제일 큰 순서대로 줄을 서시오. –스마트폰에 어플이 제일 많이 깔려 있는 순서대로 줄을 서시오. –스마트폰을 하루 동안 가장 오랜 시간 사용한 순서대로 줄을 서시오. **Tip** 게임 방식 • 경우에 따라 메달과 선물을 주며 활동에 집중시키고 집단원과 자신의 생각을 표현해 보도록 격려한다. - '줄을 서시오' 신체활동 시 상황에 따라 집단원이 서로 이야기 나눈다. 예) "제일 작은 친구가 제일 큰 친구를 보니 어떤가요?" - '줄을 서시오' 신체활동 시 순위 왕에게 상품을 줄 수 있다. 예) "키가 큰 친구는 다닐 때 고개를 숙여야 할 일이 많으니 인사왕 메달을 드리겠습니다." "긴 시간 스마트폰을 사용한 친구에게 집중왕 메달을 드리겠습니다." ※ 활동에 집단원들이 직접 참여할 수 있는 기회를 제공하기 위해 집단원들이 직접 제시어를 말하도록 유도할 수 있다.

스마트폰! 넌 어떻게 쓰니? (20분)	① 스마트폰 사용 패턴을 점검한다. 활동지 3-① "주변의 많은 사람들이 우리에게 스마트폰을 그만 사용하라고 얘기합니다. 우리가 정말 그렇게 많이 쓰고 있는 걸까요? 여러분은 동의하세요? 그럼 지금부터는 우리가 스마트폰을 얼마나 오랜 시간 사용하는지 또 주로 언제, 어디서 어떤 앱을 사용하는지 점검해 보는 시간을 가지겠습니다. 자신이 스마트폰을 어느 정도 사용하고 있는지 활동지를 보며 구체적으로 적어 보세요." ② 스마트폰 사용 패턴의 경험을 나누며 스마트폰 사용 패턴을 확인한다. "지금까지 작성한 내용을 둘씩 짝을 지어 이야기 나누도록 하겠습니다." "이번에는 짝이 된 친구가 집단원 전체에게 상대 친구의 스마트폰 사용 패턴을 이야기해 주도록 하겠습니다." "집단원들의 이야기를 들어 보니 주로 어떤 때 스마트폰을 사용하는 것 같나요? (집단원의 반응을 기다린다.) 상대방이 소개한 자신의 이야기를 들어 보니 기분이 어떤가요? (집단원들의 이야기와 반응을 살핀다.) 사용 패턴 점검을 통해 내가 생각하지 못했던 점을 알게 되었거나 다른 사람을 통해 본 나의 모습을 들으며 느낀 점 등이 있으면 소개해 주세요."
나의 미래 색깔은? (10분)	① 자신의 미래를 색으로 표현해 본다. 활동지 3-② "지금처럼 스마트폰을 사용한다면 나의 미래는 어떻게 될까요? 1년, 3년, 5년, 7년, 10년 후의 모습을 상상해 보고 느낌을 색깔로 표현해 보겠습니다." (색칠이 끝난 후) "색풍선으로 그려진 자신의 미래를 보니 어떤 느낌이 드나요? 색에 대한 느낌을 함께 소개해 주세요." ② 10년 후 나에게 하고 싶은 말을 적는다. **Tip** 질문 예시 • 미래의 자신이 지금의 나에게 어떤 말을 해 주고 싶을까요? • 이야기를 전해 듣고 나니 어떤 생각이 드나요? • 나와 친한 친구의 미래가 이런 모습이라면 어떤 도움의 말을 해 주고 싶나요?
정리하기 (5분)	① 이 시간을 마무리하고 다음 시간을 안내한다. "이번 시간에는 스마트폰 사용 패턴을 함께 살펴보고 자신의 미래 모습을 색으로 표현하는 시간을 가졌습니다. 다른 집단원의 사용 패턴과 미래에 대한 느낌을 들어 보니 어떤가요? 오늘 활동을 통해 느낀 점이나 깨달은 점을 둘씩 짝을 지어 나누어 보는 시간을 가지겠습니다." "다음 시간에는 '미션! 지킬 앤 하이드를 찾아라' 라는 주제로 스마트폰이 나에게 주는 득과 실에 대해 생각해 보는 시간을 가지겠습니다."
유의사항	• 신체활동 시 제시된 상황에 적절하게 다양한 선물을 준비한다. • 자신의 미래 모습을 객관적인 입장으로 살펴볼 수 있는 계기를 마련한다.

활동지 3-① 스마트폰! 넌 어떻게 쓰니?

Wake Up~ 잠을 깨고 하루를 시작해 보아요.
나의 하루를 떠올려 보세요. 일어나서 자기 전까지 스마트폰을 얼마나 사용하고 있을까요?

6시 9시 12시 15시 18시 21시 0시 3시

나의 스마트폰 사용 정도를 점검해 보며 해당 내용을 적어 보세요.

- 평일 하루 평균 이용 ______시간, 최대 지속 이용 ______시간
- 토요일 평균 이용 ______시간, 일요일 평균 이용 ______시간
- 학습 관련 이용 ______시간, 정보검색 이용 ______시간
- 나는 스마트폰에서 어떤 종류의 앱을 주로 사용하고 있나요?
  (앱: 게임-모두의 마블, SNS-카톡, 카스, 페이스북, 검색-사파리, 네이버, 웹툰 등)

- 내가 가장 좋아하는 앱은 무엇이고, 하루에 몇 시간 정도 어느 시간대에 어디에서 사용하고 있나요?

- 내가 가장 잘하거나, 가장 좋아하고 즐겨하는 앱 중 게임 하나를 자세히 소개해 주세요.
  -앱 이름은?
  -게임 안에서 나의 레벨은?
  -그 게임을 즐겨하는 이유는?
  -더 소개하고 싶어요.

활동지 3 - ②

나의 미래 색깔은?

만약 지금처럼 스마트폰을 계속 사용한다면 나의 미래는 어떻게 될까요? 나의 미래를 색깔로 표현해 보세요.

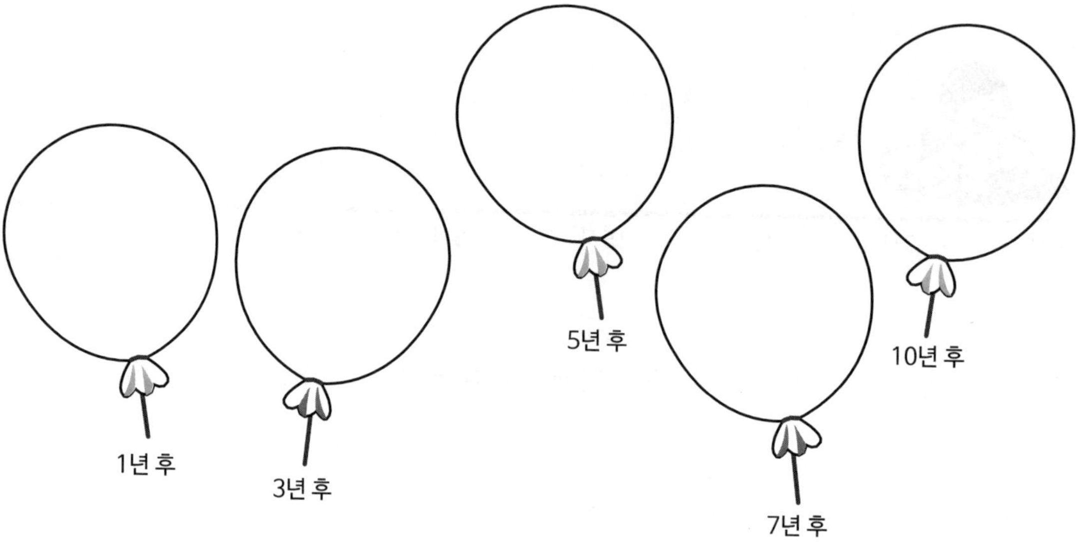

10년 후 나는 지금의 나에게 어떤 말을 해 줄까요?

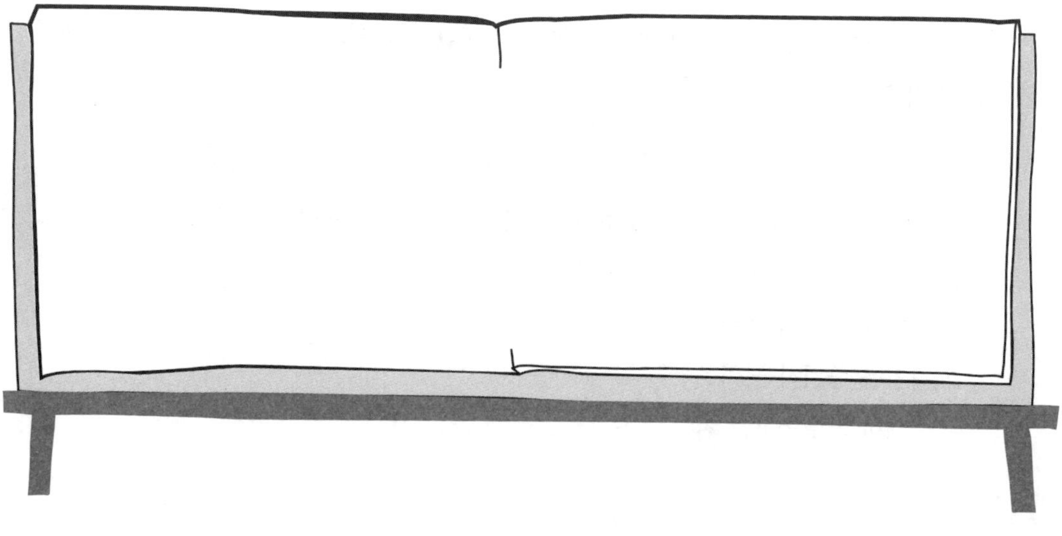

4차시 미션! 지킬 앤 하이드를 찾아라

활동지도안	
목 표	• 스마트폰 사용이 나의 생활에 미치는 영향을 알아본다. • 스마트폰을 상황에 맞게 조절해야 할 동기를 인식한다.
준비물	활동지, 개인 파일(집단 인원수), 선물(인공눈물, 요구르트, 츄파춥스)
단 계	진행절차
들어가기 (5분)	① 지난 시간 내용을 간단히 정리하고, 이번 시간의 내용을 설명한다. "반갑습니다. 지난 시간에는 스마트폰 사용 패턴을 살펴보고 자신의 미래를 색깔로 표현해 보는 시간을 가졌습니다. 이번 시간에는 스마트폰 사용이 나에게 주는 득과 실에 대해서 이야기 나누어 보겠습니다." ② '몰입 게임으로 즐겨요' 활동을 소개한다. "여러분은 '몰입(flow)'이라는 이야기를 들어 본 적 있나요? 몰입에 대해 연구하는 칙센트미하이에 따르면 몰입이란 '무언가에 흠뻑 빠져 있는 심리상태'로 현재 하고 있는 일에 심취한 무아지경의 상태라고 합니다. 그리고 몰입했을 때에는 '물 흐르는 것처럼 편안한 느낌' '하늘을 나는 자유로운 느낌'이 들고 세상 최고의 즐거움과 만난다고 합니다. 여러분도 경험해 보고 싶으시지요? 그래서 지금부터 나의 기분을 행복과 즐거움의 방향으로 바꾸어 줄 집중력 향상 몰입 게임을 함께해 보겠습니다." **Tip** 게임 방식 • 눈싸움: 둘씩 짝을 지어 오랫동안 눈을 감지 않은 사람이 이긴다. 최후의 승자에게 인공눈물을 선물로 준다. • 빨대 축구: 두 편으로 나누어 빨대와 탁구공을 이용하여 골을 많이 넣은 팀이 이긴다. 이긴 팀에게 요구르트를 선물로 준다. • 티슈 공중에 오래 띄우기: 티슈를 한 장씩 나누어 가진 후 오랫동안 공중에 띄우기를 한다. 최후의 승자에게 츄파춥스를 선물로 준다. ※ 신체활동 시 경우에 따라 게임 수를 조절할 수 있다. ※ 학생들의 흥미를 유발할 수 있는 간식을 선물로 준비한다.

몰입 kill me heal me (20분)	① 일상생활에서 자신이 몰입했던 경험을 이야기한다. "신체활동으로 한 가지에 집중하는 게임을 해 보았습니다. 어떠했나요? 몰입한다는 것은 시간 가는 줄 모르고 그 일을 하고 있는 것으로 사람들은 그러한 경험을 통해 한 가지에 빠져들 때의 즐거움을 경험하게 되지요. 혹시 여러분 중에 한 가지 일에 몰입해 본 경험이 있는 친구 있나요? 자신의 경험과 그때 느꼈던 기분을 소개해 주세요." ② 스마트폰에 몰입하여 생겼던 에피소드를 이야기한다. "여러분은 스마트폰 사용에 너무 집중해서 다른 일을 잊어버린 경험이 있나요? 자신의 경험을 소개해 주세요." "서로의 경험을 들어 보니 어떤가요?" "네, 많은 친구들이 몇 번 정도 그런 경험들을 했었군요." ③ '몰입 kill me heal me' 활동지를 한다. **활동지 4-①** "몰입은 우리에게 즐거움의 경험을 전해 주지만 지나치게 몰입할 경우 예상치 않은 일이 생길 수도 있습니다. 이런 경우를 과몰입 또는 몰두라고도 합니다." "스마트폰은 우리에게 도움을 주어 유익하게 사용되기도 하지만 때때로 과도하게 사용해 불안한 일을 경험하게도 합니다. 그럴 때에는 스마트폰을 그만 사용해야지 하는 생각이 들기도 합니다. 또 그만 사용해야지 하면서도 계속하게 될 때도 있습니다. 여러분, 지킬 박사와 하이드 이야기 아시죠. 이처럼 스마트폰은 좋은 점과 나쁜 점을 함께 가지고 있습니다. 활동지에 여러분의 경험을 적어 본 후 각자의 경험을 나누겠습니다."
그래! 결심했어! (10분)	① 스마트폰 사용을 대체할 수 있는 활동을 찾아본다. **활동지 4-②** "스마트폰 사용에 대한 여러 가지 생각을 나누어 보았습니다. 스마트폰은 꼭 필요하지만 때때로 우리가 조절하지 못하고 과몰입하게 되면 예상치 않은 결과를 나타내는 것도 알게 되었네요. 지금부터는 스마트폰에 과몰입하게 되어 하지 못했던 일에는 어떤 것들이 있었는지, 그리고 스마트폰을 조절해서 쓴다면 그 시간에 어떤 것들을 할 수 있을지에 대해 생각해 보는 시간을 가지겠습니다. 스마트폰 사용을 줄인다면 그 시간에 무엇을 할 수 있을까요?" ② 스마트폰 사용 시간을 줄이기 위한 실천 계획을 세운다. "그렇다면 지금부터 스마트폰 사용을 어떻게 줄여 볼 수 있을까요? 사용하는 앱과 시간, 장소 등을 나누어서 구체적으로 계획해 보세요. '천 리 길도 한 걸음부터'라고 했습니다. 작은 부분이라도 실천 가능한 방법을 계획해 보았으면 합니다." "활동지 작업이 끝나면 각자의 계획을 소개해 보겠습니다."

정리하기 (5분)	① 이 시간을 마무리하고 다음 시간을 안내한다. "이번 시간에는 스마트폰 과몰입을 하게 되는 상황과 이로 인한 이득과 손실을 알아보았습니다. 그리고 실생활에서 스마트폰 사용을 조절해 볼 수 있는 부분에 대해 이야기해 보았습니다. 오늘 활동을 통해 느낀 점이나 깨달은 점을 둘씩 짝을 지어 나누어 보겠습니다. 작은 부분이라도 일주일간 실천하고 다음 시간에 다시 점검해 보는 시간을 가지도록 하겠습니다." ※ 〈활동지 4-②〉는 파일에 넣어 가지고 가도록 한다. "다음 시간에는 '똑똑 閑 스마트폰'이라는 주제로 스마트폰 없이도 여유로운 활동을 즐길 수 있는 조절력에 대해 이야기 나누도록 하겠습니다."
유의사항	• 스마트폰 사용에 대한 양가감정을 다루므로 죄책감을 느끼지 않도록 하고 자신의 생활과 연결시켜 되돌아보며 다음을 계획할 수 있도록 참여를 유도한다. • 자신과의 약속이므로 지킬 수 있는 작은 것부터 실천할 수 있도록 격려한다. • 집단원들이 약속을 지킬 수 있도록 문자로 격려하고 다음 집단이 시작되기 전날에는 〈활동지 4-②〉를 준비해서 올 수 있도록 미리 안내한다.

활동지 4 - ①

몰입 kill me heal me

스마트폰을 사용하면서 겪었던 경험에 대해 생각해 보아요.
스마트폰 사용으로 인한 이득과 손실은 무엇인가요?
'스마트폰을 그만 사용해야지'라는 생각이 들 때는 언제인가요?
그럼에도 불구하고 스마트폰을 멈출 수 없었던 때는 언제인가요?
자신의 경험을 적어 보며 스마트폰이 나에게 미치는 영향을 살펴보아요!

스마트폰 사용으로 인한 이득

스마트폰 그만 사용해야 해!

스마트폰 그래도 멈출 수 없어!

스마트폰 사용으로 인한 손실

활동지 4 - ②

그래! 결심했어!

스마트폰 사용으로
하지 못한 것은 무엇인가요?
스마트폰 사용을 줄인다면
무엇을 더 할 수 있을까요?

그럼 지금부터 스마트폰 사용을 어떻게 줄여 볼 수 있을지 실천할 수 있는 계획을 세워 볼까요? 그리고 일주일간 약속을 지켜보아요.

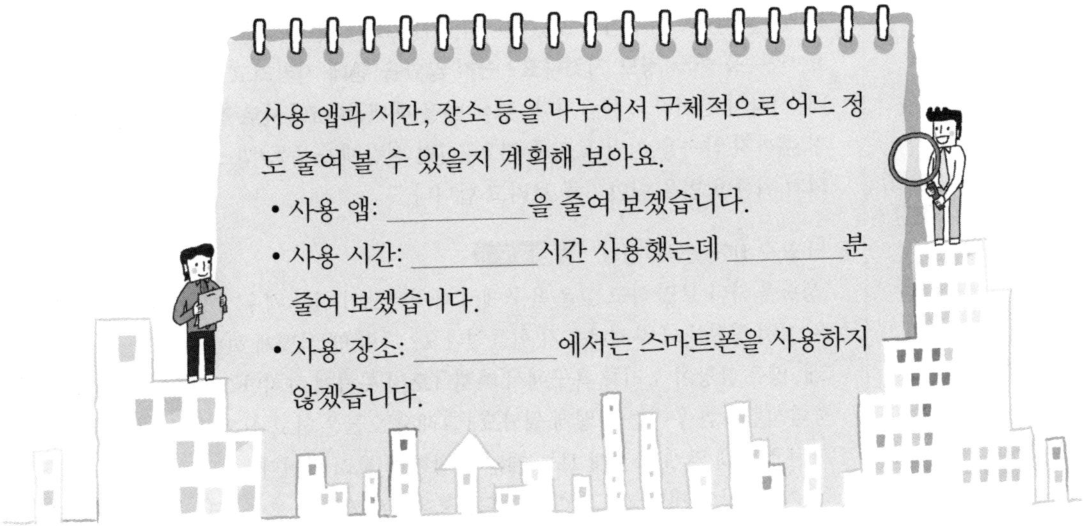

사용 앱과 시간, 장소 등을 나누어서 구체적으로 어느 정도 줄여 볼 수 있을지 계획해 보아요.

- 사용 앱: __________을 줄여 보겠습니다.
- 사용 시간: __________시간 사용했는데 __________분 줄여 보겠습니다.
- 사용 장소: __________에서는 스마트폰을 사용하지 않겠습니다.

약속을 지킨 날에는 색칠을 해 주세요.

♧ ♧ ♧ ♧ ♧ ♧ ♧

5차시 초청코드: 똑똑 閑 스마트폰

활동지도안	
목 표	• 동영상을 보며 자제력을 길러야 할 필요성을 인식한다. • 스마트폰 사용시간을 조절하기 힘들었던 고민을 나누며 함께 조절해 보려는 동기를 형성한다.
준비물	활동지, 색 글자 게임 카드, 〈마시멜로 실험〉 동영상, 선물(마시멜로), 연필, 볼펜, 고민상자
단 계	진행절차
들어가기 (15분)	**Tip** 스마트폰 없이도 생활할 수 있다는 경험을 나누기 위해 집단활동 시작 전 스마트폰을 한곳에 모은다. ① 지난 시간 내용을 간단히 정리하고, 이번 시간의 내용을 설명한다. "반갑습니다. 지난 시간에는 스마트폰 과몰입을 하게 되는 상황과 이로 인한 이득과 손실을 알아보았습니다. 그리고 실생활에서 스마트폰 사용을 조절해 볼 수 있는 부분에 대해 이야기해 보았습니다. 가지고 간 지난 시간 활동지를 꺼내 보세요. 약속을 어느 정도 지켰나요? 쉽지 않았을 텐데 지키려고 해 보니 어땠나요? 네, 시작이 반이라고 했습니다. 벌써 반을 해냈잖아요. 서로 격려하며 집단을 마칠 때까지 약속을 지켜 보도록 해요. 이번 시간에는 똑똑 閑 스마트폰 사용자가 되기 위한 방법을 이야기해 보려고 합니다." ② '난 할 수 있어' 활동을 한다. 활동지 5-① "생활을 하다 보면 하고 싶은 욕구에서 빠져나오기 힘든 경우가 생깁니다. 여러분은 어떤 상황에서 빠져나오기 힘들었나요? 그럴 땐 어떻게 하나요?" "네, 많은 상황이 우리를 욕구에서 빠져나오지 못하게 하지만 그럴 때마다 욕구를 충족시킨다면 우리는 어떻게 될까요? 그래서 오늘은 하고 싶은 것이 있더라도 제시된 상황에 맞게 조절해 보는 게임을 함께해 보려 합니다." "여기에 8장의 게임 카드가 있습니다. 출제자가 카드를 보여 주면 게임자는 카드에 보이는 색깔을 이야기해야 합니다. 둘씩 짝을 지어 출제자와 게임자를 정해 주세요. 출제자는 제가 들려 드리는 박자에 따라 빠르게 카드를 보여 주시고 게임자는 색깔을 말합니다. 맞추면 카드를 게임자가 가집니다. 서로 바꾸어 한 후 많이 맞힌 사람에게 마시멜로 2개를 선물로 드리겠습니다."

Tip 게임 방식

① 집단상담자는 자신의 스마트폰에 메트로놈 앱을 미리 설치해 둔다.
② 짝 게임이므로 인원수에 맞게 8장의 게임 카드를 준비한다.
③ 조별로 게임 카드를 나누어 준 후 출제자와 게임자를 정한다.
④ 집단상담자는 먼저 카드를 넘기는 박자를 들려준 후 '시작' 신호를 준다.
⑤ 속도를 조절하여 토너먼트 방식으로 게임을 진행하여 '조절왕'을 뽑을 수도 있다.

③ 스마트폰 없이 활동하면서 손에게 여유를 준 자신을 칭찬한다.

- 게임을 해 본 느낌을 이야기 나눈다.

"하고 싶은 마음을 참고 제시된 지시에 따라 말해 보니 어떠했나요? 간단한 게임이지만 하고 싶은 말을 참으며 지시에 따르는 것은 쉽지 않았을 겁니다. 오늘 활동은 여유로움에 노크를 해 보는 '똑똑 閑 스마트폰' 사용자가 되어 보는 것입니다. 게임하는 동안 스마트폰을 보고 있지 않았는데 어떠했나요? 하고 싶은 것을 참는 방법도 있지만 다른 것에 집중함으로써 참아야 할 욕구에서 벗어날 수도 있어요. 스마트폰 없이 집중한 친구들에게 다음의 말로 서로 칭찬해 주세요. 문장이 조금 깁니다. 집중해서 들어 주세요."

'스마트폰 없이도 집단에 집중한 넌 똑똑 閑 친구야!'

똑똑 閑 스마트폰 (25분)

① 동영상 〈마시멜로 실험〉을 보며 자제력에 대해 이야기 나눈다.

https://youtu.be/DOp_kKPhnN4

(시청 전) "이번 시간에는 동영상을 보며 함께 생각해 보는 시간을 가지려고 합니다."
(시청 후) "보고 나니 어떤 생각이 드나요? 여러분이 만약 이 실험에 참여했다면 어떻게 했을까요? 한번 손을 들어 볼까요? 참을 수 있다, 못 참고 먹는다, 조금 참아보다 먹는다. 참지 못하고 먼저 먹은 아이들에게 어떤 말을 해 주고 싶나요?"

Tip

동영상 자료: KBS2 세상의 모든 다큐: 오토매틱 브레인 제1편
<무의식의 마법(자제력)> 편을 편집한 내용입니다(5분 10초).

② 일상생활에서 자신이 조절해서 성공한 경험을 이야기한다.

"조절한다는 것은 쉽지 않은 일이지만 우리에게 많은 성공경험을 안겨 주기도 합니다. 혹시 여러분 중에서 당장 하고 싶었던 것을 참아 좋은 결과를 거둔 친구가 있나요? 자신의 경험과 그때 느꼈던 기분을 소개해 주세요."

③ 스마트폰 사용을 줄이기 위해 시도한 방법을 이야기한다. **활동지 5-②**

- 스마트폰 사용을 조절하는 방법을 이야기 나눈다.

"스마트폰은 우리에게 도움이 되는 많은 기능을 가지고 있지만 지나치게 의존하면 뇌기능을 저하시킵니다. 스마트하게 사용하기 위해서는 조절력이 필요

	한데 쉽지 않지요. 여러분도 나름대로 조절해 보려고 노력해 보았지요? 어떤 시도들을 해 보았나요? 계속 지키지 못한 이유는 무엇이었나요?" ④ 스마트폰을 사용할 때 조절하기 힘든 경우를 적고 서로 해결책을 나누어 본다. "여러 가지 방법으로 조절해 보려고 했지만 쉽지 않았을 겁니다. 그래서 이번 시간에는 스마트폰을 줄이는 과정에서 생기는 고민을 집단원들과 나누며 좀 더 스마트한 해결책을 찾아보는 시간을 가지고자 합니다." "스마트폰을 조절하기 힘든 이유를 종이에 적은 후 고민상자에 담아 주세요. 여기에 나와 친구의 고민이 섞여 있습니다. 고민상자에서 한 가지 고민을 뽑아 주세요. 뽑은 종이가 내 것이라면 다시 상자 안에 넣어 주세요. 이제 친구의 고민에 자신이 생각한 해결책을 제시해 보겠습니다." ⑤ 함께 고민을 나누어 본 경험을 이야기한다. "돌아가며 자신이 선택한 고민과 해결책을 소개해 주세요." "좋은 해결책인 것 같습니다. 혹시 이 고민에 대해 또 다른 해결방법을 안내해 줄 친구가 있나요?" "친구들의 고민을 나누어 보니 어떤가요? 나와 비슷한 고민을 가지고 있기도 하고 때로는 내가 겪고 해결해 본 고민이기도 했을 것 같습니다. 그럼 다시 자신의 고민 종이를 찾아가도록 하겠습니다." "여러 가지 해결책이 나왔는데 그중에서 어떤 해결책이 가장 도움이 되었나요? 똑똑 閑 스마트폰 사용자가 되기 위해 자신이 선택한 해결책을 적어 주세요."
정리하기 (5분)	① 이 시간을 마무리하고 다음 시간을 안내한다. "이번 시간에는 성공경험 나누기를 통해 자신감을 회복하는 경험과 유혹을 물리치고 스마트폰 사용을 조절할 수 있는 방법에 대해 알아보았습니다. 똑똑 閑 스마트폰 사용자가 되기 위해 자신이 듣고 싶은 격려의 말을 함께 얘기해 주며 오늘 시간을 마무리하겠습니다." 예) "저는 '넌 할 수 있어' 라는 말을 듣고 싶습니다." "다음 시간에는 '출동! 스트레스 원정대'라는 주제로 여러분이 겪고 있는 스트레스를 알아보는 시간을 가지도록 하겠습니다."
유의사항	• 자제력을 기르는 것은 쉽지 않은 결심이므로 작은 성공경험이라도 집단원들 간에 긍정적인 상호작용이 이루어질 수 있도록 격려한다. • 고민에 대한 집단원들의 해결책에 대해 평가하지 않고 장점을 부각시켜 자신감을 길러 줄 수 있도록 한다.

활동지 5 - ①

난 할 수 있어

선을 따라 오려서 코팅을 한 후 색 글자 게임 카드로 사용하세요.

빨강	분홍
노랑	초록
파랑	남색
보라	검정

활동지 5 - ②

똑똑 閑 스마트폰

스마트폰을 사용하고 싶은 상황은 아주 다양하고 많습니다. 그러므로 똑똑 閑 스마트폰 사용자가 되기 위해서는 적절한 조절력이 필요합니다. 순간 조금만 참으면 될 것 같은데 왜 절제하지 못하고 스마트폰을 사용하는 것일까요? 똑똑 閑 스마트폰 사용자가 될 수 있도록 고민을 해결해 주세요.

1. 스마트폰 사용을 자제하지 못했을 때의 상황을 체크해 보고 자신의 경험을 적어 보세요.

머리가 복잡해요, 마음속 깊이 화가 나요, 몸이 피곤해요, 다른 사람이 스마트폰을 사용하고 있으면 나도 하고 싶어요, 되는 일이 없어요, 신나거나 축하할 일이 있어요, 긴장을 풀고 싶어요, 기분이 가라앉아요, 친구가 스마트폰을 권해요, 심심해요, 좌절해서 내가 파괴될 것 같아요, 뭔가 하지 않으면 어색해요, 몹시 걱정스러운 일이 있어요.

저는 이럴 때 자제하기 힘들어요(힘든 상황을 적어 주세요).

2. 조절하지 못하고 스마트폰을 하는 나의 모습을 생각해 보니 어떤 고민이 생기나요? 고민을 적은 후 접어서 고민상자에 넣어 주세요.

3. 스마트폰을 자제할 수 있는 해결책을 찾아 주세요.

어떤 해결책이 도움되었나요?
똑똑 閑 스마트폰 사용자가 되기 위해 어떤 노력을 해 보고 싶나요?

6차시 출동! 스트레스 원정대

활동지도안	
목 표	• 자신의 욕구를 알아보며 스트레스 원인을 살펴본다. • 스트레스 상황에서 떠오르는 감정과 행동패턴을 알아본다. • 스트레스를 긍정적으로 해소해야 할 필요성을 인식한다.
준비물	활동지, 스톱워치
단 계	진행절차
들어가기 (10분)	① 지난 시간 내용을 간단히 정리하고, 이번 시간의 내용을 설명한다. "반갑습니다. 지난 시간에는 스마트폰 없이 집단에 참여해 보는 성공경험을 통해 자신감을 회복하고 욕구를 조절할 수 있는 방법을 함께 고민하며 똑똑 閑 스마트폰 사용자가 되기 위한 방법을 알아보았습니다. 여러분! 4차시에 스마트폰 사용을 줄이기 위한 계획을 세워 보았는데 지금 어느 정도 실천하고 있나요?" "매일 실천하기 쉽지 않지요. 그래도 잊지 않고 실천해 보려는 모습이 반갑고 박수쳐 드리고 싶네요. 지난 시간에도 이야기 나누었지만 하고 싶은 욕구를 참는다는 것은 쉽지 않은 일입니다. 잘 참았더라도 한순간 마음을 놓으면 다시 원래대로 돌아가고 있지요. 그럴 때 어떤 마음이 드나요?" "네, 자신에게 실망스럽기도 하고 다시 용기 내어 볼 자신감도 없어지고 또다시 실패할까 봐 멈칫거려지기도 하지요. 하지만 그것은 여러분만의 문제가 아니라 누구나 겪을 수 있는 과정입니다. 이런 과정이 반복되면 스트레스가 쌓이기도 하겠지요. 그럴 때 여러분은 어떻게 하나요? 네, 주로 스마트폰을 이용하여 스트레스로부터 벗어나려고 합니다. 그런데 스마트폰을 하고 있다고 해서 스트레스가 없어질까요? 일시적으로 도피할 수는 있지만 스트레스로부터 벗어날 수 없으며 때로는 스트레스를 풀기 위해 스마트폰을 사용하다가 부모님 또는 선생님께 야단맞아 더 스트레스가 되는 경우도 있지요!" ② '스마트폰 봉인을 해제하라!' 활동을 안내한다. "이번 시간에는 여러분이 위기에 처해 스트레스를 받게 되면 어떤 방법을 사용하는지 알아보기로 하겠습니다. 게임을 위해 스마트폰을 모두 저에게 주십시오. 지금부터 여러분의 스마트폰은 봉인됩니다. 단 한 사람만이 자신의 스마트폰을 봉인 해제할 수 있습니다. 지금의 기분은 어떤가요? 스마트폰을 사용하지 못하면 어떤 일이 생길 것 같은가요?" "지금부터 (저의 스마트폰 스톱워치를 이용해 각각) 2분이라는 시간을 드리겠습

	니다. 그 시간 동안 자신의 스마트폰이 봉인 해제되어야 하는 이유를 생각해 주시고 차례대로 발표한 뒤 여러분의 투표에 의해 선정된 단 한 사람의 스마트폰만 봉인을 해제시켜 드리겠습니다." "지금부터 스마트폰이 반드시 필요한 이유를 생각해 보시기 바랍니다. 다른 집단원에게 충분히 동의를 얻을 수 있는 절대적인 이유는 어떤 것일까요?" "차례대로 자신의 스마트폰이 봉인 해제되어야 하는 이유를 2분간 말씀해 주시기 바랍니다." "여러분은 어떤 의견에 동의하시나요? 손을 들어 최후의 1인을 선발하겠습니다." (최후의 1인을 선정하고 핸드폰을 돌려 준다.) "지금 기분을 한마디로 표현한다면……."
fMRI 스트레스 (15분)	① 스마트폰이 봉인되었을 때 떠오른 생각과 느낌에 대해 이야기 나눈다. **활동지 6-①** **Tip** fMRI란 기능적 자기공명영상(functional magnetic resonance imaging: fMRI)으로 뇌 기능을 영상화할 수 있는 첨단의학기계다. "여러분은 스마트폰이 갑자기 봉인되었을 때 어떠했나요? 지금부터 스트레스 원정대가 되서 자신의 몸에 집중하며 신체에서 느껴졌던 반응을 한번 떠올려 볼까요? 스마트폰이 봉인되었을 때 들었던 감정과 그때 하고 싶은 말은 무엇이었나요? 지금처럼 자신이 느낀 신체 반응을 빨리 깨닫는다면 스트레스 상황을 미리 감지할 수 있어 자신의 감정을 스스로 조절하여 표현할 수 있게 됩니다." "자신의 스마트폰이 봉인되었을 때의 몸과 마음상태를 활동지에 적어 주세요."
마음속 빨간불을 꺼 주세요 (15분)	① 자신이 주로 사용하는 스트레스 해소방법에 대해 이야기 나눈다. **활동지 6-②** "최근에는 주로 어떤 일로 스트레스를 받았는지 그때 느끼는 감정, 자기가 원했던 것은 무엇이었는지 그리고 스트레스 상황에서 주로 했던 행동으로 어떤 피드백을 받았는지에 대해 차례대로 이야기 나누어 보겠습니다. 경험한 것을 활동지에 적어 주세요." "기록이 끝난 후 둘씩 짝을 지어 활동합니다. 순서를 정해서 상대에게 스트레스 받았을 때의 행동을 그대로 표현해 보세요. 행동을 지켜본 친구는 어떤 느낌이 드는지 피드백해 주세요. 자신의 행동을 상대의 입장에서 들어 보니 어떤가요?" ② 스트레스 상황에서의 대안행동을 찾아본다. "같은 스트레스 상황이 다시 온다면 어떻게 표현해 볼 수 있을까요? 이렇게 표현하고 나니 이전처럼 행동했을 때와 어떤 점이 다른가요? 행동을 지켜본 친구가 상대에게 어떤 느낌이 드는지 이야기해 주세요."

	(잠시 후) "자신의 행동을 상대의 입장에서 들어 보니 어떤가요? 네, 우리가 횡단 보도를 건널 때 신호등이 빨간불이면 멈춰서야 하듯 내 감정의 불이 빨간불이라면 잠시 멈추어야 할 필요도 있습니다. 나의 감정을 다른 사람이 받아들일 수 있도록 안전한 초록불로 표현할 수 있다면 관계에서 많은 변화를 이룰 수 있으리라 생각됩니다."
정리하기 (5분)	① 이 시간을 마무리하고 다음 시간을 안내한다. "이번 시간에는 스트레스 원정대가 되어 스트레스 상황에서 떠오른 것, 느껴지는 것에 대해 이야기 나누면서 자신의 욕구를 파악해 보고 행동 패턴을 점검해 보았습니다. 그리고 마음속 빨간불을 초록불로 표현해야 할 필요성도 느껴 보았습니다. 오늘 활동을 마무리하며 자신의 스트레스를 초록불로 표현했을 때 느꼈던 감정을 한 가지씩 소개하겠습니다." (예) 개운하다 "다음 시간에는 '크래쉬 오브 스트레스!'라는 주제로 긍정적인 스트레스 해소방법과 대안활동에 대해 이야기 나누어 보도록 하겠습니다. 쉽지 않겠지만 스마트폰을 줄이기 위한 계획을 집단을 마칠 때까지 실천할 수 있도록 노력하길 바랍니다. 수고하셨습니다."
유의사항	• 스트레스 상황에서 자신의 신체반응을 미리 감지하면 스트레스 상황을 조절할 수 있음을 알려 주고 차분하게 자신의 신체반응을 느낄 수 있도록 격려한다. • 상대의 행동을 피드백할 때 도움을 주고자 하는 마음에서 표현하고 받을 수 있도록 집단상담자가 모델링이 되어 주어 자기표현을 돕는다.

활동지 6 - ①

fMRI 스트레스

스마트폰이 봉인되었을 때 나타난 신체반응과 느껴지는 감정을 표현해 보아요. 봉인되었을 때 몸에서 느껴진 신체반응은 어떠했나요? 봉인되었을 때 떠오른 감정과 하고 싶은 말은 무엇인가요? 스트레스를 온몸으로 표현한다면 어떻게 할까요?

몸에서
느껴진 신체반응은?

떠오르는
생각이나 감정은?

하고 싶은 말은?

스트레스를
온몸으로 표현한다면?

활동지 6 - ②

마음속 빨간불을 꺼 주세요

자신의 스트레스 상황을 정밀 진단하고 그 상황에서의 욕구와 나타나는 행동패턴을 점검해 보아요. 그리고 자신이 정말 원했던 욕구는 무엇이었는지 알아차리고 스트레스 상황에서 적절하게 대처할 수 있는 방법을 찾아보아요.

1. 최근 들어 자주 경험하는 스트레스 상황은 무엇인가요?

2. 스트레스 상황에서 떠오르는 감정은 어떤 것인가요?

3. 스트레스를 받으면 주로 어떤 행동을 하나요?

4. 그렇게 행동했을 경우 어떤 피드백을 받았나요?

5. 다시 생각해 보아요. 그 상황이 왜 스트레스가 되었나요?

6. 내가 정말 원하는 것은 무엇이었나요?

7. 다시 스마트폰이 봉인된다면 스트레스를 어떻게 표현할 수 있을까요?

8. 3번의 행동에서 7번의 행동으로 바꾸니 어떤 것이 느껴지나요?

7차시 크래쉬 오브 스트레스!

활동지도안	
목 표	• 스트레스를 해소할 수 있는 대체방법에 관심을 가진다. • 자신만의 대처방법을 선택해 보고 실천의 의지를 나눈다.
준비물	물건이 그려진 카드, 비밀주머니, 선물(음료수), 바둑알 활동지: 스트레스! 하이패스!
단 계	진행절차
들어가기 (15분)	① 지난 시간 내용을 간단히 정리하고, 이번 시간의 내용을 설명한다. "반갑습니다. 지난 시간에는 스트레스 상황에서 떠오르는 것, 느껴지는 것에 대해 이야기 나누면서 자신의 욕구를 파악해 보고 행동패턴을 점검해 보았습니다. 그리고 긍정적인 방법으로 스트레스에 대처해야 하는 필요성에 대해 이야기 나누었습니다. 이번 시간에는 자신이 느끼는 스트레스를 구체적으로 알아보고 스트레스를 해소할 수 있는 방법에 대해서 함께 생각해 보겠습니다." ② '무엇에 쓰는 물건인고?' 활동지 7-① "여러분은 스마트폰이 없을 때 무엇을 하며 즐기나요? 이 비밀주머니에는 여러 가지 물건 카드가 들어 있습니다. 게임은 한 명씩 나와 비밀주머니에 든 카드를 한 가지 선택한 후 무엇에 쓰는 물건인지를 몸짓이나 말로 설명하는 방식입니다. 정답을 아는 친구는 '정답'을 외친 후 답을 말하도록 하겠습니다. 정답을 맞힌 집단원에게는 제가 바둑알을 드리고, 게임이 끝난 후 바둑알을 제일 많이 모은 친구에게 맛있는 음료수를 선물로 드리겠습니다. 자, 그럼 먼저 제가 시범을 보여드리도록 하겠습니다." 예) 윷놀이: 이것은 4개의 나무조각을 던져서 나온 만큼 앞으로 가는 놀이인데 우리나라 민속놀이야. "저처럼 이 물건의 모양이나 놀이방법을 설명해 주셔도 좋고 몸짓으로 하는 모습을 흉내 내어도 좋습니다. 문제당 30초의 시간을 드리고 정답이 나오지 않으면 다음 문제로 넘어 가겠습니다. 그럼 누구부터 시작해 볼까요?" (게임 후) "몸짓이나 말로 게임을 해 보니 어떤가요? 다른 사람의 말이나 행동에 집중하여 열심히 참여해 주어서 저도 즐거웠습니다. 그럼 바둑알을 제일 많이 모은 '센스왕'에게 이 음료수를 선물로 드리겠습니다."

	Tip 집단원의 성별을 고려하여 놀이할 수 있는 작은 물건이 있으면 실제 물건을 넣고, 그렇지 않을 경우에는 카드를 비밀주머니에 넣어 둘 수도 있다. (공기, 딱지, 줄넘기, 야구공, 색연필, 마이크, 손거울, 다트 핀, 고무줄 등)
스트레스! 하이패스! (25분)	① 집단원들이 제안한 놀이방법으로 함께 즐긴다. "여러 가지 물건을 소개 받았는데요. 이전에 이 물건들로 놀이한 경험이 있었나요? 한번 나누어 볼까요? 이 중에서 한 가지를 선택해서 함께 놀이해 본다면 어떤 물건으로 어떻게 놀이할 수 있을까요?" (놀이 후) "여러 친구들과 함께 움직이며 놀이해 보니 어떤가요? 네, 스마트폰이 아니더라도 스트레스가 풀리고 개운해집니다." ② 스트레스를 해소할 수 있는 대체활동에 대해 이야기 나눈다. **활동지 7-②** "우리는 생활하면서 스트레스를 안 받을 수는 없지만 그럴 때마다 스마트폰을 사용한다면 어떻게 될까요? 네, 또다시 스마트폰에 과몰입하게 되겠지요. 뿐만 아니라 해소되지 않은 스트레스는 언젠가는 빵빵하게 부푼 풍선처럼 터져 버리기 때문에 적당한 방법으로 해소할 수 있어야 합니다. 그러기 위해 다양한 방법을 알고 있다면 스마트폰 사용 또한 좀 더 조절할 수 있으리라 기대됩니다. 그래서 스트레스를 시원하게 해소해 줄 수 있는 다양한 놀이에 대해 이야기 나누었으면 합니다. 스마트폰 없이 어떻게 스트레스를 풀 수 있을까요? 청소년들을 대상으로 스마트폰을 대신할 수 있는 활동을 조사해 보았다고 해요. 함께 볼까요? 1. 축구하기 2. 실제로 친구들 만나기 3. 운동하기 4. 맛있는 것 먹기 5. 가족과 외식하기 6. 영화 보기 7. 운동경기 보러 가기 8. 춤을 추거나 노래 부르기 9. 일부러 숨이 넘어갈 듯 웃어 보기 10. 수다 떨기 참 다양한 대처방법이 활용되고 있습니다." ③ 나만의 하이패스: 다양한 스트레스 대처방법을 보고 이야기 나눈다. "활동지에 소개된 대처방법 외에 또 어떤 방법이 있을까요? 어떤 방법인지 〈활동지 7-②〉 14, 15번에 2가지 정도 적고 소개해 봅시다." "여러 사람의 의견을 들으니 스트레스를 받을 때 활용해 보면 좋겠다는 생각이 듭니다. 함께 나눈 여러 가지 방법 중 자신이 선택하고 싶은 긍정적인 방법을 〈활동지 7-②〉의 빈칸에 적어 보세요. 모두 적으셨나요? 자신이 정한 방법을 큰 소리로 외쳐 봅시다." "나는 스트레스를 받으면 ________ 과 ________으로 해소하겠습니다."

정리하기 (5분)	① 이 시간을 마무리하고 다음 시간을 안내한다. "이번 시간에는 스마트폰을 대신할 수 있는 자신만의 스트레스 해소방법을 알아보았습니다. 생각지도 못한 다양한 대처방법이 소개되어 도움이 되었으리라 여겨집니다. 스트레스 상황에서 자신만의 긍정적인 대처방법으로 스마트폰 사용을 줄일 수 있기를 기대합니다." "건강한 방법으로 스트레스를 해소하기 바라는 마음으로 같이 교실이 떠나갈 만큼 10초간 박수를 치고 큰 소리로 웃으며 이 시간을 마무리하겠습니다. 시작." "다음 시간에는 '발견! 참 괜찮은 우리'라는 주제로 서로의 장점을 경험하는 시간을 가지겠습니다."
유의사항	• 스트레스는 누구에게나 있는 것으로 긍정적인 해소방법을 익히는 것이 중요함을 알려 준다. • 자신만의 대처방법 선언을 통해 자기와의 약속을 지킬 수 있도록 격려한다.

활동지 7 - ①

무엇에 쓰는 물건인고?

실선을 따라 오려서 코팅을 한 후 게임 카드로 사용하세요.

 축구	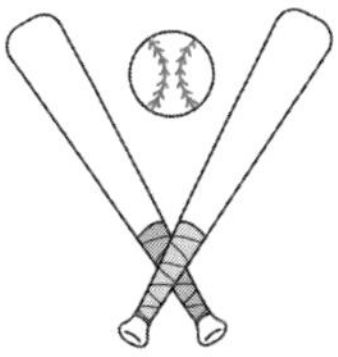 야구	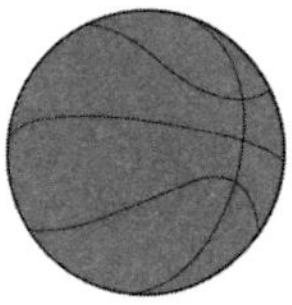 농구	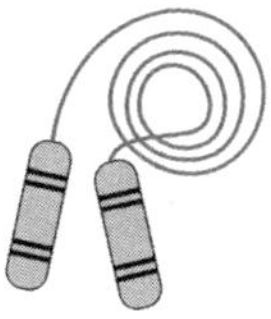 줄넘기
 훌라후프	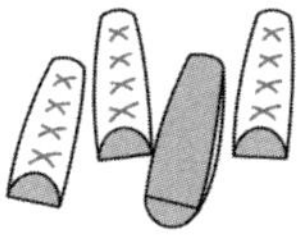 윷놀이	 요가	 마이크
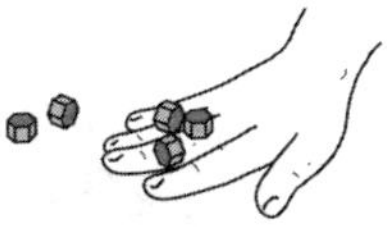 공기	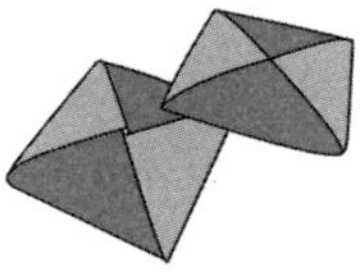 딱지	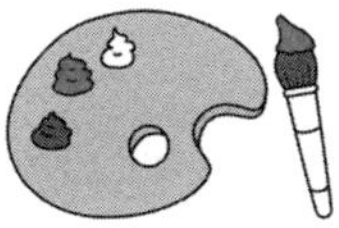 그림 그리기	 손거울
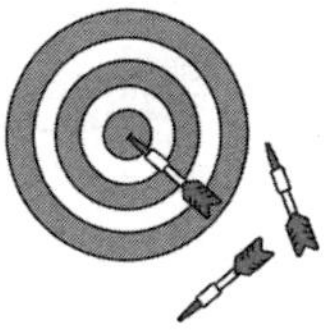 다트	 거울	 아이쇼핑	 영화 관람
 독서	 고무줄 놀이	 산책	 간식먹기

활동지 7 - ②

스트레스! 하이패스!

우리가 느끼는 스트레스와 감정은 다양하지요. 과도한 스트레스로 감정이 꽉 차 버려 부푼 풍선처럼 뻥! 터지기 전에 스트레스를 해소할 방법을 찾아보아요.

1. 축구하기
2. 실제로 친구들 만나기
3. 운동하기
4. 맛있는 것 먹기
5. 가족과 외식하기
6. 영화 보기
7. 운동경기 보러 가기
8. 춤을 추거나 노래 부르기
9. 일부러 숨이 넘어갈 듯 웃어 보기
10. 수다 떨기
11. 산책이나 등산하기
12. 친구와 다니면서 쇼핑하기
13. 좋아하는 TV 프로그램 보기
14.
15.

☆ 나만의 스트레스 하이패스 대처법은 ☆

나는 스트레스를 받으면

- ______________________________
- ______________________________

으로 해소하겠습니다.

8차시 발견! 참 괜찮은 우리

활동지도안	
목 표	• 게임을 통해 현실에서의 존재감을 경험한다. • 자신의 강점을 찾아보며 있는 그대로 소중한 자신을 발견하고 긍정적인 자기 이미지를 가진다.
준비물	활동지, 홀로그램 모양 스티커(1인당 10개), 금메달 초콜릿, 초코파이 2개
단 계	진행절차
들어가기 (20분)	① 지난 시간 내용을 간단히 정리하고, 이번 시간의 내용을 설명한다. "반갑습니다. 지난 시간에는 스트레스 상황에서 스마트폰을 대신할 수 있는 자기만의 스트레스 해소방법을 알아보았습니다. 새로 선택한 대처방법은 어떠했나요?" "네, 처음부터 쉽게 적용되지는 않겠지만 자신의 스트레스를 먼저 인식하고 긍정적인 방법으로 해소하려는 노력만으로도 이전에 받았던 부정적인 피드백에서 벗어날 수 있는 좋은 계기가 되리라 여겨집니다." ② '요런 매력 덩어리!' 활동을 안내한다. "이번 시간에는 집단원을 통해 여러분이 가진 매력을 찾고 발산하는 시간을 가지려고 합니다. 이번 활동은 홀로그램 모양 스티커를 10개씩 나누어 준 후 제가 지시문을 말하면 해당되는 사람의 얼굴에 스티커를 붙여 주는 활동입니다. 지시문을 듣고 연상되는 사람의 얼굴에 잘 어울리도록 스티커를 붙여 주세요." –자신의 스마트폰에 연락처를 남기고 싶은 친구는? –심심할 때 같이 게임해 줄 것 같은 친구는? –체육복이 없을 때 빌려줄 것 같은 친구는? –스마트폰 없이도 친구들과 잘 지낼 것 같은 친구는? –무인도에 여행 갈 때 같이 가고 싶은 친구는? –돈 없을 때 간식 사 달라고 하면 기분 좋게 사 줄 것 같은 친구는? –짱한테 맞을 위기에 번개처럼 나타나 도움을 줄 것 같은 친구는? –말하지 않아도 옆에 있어 줄 것 같은 친구는? –이제부터 스마트폰을 제일 적절하게 사용할 것 같은 친구는? **Tip** '요런 매력 덩어리!' 활동 시 제시어는 집단원이 이야기할 수 있다.

	• 스티커를 붙인 얼굴을 보며 이야기 나눈다. "활동을 마치면 한 명씩 사진을 찍어드리겠습니다. 스티커를 붙인 친구의 모습이 어떤가요? 제일 매력적인 친구를 찾아 주세요(선택된 친구에게 소감을 듣고 금메달 초콜릿을 준다)." • 스티커를 제일 많이 받은 친구에게 초코파이 2개를 선물로 준다. "어떤 친구가 가장 많이 받았나요? 짝지를 정해 서로의 스티커 개수를 세어 주세요. 제일 많이 받은 친구에게 초코파이 2개를 선물로 줍니다. 자신이 나누어 먹고 싶은 친구에게 1개를 전해 줄 수도 있습니다." ③ 신체활동으로 한 '요런 매력 덩어리!'에 대해 이야기 나눈다. **Tip** 질문 예시 • 친구들에게 매력 스티커를 받아 보니 기분이 어떠했나요? • 스티커를 많이 받고 싶은 제시어는 무엇이었나요? • 생각하지도 않은 제시어에 스티커를 받은 적도 있나요? • 그때 기분은 어떠했나요? • 제시어에 따라 다른 사람에게 관심을 가져 보니 어떠했나요? • 오늘 새롭게 알게 된 자신과 친구의 매력은 무엇이었나요?
구글 플레이, 나의 인기는? (20분)	① 자신의 장점에 대해 이야기 나눈다. 활동지 8-① **Tip** 구글 플레이는 음악, 동영상, 책, 안드로이드 응용 프로그램, 게임을 포함한 온라인 스토어와 클라우드 미디어 플레이어를 아우르는 구글의 디지털 콘텐츠 서비스다. "우리는 자신이 알고 있는 장점도 있지만 다른 사람을 통해 알게 되는 장점도 많이 있습니다. 평소에 자신은 어떤 것을 잘한다고 생각하나요? 다른 사람으로부터 어떤 칭찬을 받아 보았나요? 다른 사람으로부터 어떤 칭찬을 받고 싶나요?" • 자신의 매력을 찾고 자신의 인기 순위를 정해 본 후 소개한다. "이번에는 다른 사람에게 그 사람의 매력을 알려 주는 시간을 가져 보겠습니다. 다른 사람에게 가장 알리고 싶은 매력은 무엇인가요? 1위에서 10위 중 자신의 순위를 정해 보세요. 어떤 기준으로 순위를 정했나요? 자신이 정한 순위에 대해 어느 정도 만족하나요? 친구의 순위를 높여 줄 수 있는 새로운 매력을 찾아 줄 친구가 있나요?" ② 자신과 친구의 매력을 찾아 본 느낌을 이야기 나눈다. "서로의 매력을 찾기 위해 자신과 상대방에게 많은 관심을 가져 보는 시간이었습니다. 앞으로 인기순위 몇 위에 도전하고 싶나요? 그러기 위해 어떤 매력을 더 키워 보고 싶나요? 친구들을 통해 자신의 매력을 발견해 보니 어떤가요? 새롭게 친구에게 관심을 가지며 친구의 매력을 찾아보았습니다. 어떠했나요?"

	"네, 평소에 우리가 관심을 가지지 않았을 뿐이지 우리 모두는 매력으로 똘똘 뭉친 매력 덩어리입니다. 매력으로 똘똘 뭉친 멋진 우리를 위해 박수 한번 쳐 볼까요?"
정리하기 (5분)	① 이 시간을 마무리하고 다음 시간을 안내한다. "이번 시간에는 자신과 친구에게 관심을 가지며 서로의 매력을 찾아보는 시간을 가졌습니다. 날마다 인기가 올라가는 모습을 기대하며 둘씩 짝을 지어 '요런 매력 덩어리'를 외치며 손가락으로 옆 친구의 볼을 살짝 쳐 주며 인사를 나누겠습니다. 시작! 요런 매력 덩어리!" "다음 시간에는 '탈출! 가면 속의 나' 활동을 통해 가면 속에 감추어진 자신의 마음을 표현해 보는 시간을 가지겠습니다."
유의사항	• '요런 매력 덩어리!' 활동 시 자율적으로 또는 돌아가며 제시하고 싶은 지시문을 이야기할 수 있도록 허용적인 분위기를 조성한다. • 친구들에게 스티커를 받은 모습을 사진으로 찍어 집단원에게 전달한다.

활동지 8 - ①

구글 플레이, 나의 인기는?

요즘 가장 인기 있는 연예인은 누구인가요? 어떤 점에서 인기가 있나요? 여러분도 자신의 매력을 한번 발산해 볼까요? 비어 있는 칸에는 자신이 하고 싶은 내용을 적어 자유롭게 완성해 주세요.

나의 이름은?	내가 좋아하는 운동은?	
저는 ____________ 한 ____________ 입니다.		
	내가 자주 듣는 칭찬은?	내가 좋아하는 과목은?
내가 잘하는 게임은?	내가 되고 싶은 사람은?	나의 치명적인 매력은?

나의 인기 순위는?

자신을 포함하여 친구들의 인기 순위를 적어 보세요! 자신의 순위만 적어도 괜찮아요.

1	2	3	4	5	6	7	8	9	10

1. 지금 기분은?

2. 만족스러운가요?

3. 앞으로 인기 순위 몇 위에 도전하고 싶은가요?

9차시 탈출! 가면 속의 나

활동지도안	
목 표	• 현실 세계에서의 만남의 필요성을 인식하고 현실에서의 친구관계를 점검한다. • 가면 만들기를 통해 자신감 있는 모습을 표현하고 서로를 격려한다.
준비물	의자, 눈가리개(비밀주머니, 캐릭터 인형), 동영상, 활동지, 흰색 가면, 유성펜 12색, 다양한 크기 · 색깔 · 모양의 스팽글, 목공본드, 소품, 목걸이 이름표
단 계	진행절차
들어가기 (10분)	① 지난 시간 내용을 간단히 정리하고, 이번 시간의 내용을 설명한다. "반갑습니다. 지난 시간에는 자신과 친구에게 관심을 가지며 서로의 매력을 찾아보는 시간을 가졌습니다. 인기가 점점 상승하고 있나요? 이번 시간에는 현실에서의 친구관계를 점검해 보는 시간을 가지겠습니다." ② '눈가리개 너머의 세상!' 게임을 한다. "활동을 하기 전에 게임으로 분위기를 띄워 보겠습니다. 2명의 지원자가 필요합니다. 나와 주실 분 있으세요?" –술래를 정하여 눈가리개를 한 후 집단원 중 한 명이 술래 앞에 앉는다. –술래는 손으로 앉은 친구의 얼굴을 만져 보며 특징을 이야기하고 누구인지 알아맞혀 본다. ※ 질문사항 • 이 친구는 어떤 놀이를 좋아하나요? • 어떤 간식을 좋아하나요? • 이 친구는 어떤 꿈을 가지고 있나요? –눈가리개를 풀고 앉아 있었던 친구를 확인한 후 술래에게 몇 가지 질문을 한다. "제 질문을 받고 어떤 생각이나 느낌이 들었나요?" "우리는 손으로 만져 보고 눈으로 보았지만 상대방에 대해서 알 수 있는 것은 한계가 있습니다. 상대방에 대해 좀 더 알기 위해서는 어떻게 해야 할까요?" **Tip** • '눈가리개 너머의 세상!'을 불편해할 경우 '손으로 말해요!' 활동으로 변경할 수 있다. • '손으로 말해요!': 두 편으로 나누어 비밀주머니에 물건을 넣어 두고 차례대로 만져 보며 느낌을 이야기한다. 같은 편의 집단원끼리 느낌을 이야기하며 비밀주머니에 든 물건이 무엇인지 알아맞혀 본다. 물건을 확인한 후 물건에 대해 몇 가지 질문을 한다. - 이 물건은 누구의 것일까요? - 이 물건은 어디에 사용될까요?

스마트폰 보다 나의 친구가 소중해요 (10분)	① 〈스마트폰보다 나의 친구가 소중해요〉 동영상을 시청한다. **Tip** 동영상 자료: <스마트폰보다 나의 친구가 소중해요>, 한국정보화진흥원 스마트미디어 중독 2013 자료 "동영상을 보면서 어떤 생각이 들었나요? 혹시 여러분 중에서 이와 비슷한 경험을 한 적이 있으면 그때의 상황과 느낌을 이야기해 줄 수 있나요?" "어떤 어려움 때문에 친구들과 직접적으로 어울리기 힘들었나요?" ② SNS에서의 모습과 실제의 모습에 대해서 이야기 나눈다. "SNS을 통해 이야기 나눌 때와 실제 만나서 이야기 나눌 때의 모습은 어떤가요? 자신의 평소 모습과 다르다면 왜 그럴까요? 스마트폰이 없을 때에는 친구와 무엇을 하며 지낼 수 있을까요? 친구와 친하게 지낼 수 있는 방법에는 어떤 것이 있을까요?"
가면 속의 나 (20분)	① 가면을 이용하여 자신을 표현할 수 있는 활동을 소개한다. **활동지 9-①** "지금까지 우리는 주로 스마트폰 속에서 만남을 가져 왔습니다. 이제 서서히 스마트폰이 없어도 친구들과 함께할 수 있는 자신감이 생기고 있다고 느껴집니다. 지난 시간 자신의 인기 정도를 얘기 나누며 매력으로 똘똘 뭉친 나를 만나 보았습니다. 하지만 아직 자신 있게 나를 친구들에게 드러내는 것이 조금 힘들 수도 있다고 여겨집니다. 이번에는 자신에게 제일 어울리는 가면을 만들어 쓰고 나를 표현하는 시간을 가져 보려 합니다." "자신에게 가장 잘 어울리는 멋진 가면을 만들어 주세요. 재료는 여러분이 다양한 용도로 활용할 수 있습니다. 가면을 만들고 난 후 가면 속 주인공 이름 카드에는 주인공의 이름을 적고 아티스트에는 여러분의 별칭을 적어 목걸이 이름표에 넣어 주세요." "활동을 마무리한 친구는 가면을 쓰고 목걸이 이름표를 목에 걸어 주세요." ② 가면의 주인공이 되어 친구들에게 하고 싶은 말을 자신 있게 표현한다. "이번에는 가면의 주인공이 되어 평소에 친구에게 하지 못한 말이나 하고 싶었던 이야기를 해 보겠습니다." "지금은 가면의 주인공이 나오는 시간이므로 세상에서 가장 멋지고 당당한 자세로 자유롭게 이야기할 수 있습니다. 우리의 마음속에는 친구에게 억울했던 이야기, 속상했던 이야기, 미처 전하지 못했던 미안한 마음, 함께하고 싶었지만 용기를 내지 못했던 마음 등 다양한 이야기를 담고 있습니다. 이 시간을 통해 이야기를 전해 주세요. 어떤 주인공부터 소개할까요? 여러분이 초대해 주세요. 우리는 주인공의 이야기가 끝나면 '너 정말 멋져!'라고 크게 말해 주면 어떨까요?"

	③ 각자 지금의 기분을 표현한다. "가면 속 주인공이 되어 평소에 친구에게 하지 못했던 자신의 속마음을 표현해 보았는데 어땠나요?" "친구들의 이야기를 들어 보니 어떤가요? 새롭게 알게 된 점도 있었나요? 지금까지는 직접 친구들과 이야기 나눌 공간을 만들지 못했습니다. 이번 기회를 통해 여러분이 가면을 벗고 지금의 모습으로도 당당하게 친구들과 관계할 수 있는 용기를 내어 보았으면 합니다."
정리하기 (5분)	① 친구가 가면 밖으로 자신 있게 나올 수 있도록 용기를 줄 수 있는 말을 전한다. "친구들의 작품을 보고 칭찬해 주고 싶은 점이나 친구에게 용기를 주고 싶은 이야기가 있나요? 친구가 가면 밖으로 나올 수 있도록 용기를 주는 말을 가면 속에 적어 주는 시간을 가지고자 합니다." "양 옆의 친구에게 전달하면 상대 친구에게 용기 주는 말을 글로 남겨 줍니다. 자신이 받고 싶은 사람을 한 명 정하여 응원 메시지를 받습니다. 자신의 가면을 받으면 응원의 메시지를 읽어 봐 주시기 바랍니다." ② 이 시간을 마무리하고 다음 시간으로 안내한다. "자신의 가면에 적힌 말 중 가장 힘이 되는 말을 크게 외치며 이 시간을 마무리하겠습니다. 찾으셨나요? 가면을 바라보고 크게 외치겠습니다. 시작!" "수고하셨습니다. 다음 시간은 마지막 10차시로 '득템~ 손! 자유를 찾다'라는 주제로 함께 이야기 나누어 보겠습니다."
유의사항	• '가면 속의 나' 활동을 위해 집단원들이 자신의 개성을 살릴 수 있도록 여러 종류의 가면을 제시해 준다. • 집단원들이 자신을 충분히 꾸밀 수 있도록 다양한 재료를 충분히 준비한다. • 개인 성향에 따라 자신을 표현하기 힘들어하는 친구도 있을 수 있으므로 발표 시 개인의 의사를 존중해 준다.

활동지 9 - ①

가면 속 주인공 이름 카드

아티스트	
가면 속 주인공	

아티스트	
가면 속 주인공	

아티스트	
가면 속 주인공	

아티스트	
가면 속 주인공	

아티스트	
가면 속 주인공	

아티스트	
가면 속 주인공	

아티스트	
가면 속 주인공	

아티스트	
가면 속 주인공	

아티스트	
가면 속 주인공	

아티스트	
가면 속 주인공	

10차시 득템~ 손! 자유를 찾다

활동지도안	
목 표	• 변화와 성장에 대한 희망을 나누며 자존감을 회복한다. • 스마트폰 사용 조절 계획을 세워 보고 집단원들에게 받은 긍정적 피드백에 대한 고마움을 전한다.
준비물	활동지, 집단원 개인 사진, 가위, 스테이플러, 풀, 선물(천하장사 소시지)
단 계	진행절차
들어가기 (10분)	① 지난 시간 내용을 간단히 정리하고, 이번 시간의 내용을 설명한다. "반갑습니다. 지난 시간에는 현실에서의 친구관계를 점검하고 가면 만들기를 통해 자신감 있는 모습을 표현하며 서로를 격려하는 시간을 가졌습니다. 이번 시간은 '득템~ 손! 자유를 찾다' 마지막 집단활동 시간입니다. 활동에 열심히 참여해 준 여러분에게 큰 박수를 보내며 지금까지 함께한 활동을 점검해 보고 앞으로의 희망에 대한 이야기를 나누고자 합니다." ② 업데이트: '미운 오리 새끼 백조 되다' 게임을 소개한다. "여러분이 게임을 할 때 좀 더 큰 힘을 사용하기 위해 업데이트를 하지요. 그것처럼 우리도 좀 더 멋진 모습으로 성장하기 위해 업데이트를 해 보겠습니다. 어렸을 때 읽었던 『미운오리새끼』 동화를 기억하시나요? 남과 다른 모습 때문에 미움만 받던 아기오리는 알고 보니 백조였지요! 게임 방법을 소개해 드리죠. 알에서부터 시작하여 움직이다 상담자의 '멈춰' 신호에 만나게 되는 사람과 가위, 바위, 보를 합니다. 이긴 사람은 아기오리, 어른오리를 거쳐 백조로 한 단계 업데이트하고 진 사람은 한 단계 퇴화합니다. 하지만 알 단계에 있는 친구는 더 퇴화할 단계가 없기 때문에 계속 알 단계에 머무릅니다. 움직일 때 2가지 규칙이 있습니다. 자신의 단계를 알 수 있게 계속 이야기해야 합니다. (알알알…, 아기아기아기…, 어른어른어른…) 손으로는 자신의 단계를 표시하기 위해 알 단계는 손을 가슴에 모아 알을 만들고, 아기 단계는 엉덩이 옆에 손을 붙이고 날갯짓을 하며, 어른 단계는 팔을 벌려 날갯짓을 합니다. 제일 먼저 백조로 업데이트한 친구에게 축하의 선물로 '천하장사 소시지'를 드리겠습니다. 그럼 시작해 볼까요?" (게임 후) "여러분은 어떤 업데이트를 꿈꾸나요? 미운 아기 오리처럼 때때로 야단을 맞기도 하지만 이 시기를 잘 견디면 멋진 어른으로 성장할 수 있을 것입니다. 제가 '나의 모습을'이라고 외치면 여러분은 '업데이트'라고 외치며 게임을 마무리 하겠습니다." "나의 모습을!"(집단상담자) "업데이트!"(집단원)

	Tip 게임방식 ① 손으로 알 모양을 만들어 '알알알…' 말하며 돌아다닌다. ② '멈춰' 신호에 만난 상대와 가위, 바위, 보를 한다. ③ 이긴 사람은 업데이트한 단계로 변신하고, 진 사람은 한 단계 퇴화하여 다시 다닌다. ④ 먼저 백조로 업데이트한 친구가 나오면 게임을 마무리한다.
스마트폰이 없는 나의 하루 (10분)	① 스마트폰이 없는 하루를 상상해 보고 집단 참여 전후의 모습을 비교한다. **활동지 10-①** • 활동지의 상황 1을 기록한다. "여러분 만약에 이 세상에서 스마트폰이 갑자기 없어진다면 여러분의 하루는 어떨까요? 조용히 눈을 감고 스마트폰이 없는 하루를 상상해 보아요. 집단 참여 전과 어떤 점이 달라진 것 같나요?" ② 스마트폰 사용을 조절하기 위한 활동 계획을 세워 본다. • 활동지의 상황 2를 기록한다. "스마트폰 사용을 조절하기 위해 어떤 활동을 계획해 볼 수 있을까요? 어느 시간, 어느 장소에서 얼마만큼 조절해 볼 수 있을까요? 스마트폰을 조절하는 데 도움이 되는 것은 무엇인가요? 스마트폰을 조절한다고 하지만 어느 순간 자꾸만 더 하고 싶은 유혹이 생길 수도 있습니다. 그럴 때에는 어떻게 해 볼까요?" "네, 이제 여러분 나름대로 조절 방법을 찾아가고 있는 것 같아 기대되고 든든합니다."
넌! 감동이야. 축! 봉인 해제 (15분)	① 친구들에게 고마운 마음을 전한다. "지금까지 우리는 10차시 동안 활동을 함께하였습니다. 첫 만남의 시간을 기억하시나요? 네, 뭔가 어색하고 내가 왜 이런 활동을 해야 하는지 의문스럽기도 하고, 때로는 귀찮기도 했을 것입니다. 그럼에도 불구하고 우리는 스마트폰을 사용하면서 느끼는 즐거움, 힘듦을 함께 이야기하고 고민도 나누며 스스로 조절해 보려는 노력을 해 보았습니다. 여러 가지 활동을 진행하면서 자신에게 힘이 되었던 친구가 있었나요? 그럼 오늘 마지막 차시를 맞이하여 그 친구에게 고마움을 전해 보는 것은 어떨까요? 얼굴을 보면서 이런 이야기를 하는 것이 낯설기도 하겠지만 용기를 내어 말해 줄 친구가 있나요?" "어떤 점이 힘이 되었나요? 한두 친구만 소개해 볼까요?" "와, ○○이에게 그런 멋진 면도 있었군요. 정말 든든했겠네요. ○○이는 다른 친구에게 도움이 되었다는 이야기를 들으니 어떤가요?" "네, 작은 부분이지만 다른 친구에게 큰 힘이 될 수 있는 것 같아요. 그리고 힘들 때 옆에 함께 있어 줄 친구가 있다는 것은 정말 감사한 일인 것 같네요."

	② 함께한 친구에게 해 주고 싶은 말이나 칭찬, 격려, 감사를 롤링페이퍼로 만들어 전달한다. **활동지 10-②** "이제 서서히 활동을 마무리해야 할 시간이 다가옵니다. 지금 기분이 어떤가요? 지금까지 함께하며 스마트폰으로부터 조금씩 자유로워진 친구에게 격려의 말이나 감사의 마음을 전하는 시간을 가져 보려 합니다." • 자신의 얼굴이 프린트된 활동지를 나누어 준다. "마음속으로 집단원 한 명 한 명을 떠올려 보세요. 어떤가요? 마음에 드세요? 날짜와 별칭을 적고 첫 장에는 열심히 참여한 자신에게 해 주고 싶은 말을 적어 주세요. 자신의 활동이 끝나면 차례대로 오른쪽으로 돌립니다. 롤링페이퍼의 친구를 확인하고 그 친구에게 해 주고 싶은 메시지를 적어 주면 됩니다." **Tip** 활동 전 집단원 얼굴이 들어간 활동지를 미리 편집한다. 참여 인원수에 따라 사용 가능한 페이지를 미리 안내해 준다. "자신에게 롤링페이퍼가 되돌아 오면 친구들이 전하는 이야기를 조용히 읽어 보세요. 친구들이 전하는 응원 메시지를 읽어 보니 어떤가요?"
정리하기 (10분)	① 마지막 시간을 마무리하고 느낀 점이나 깨달은 점을 나눈다. "지금까지 우리는 스마트폰에 과몰입한 자신을 이해하고 스트레스에서 벗어나기 위한 방법과 현실 세계에서 친구를 사귀는 방법 등을 이야기 나누며 스마트폰으로부터 조금씩 자유로워질 수 있는 계기를 마련해 보았습니다. 이제 프로그램을 마무리하며 그동안 집단활동을 통해 도움받았던 경험을 간단하게 한마디씩 나누도록 하겠습니다." (간단한 인사를 나눈다.) "집단활동에 끝까지 성실하게 참여해 주신 여러분께 힘찬 격려의 박수를 보냅니다. 오늘의 경험이 여러분이 스스로 스마트폰 사용을 조절하며 다시 힘을 낼 때 디딤돌이 되기를 바라는 마음으로 제가 '손'을 외치면 여러분은 '자유를 찾다'를 크게 외치면서 하이 파이브를 하고 모든 활동을 마무리하겠습니다. 건강한 스마트폰 사용자가 되기를 바랍니다." "손!"(집단상담자) "자유를 찾다!"(집단원)
유의사항	• '넌! 감동이야. 축! 봉인 해제' 활동지를 준비하기 위해 '요런 매력 덩어리!' 활동과 '가면 속의 나' 활동 시 집단원들의 개인 사진을 미리 준비해 둔다. • 프로그램을 통해 변화된 자신의 모습을 발전시켜 나가도록 격려한다. • 스마트폰 사용에 대한 유혹이 다시 찾아올 수 있음을 이야기하고 그럴 때 스스로를 조절할 수 있는 힘을 얻을 수 있는 방법에 대해서도 이야기 나눈다. • 집단원이 긍정적이고 성숙된 자신의 모습을 발견하도록 돕는다. • 모든 활동을 마무리한 후 사후 검사로 충동성 척도를 검사해 볼 수 있다.

활동지 10 - ①

스마트폰이 없는 나의 하루

조용히 눈을 감고 스마트폰이 없는 하루를 상상해 보세요. 스마트폰이 없다면 여러분은 어떤 하루를 보내고 있을까요? 집단 참여 전의 모습과 지금의 모습을 비교해 본다면 어떤 점이 달라진 것 같나요?

상황 1	스마트폰이 없는 하루입니다. 나는 어디서 무엇을 하고 있을까요? 그때의 마음은?
집단 참여 전	
집단 참여 후	
상황 2	스마트폰 사용 조절을 위한 활동 계획을 세워 보아요. 어느 시간, 어느 장소에서 얼마만큼 조절해 볼 수 있을까요? 삭제해도 괜찮은 어플은 무엇인가요?
이렇게 조절하고 싶어요	
조절하는 데 도움이 되어요	
스마트폰을 더 하고 싶은 유혹이 생기면 어떻게 할까요?	

활동지 10 - ②

넌! 감동이야. 축! 봉인 해제

축!

봉인 해제

별칭:

※ 8차시 '요런 매력 덩어리!' 활동 시 찍은 사진을 편집해서 넣어 줍니다.

넌! 감동이야

손! 자유를 찾다

20 . . .

Tip

- <활동지 10-②>는 A4 용지에 여백 없이 전면에 확대해서 사용한다.
- 굵은 실선은 가위로 자르기, 굵은 점선은 밖으로 접기, 가는 점선은 안으로 접기를 하면 책 모양이 완성된다. 이때 별칭 면은 제일 뒷장이 되도록 감싸 준다.
- 완성된 책은 스테이플러로 (왼쪽을) 고정시킨다.
- '별칭' 면과 '축! 봉인 해제' 면을 풀로 붙인다.
- 활동지를 만들 시간이 부족하다고 생각될 경우 미리 책으로 준비해 둔다.

부록 Barratt의 충동성 검사(BIS-II : Barratt Impulsiveness Scale)

- 주변에서는 여러분에게 스마트폰 사용을 조절하지 못한다고 하지만 여러분 생각에는 옆 친구와 별다르지 않다고 느껴질 수도 있어요. 사전 · 사후 충동성 검사를 통해 조절력에 영향을 미치는 충동성의 변화 정도를 알아보기로 해요. 다음 문항을 읽고 자신의 생각에 체크한 후 '계'에는 항목별 세로로 더한 점수를, 마지막 총점에는 '계'에 적힌 점수의 총합을 적어 주세요.

번호	질문 문항	매우 그렇다	그렇다	보통이다	그렇지 않다	전혀 그렇지 않다
1	일을 시작하기 전에 면밀한 계획을 세운다.	1	2	3	4	5
2	깊이 생각해 보지 않고 일을 시작한다.	5	4	3	2	1
3	여행을 떠나기 전에 오랜 시간 동안 세밀한 계획을 세운다.	1	2	3	4	5
4	나 자신을 스스로 억제할 수 있다.	1	2	3	4	5
5	어떤 일이든지 쉽게 몰두할 수 있다.	1	2	3	4	5
6	정기적으로 저축을 한다.	1	2	3	4	5
7	한군데 오랫동안 잘 앉아 있을 수 있다.	1	2	3	4	5
8	실수를 저지르지 않기 위해 신중하게 생각한 후 행동한다.	1	2	3	4	5
9	어떤 일을 시작하기 전에 그 일이 안전한가를 깊이 검토한다.	1	2	3	4	5
10	말을 할 때는 늘 깊이 생각하고 한다.	1	2	3	4	5
11	복잡한 문제를 놓고 생각하는 것이 좋다.	1	2	3	4	5
12	한 가지 일이 채 끝나기도 전에 또 다른 일을 시작한다.	5	4	3	2	1
13	충분한 사전 계획 없이 행동한다.	5	4	3	2	1
14	복잡한 일을 하려고 하면 곧 싫증이 난다.	5	4	3	2	1
15	앞뒤 생각 없이 행동한다.	5	4	3	2	1
16	한 가지 문제를 붙잡으면 그것이 해결될 때까지 계속 붙들고 늘어진다.	1	2	3	4	5
17	이리저리 자주 옮겨 다니며 사는 것이 좋다.	5	4	3	2	1
18	특별한 계획 없이 기분 나는 대로 물건을 산다.	5	4	3	2	1
19	일단 시작한 일은 어떤 일이 있어도 끝맺으려고 한다.	1	2	3	4	5
20	용돈(월급)을 타는 날이 되기도 전에 다 써 버린다.	5	4	3	2	1
21	깊이 생각하던 일도 다른 생각이 떠오르면 그것 때문에 크게 방해를 받는다.	5	4	3	2	1
22	가만히 있어야 하는 상황(수업 시간이나 친구들과 얘기할 때)에서 오랫동안 가만히 있기 힘들다.	5	4	3	2	1
23	장래 계획을 구체적으로 세운다.	1	2	3	4	5
계						

총점이 높을수록 충동성이 심한 것을 의미합니다. 총점 ________점

참고문헌

제2장 마음의 문을 Knock 하다

나카노 히로카주(2015). 외톨이 사자는 친구가 없대요. 이영준 역. 서울: 한림출판사.

애니 폭스(2015). 나는 왜 진짜 친구가 없을까? 최설희 역. 서울: 뜨인돌.

양윤란(2004). 또래관계기술이 사회불안에 영향을 미치는 기제: 자기제시 기대와 자기 통찰의 매개 중재 효과. 연세대학교 대학원 박사학위논문.

이규미, 구자경, 김은정, 이시형(2000). 외톨이 청소년의 심리사회적 특성에 관한 연구. 한국심리학회지: 상담 및 심리치료, 13(1), 147-162.

이시형, 김은정, 김미영, 김진영, 이규미, 구자경(2001). 외톨이 청소년의 심리사회적 특성과 부적응. 서울: 삼성생명공익재단 사회정신건강연구소.

전재국, 우영숙(2009). 집단상담의 놀이와 프로그램. 서울: 시그마프레스.

줄리아 쿡(2014). 나는 갈색이야. 공경희 역. 서울: 찰리북.

Erikson, E. H. (1968). *Identity: Youth and crisis*. New York: Northon.

Gresham. F. M., & Cavell, T. A. (1986). Assessing adolescent social skills. In R. G. Harringtion (Ed.), *Testing adolescents: A reference guide for comprehensive psychological assessments* (pp. 93-123). Kansan: Test corporation of America.

McFall, R. (1982). A review and reformulation of the concept of social skills. *Behavioral Assessment, 4*, 1-33.

Michelson, L., & Wood, R. (1980). A group assertive training program for elementary schoolchildren. *Child Behavior Therapy, 2*(1), 1-9.

Palomares, S. (1991). All About Me : Reprocudible activity sheets to develop self-esteem in your students. ERIC Document Reproduction Service No. ED 346-360.

Sommer, K. (2001). Coping with rejection: Ego defensive strategies, self-esteem, and interpersonal relationships. In M. R. Leary (Ed.), *Interpersonal Rejection*. New York: Oxford University Press.

제3장 나는 나의 Life Keeper

김동일(2005). 청소년의 자살: 예방개입과 상담. 한국청소년상담원 청소년상담문제연구보고서 53.

박광배, 신민섭(1991). 고등학생의 지각된 스트레스와 자살생각. 한국심리학회지: 임상, 10, 298-314.

배주미(2009). 자살위기청소년 상담개입프로그램 개발. 한국청소년상담원.

신민섭(1993). 자살기제에 대한 실증적인 연구: 자기 도피 척도의 타당화. 연세대학교 대학원 박사학위논문.

신민섭(1993). 청소년기의 성정체감 혼란과 부적응행동. 대학생활연구, 11, 77.

오승근(2006). 청소년의 자살태도, 자살위험성 및 생명존중교육 참여 요구와의 관계. 고려대학교 대학원 박사학위논문.

이영호, 송종용(1991). BDI, SDS, MMPI-D 척도의 신뢰도 및 타당도에 대한 연구. 한국심리학회지: 임상, 15(1), 98-113.

정은실(2011). 자살예방프로그램이 중학생의 자살생각, 자아존중감 및 스트레스 대처방식에 미치는 효과. 경성대학교 대학원 석사학위논문.
중앙자살예방센터(2015). 2015 자살예방백서. 보건복지부.
청소년보호위원회(2004). 청소년자살의 원인과 실태. 청소년보호위원회.
하상훈(2000). 청소년의 자살충동과 심리사회적 변인과의 관계. 인하대학교 대학원 박사학위논문.
한국청소년상담원(2008). 청소년자살 예방프로그램 및 개입방안 개발. 청소년상담연구, 141.

Silverman, M., & Maris, R. (Eds.) (1995). *Suicide prevention: Toward the year 2000.* New York, NY: Guilford.

제4장 분노의 벽을 넘어

국민일보(2014. 10. 6.). '학교폭력' 피해자 감정이 중요… 때리고 "장난이었다" 안 먹힌다.
김광수(2008). 용서상담 프로그램. 서울: 학지사.
김재엽, 이순호(2011). 청소년의 부모 간 폭력 목격경험이 학교폭력 가해에 미치는 영향과 공격성의 매개효과: 군산지역 청소년을 대상으로. 한국사회복지조사연구, 26(1), 109-137.
김희복, 강성빈, 박현주, 김수동, 이정명, 임은주(2013). 학교폭력 예방을 위한 이론과 실제. 부산: 경성대학교 출판부.
장정주(2012). 정서자각과 정서표현이 정서조절과 공감에 미치는 영향. 정서・행동장애연구, 28(1), 147-170.
조대훈, 김승혜, 강민수, 전연진, 이유미, 최희영(2013). 학교폭력 예방 및 대책. 서울: 박영사.
조정실, 차명호(2012). 폭력 없는 평화로운 학교 만들기. 서울: 학지사.

Bandura, A., Ross, D., & Ross, S. A. (1961). Transmission of aggression through imitation of aggressive models. *Journal of Abnormal and Social Psychology, 63*, 575-582.
Sullivan, H. S. (1953). *The interpersonal theory of psychiatry.* New York: Norton.

제5장 손! 자유를 찾다

김남선, 이규은(2012). 대학생의 자기통제력과 생활스트레스가 스마트폰 중독에 미치는 영향. 한국보건정보통계학회: 한국보건정보통계학회지, 37(2), 72-83.
김병년, 최홍일(2013). 과보호적 부모양육태도가 스마트폰 중독에 미치는 영향에 대한 자기통제력의 매개효과-대학생을 중심으로. 경성대학교 사회과학연구소: 사회과학연구, 29(1), 1-25.
이해정, 김명수, 손현경, 안숙희, 김정순, 김영혜(2007). 중학생의 휴대폰 중독적 사용에 대한 인구사회적・심리적 변인들의 판별예측력. 대한간호학회지, 37(6), 957-965.
장성화, 박영진(2010). 청소년의 자아정체감, 학교생활적응, 스트레스가 인터넷 중독에 미치는 영향. 경성대학교 인문과학연구소: 인문학논총, 15(2), 195-226.

Miller, W. R., & Rollnick, S. (2002). *Motivational Interviewing. Preparing People for Change* (2nd ed). [신성만, 권정욱, 손명자 역(2006). 동기강화상담. 서울: 시그마프레스.]

저자 소개

천성문
(Cheon, Seongmoon)

경성대학교 교육학과 교수(상담심리학 박사)
서울대학교 초빙객원교수
Stanford University 연구교수
한국상담학회 학회장
저 · 역서) '상담심리학의 이론과 실제' '집단상담' 외 다수
자격증) 상담심리사 1급, 수련감독전문상담사, 정신보건임상심리사 외

함경애
(Ham, Kyongae)

경성대학교 교육대학원 겸임교수(상담심리학 박사)
연세대학교 인간행동연구소 전문연구원
동양중학교 전문상담교사
SM심리건강연구소 책임전문위원
저 · 역서) '상담심리학의 이론과 실제' '집단상담' 외 다수
자격증) 상담심리사 1급, 전문상담사 1급, 전문상담교사 1급 외

최희숙
(Choi, Huisuk)

부경대학교, 동서대학교, 동명대학교 외래교수(상담심리학 박사)
경성대학교, 동명대학교 학생상담센터 객원상담원
저서) '행복한 학교를 위한 학교집단상담의 실제' 외 다수
자격증) 사회복지사 1급, 청소년상담사 2급, 임상심리사 2급 외

정봉희
(Jeong, Bonghee)

경성대학교 교육학과 외래교수(상담심리학 박사)
부산광역시 남구 청소년상담복지센터 소장
동서대학교 청소년상담심리전공 외래교수
역서) '아동기 감정양식과 성숙' 외
자격증) 전문상담사 2급, 청소년상담사 2급, 임상심리사 2급 외

강은아
(Kang, Euna)

경성대학교 외래교수(상담심리학 박사)
경성대학교, 동명대학교 학생상담센터 객원상담원
SM심리건강연구소 객원연구원
저서) '부모교육 코칭전략과 실제' 외
자격증) 전문상담교사1급, 교육상담전문가1급, 정신보건상담사 2급 외

박은아
(Park, Euna)

경성대학교 임상약학보건대학원 외래교수(상담심리학 박사)
경성대학교 학생상담센터 레지던트 수련상담원과정 이수
하늘빛유치원 원장
저서) '상담면접' 외
자격증) 전문상담교사 1급, 교육상담전문가 1급, 임상예술심리상담사1급 외

위기청소년을 위한 집단상담 프로그램

A Group Counseling Program for Youth at Risk

2016년 8월 25일 1판 1쇄 발행
2022년 9월 20일 1판 4쇄 발행

지은이 • 천성문 · 함경애 · 최희숙 · 정봉희 · 강은아 · 박은아
펴낸이 • 김 진 환
펴낸곳 • (주) 학지사
04031 서울특별시 마포구 양화로 15길 20 마인드월드빌딩 5층
대표전화 • 02) 330-5114 팩스 • 02) 324-2345
등록번호 • 제313-2006-000265호
홈페이지 • http://www.hakjisa.co.kr
페이스북 • https://www.facebook.com/hakjisabook

ISBN 978-89-997-1047-6 93180

정가 18,000원

이 도서의 국립중앙도서관 출판시도서목록(CIP)은 서지정보유통지원시스템 홈페이지(http://seoji.nl.go.kr)와 국가자료공동목록시스템(http://www.nl.go.kr/kolisnet)에서 이용하실 수 있습니다.
(CIP제어번호: CIP2016018230)